全国教育科学规划课题"大学组织绩效管理制度设计研究"

（批准号：BIA160136）

江苏省高校哲学社会科学优秀创新团队建设项目资助

大学组织
绩效管理制度设计研究

—

胡仁东◎著

中国社会科学出版社

图书在版编目（CIP）数据

大学组织绩效管理制度设计研究／胡仁东著 . —北京：
中国社会科学出版社，2021.10
ISBN 978 - 7 - 5203 - 9064 - 4

Ⅰ.①大…　Ⅱ.①胡…　Ⅲ.①高等学校—学校管理—
研究—中国　Ⅳ.①G647

中国版本图书馆 CIP 数据核字（2021）第 184128 号

出 版 人	赵剑英
责任编辑	张　林
特约编辑	宋英杰
责任校对	夏慧萍
责任印制	戴　宽

出　　版	中国社会科学出版社
社　　址	北京鼓楼西大街甲 158 号
邮　　编	100720
网　　址	http://www.csspw.cn
发 行 部	010 - 84083685
门 市 部	010 - 84029450
经　　销	新华书店及其他书店

印刷装订	三河弘翰印务有限公司
版　　次	2021 年 10 月第 1 版
印　　次	2021 年 10 月第 1 次印刷

开　　本	710×1000　1/16
印　　张	17
插　　页	2
字　　数	245 千字
定　　价	96.00 元

凡购买中国社会科学出版社图书，如有质量问题请与本社营销中心联系调换
电话：010 - 84083683

目　　录

绪　　论

人们往往把成功的大学之所以成功归因于其出色的教学和科研，而不是其管理。但是，良好的管理的确可以为教学科研的兴旺发达提供合适的条件。反之，更常见的情况是，不良的管理会影响教学科研的正常发展，从而导致大学的衰败。① 近年来，基于绩效导向的大学组织管理在理论和实践两个维度受到关注，但关于绩效管理制度安排并未得到系统的反思和总结，这为制度设计的研究提供了空间。

一　问题缘起及研究意义

2013 年《中共中央关于全面深化改革若干重大问题的决定》指出："到 2020 年，在重要领域和关键环节改革上取得决定性成果，完成本决定提出的改革任务，形成系统完备、科学规范、运行有效的制度体系，使各方面制度更加成熟更加定型。"自此，关于制度及其建设问题成为人们关注的焦点。当我们从"摸着石头过河"探索阶段进入到规范行为阶段之时，制度越来越重要，而且日益细化。陈明明认为，制度的成熟和稳定，最重要的是人们能形成制度共识，当人们不再批评制度的基本原理，只是对制度的某些形式存在争议，那么就可以说是有了基本的制度共识。他还认为，一个稳定的制度，应该在逻

---

① ［英］迈克尔·夏托克：《成功大学的管理之道》，范怡红等译，北京大学出版社 2006年版，第 1 页。

辑原则上高度自洽并且形成简单明确的表达方式，应和成熟的公民文化相联系，应该被绝大多数人信仰和尊崇。①

　　费方域认为："人类最基本的活动是生产活动，生产要有效率，就要分工，就要创新，因此，就要有交易，交易要有效率，就要有好的制度，即行为规则。法律、组织是制度的凝结和表现。好的制度，包括法律、组织等，能有效地协调和激励合意的行为，约束和惩罚不合意的行为，从而带来良好的经济绩效和福利。差的制度、法律和组织，则产生相反的结果。因此，我们要设计前者，防范后者。"② 韦默总结分析了关于制度设计研究的"两种不同的制度形式对个人行为和集体决策结果影响（制度安排影响社会选择）、制度约束行为机制、制度变迁过程逻辑三个领域"③。他在《制度设计》一书中试图回答：社会科学研究是以何种方式为制度设计的进程提供信息。制度安排整体上是为了协调或约束社会关系中的个人行为。④ 亨廷顿认为，任何政治体系的制度化水平都可根据其组织和程序所具备的适应性、复杂性、自主性和凝聚性四个指标来衡量。⑤

　　随着新公共管理理论与实践的兴起，绩效评估日渐成为公共部门、科研组织和高等院校不断提高组织绩效、政府资源配置能力，以及回应社会问责呼声的主要手段。在高校规模扩大、政府对高校投入持续增长的背景下，政府和社会对高校绩效管理的关注度越来越高，如教育部开展的大学教育质量评估、国务院学位委员会开展的学科评估、社会上各种大学排行榜等。不同组织与机构通过绩效的评估与发布，

---

① 汪仲启：《通往制度成熟和制度定型的路径选择》，《社会科学报》2017年3月2日第3版。

② ［美］戴维·L.韦默：《制度设计》，费方域、朱宝钦译，上海财经大学出版社2004年版，序，第25页。

③ ［美］戴维·L.韦默：《制度设计》，费方域、朱宝钦译，上海财经大学出版社2004年版，第3页。

④ ［美］戴维·L.韦默：《制度设计》，费方域、朱宝钦译，上海财经大学出版社2004年版，第3页。

⑤ ［美］塞缪尔·亨廷顿：《变革社会中的政治秩序》，李盛平等译，华夏出版社1988年版，第20—22页。

推动、促进并引导政府和大学组织提高资源配置效率，进而推进高校在理论和实践上不断探索和改进绩效管理制度。

（一）问题缘起

大学是研究高深学问的组织，然而"今天的高深学问在价值自由，即不受价值影响的客观性方面已大不如前了，正在日甚一日、身不由己地卷入市场和政治舞台"①。大学早已不再是与世隔离的"象牙塔"，特别是受到管理主义、新公共管理思潮的影响，以及全球化与市场力量的冲击，大学的组织结构越来越复杂，逐渐凸显经营与学术并存的异质性特征，大学内部管理面临前所未有的挑战。管理主义强调管理人员在公共服务机构的角色，务求达到以最少的投入来完成更多成果，重视通过优化管理结构来推行变革的成效②，导致大学竞相效仿商业组织管理程序与手段不断进行变革，以求在日趋激烈的院校竞争中得以生存。市场力量使高等教育得以"解除管制"，较之政府干预模式，需求引导高等教育的运作模式"能迫使高等教育机构更有成本概念、更注重管理、更积极响应经济体系和社会的需求"③。全球化和新公共管理思潮对大学管理的影响，主要体现在大学需要承受更多关于"三 E"即大学管理的经济（Economy）、效率（Efficiency）与效能（Effectiveness）所带来的压力。

在高等教育发展面临多元利益主体的复杂形势下，持续的低绩效无疑将给大学带来合法性危机，大学必须及时作出管理变革以应对现实的复杂形势，从而保证高等教育的可持续发展。一方面，大学自身为求生存与发展，必须努力提高教育质量、学术生产力和服务社会能力，以高效管理来证明自身存在价值和回应外部需求；另一方面，政府及其他高等教育出资者在加大对高等教育资源投入的同时，对大学也提出了更多要求。然而，大学在管理上的某些积习已使它对不断变

---

① ［美］约翰·S. 布鲁贝克：《高等教育哲学》，王承绪等译，浙江教育出版社 2001 年版，第 37 页。

② 戴晓霞、莫家豪、谢安邦：《高等教育市场化》，北京大学出版社 2004 年版，第 119 页。

③ 戴晓霞、莫家豪、谢安邦：《高等教育市场化》，北京大学出版社 2004 年版，第 141 页。

化的社会的响应程序变得日益复杂与繁琐,① 而且大多数高校热衷于从外部获取资源,但对资源的管理能力偏弱、效能不高,在一定程度上造成办学资源的浪费。有鉴于此,传统的经验管理模式无法适应大学发展的需求,必须建立以绩效为核心的高等教育管理新模式②,而实施以绩效为核心的管理模式既是大学提升核心竞争力、实现内涵式发展的应然需要,也是外部对大学提升服务质量及管理效能的实然要求。由于大学组织与其他组织之间存在较大差异,大学组织绩效管理还存在诸多问题:一是框架不够完整、科学,缺乏一种可以把大学战略分解、流程优化以及利益相关者利益平衡融为一体的方法;二是需要基于战略分解的绩效评价指标系统和更科学的绩效考核框架;三是需要平衡关键利益相关者的利益。③ 这些问题表明,大学组织绩效管理制度还需要进一步完善和健全。从根本上看,劳动创造价值是衡量劳动者绩效的基础,也是组织绩效管理制度设计的一个基本假设和前提,但大学组织中的劳动者尤其是教师群体有着自身的特殊性,也使得大学组织绩效管理制度设计更为复杂。

大学推行绩效管理,在提升大学管理能力、办学效益以及提高教育资源利用率等方面起到了积极的作用,同时促进了大学吸引优秀人才、获取优质资源的竞争优势。然而,大学在受益于绩效管理方式所带来的效率变革的同时,其管理实践中也确实出现了学术功利、浮躁与教育质量下降等问题,这又使大学绩效管理引起不少争议,从而启发我们进一步的思考:绩效管理理论从企业借鉴而来,理论可以借鉴,其制度是否也可以"移植"?制度移植的基本前提要有相类似的组织制度环境和制度系统,而大学作为一种主要是由院(系)构成,从事人才培养、科学研究、社会服务的非营利性学术组织,它不以营利为目标、不存在企业股东那样的"剩余价值索取人",而且其目标的多

---

① [美] 弗兰克·纽曼、莱拉·科特瑞亚、杰米·斯葛瑞:《高等教育的未来:浮言、现实与市场风险》,李沁译,北京大学出版社 2012 年版,第 56 页。

② 祁占勇:《高校绩效管理的本质特征及其价值取向》,《教育研究》2013 年第 2 期。

③ 程卓蕾:《高校绩效管理体系的研究与设计》,博士学位论文,中南大学,2011 年。

元化也加剧了组织内部管理的难度。可见，大学的制度环境、制度系统与企业存在很大的不同，因而，企业的绩效管理制度不能够直接"照搬"到大学组织场域之中。然而，目前大学绩效管理的现实情况是，确实有部分大学在制度设计时缺乏对大学本质问题的深入思考，效仿企业的绩效管理制度设计，特别是将企业严格的量化考核方式简单应用到大学组织管理之中，出现诸多的不适应。如何改进和优化我国大学组织绩效管理制度？我们需要弄清绩效管理制度设计的现状及其存在的问题，并分析问题产生的背景与原因。为此，本研究以"大学绩效管理制度设计"作为研究主题，以期能对上述问题提供新的思考空间。

（二）研究意义

1. 理论价值

第一，大学中的人依托于大学组织特定的秩序框架进行活动，大学的管理制度就是维系这个秩序框架的基础，因而制度设计需要围绕大学中的人来展开，可见人性假设是制度设计的逻辑前提。基于不同的人性假设可以设计不同的制度，人与制度的互动保证大学在一定的制度框架内有序发展。我国大学的绩效管理在制度设计及其实施过程中，多以"经济人"作为基本的人性假设，将大学教师的工作动机与获得经济报酬密切联系，以量化考核作为绩效管理的核心，以绩效工资作为考核结果的应用，实际上就是以防范"经济人"机会主义行为作为大学绩效管理相关制度设计假设，这忽视了大学的本质以及大学教师的学术职业特性。本研究将"制度人"假说引入我国大学绩效管理制度设计研究中，希望制度设计者能根据大学组织特性设计提高管理效能的制度，更好地发挥制度的激励功能。

第二，随着规模的扩大，大学内部事务日益复杂化，院系及研究机构日益增多，职能机构不断扩张。在这"双重膨胀"背景下，大学管理层级必将增多；同时，大学面临办学资源紧张、办学国际化的需要，交往主体、范围、内容及方式日趋多样化。显然，传统的直线管理、决策层"细节式"管理无法应对这种复杂性。大学学术生产的专业化、学术生产主体工作的自主性、管理工作的专业性要求赋予了大学高度的分权与授权特征，依照现代市场经济理论，凡是有分权与授权特征的组织都存在委托代理关系，大学的众多利益相关者之间也同样存在多重委托代理关系。本研究试图以委托代理理论作为考察视角，深入探索大学绩效管理制度设计中的相关代理问题及其运行机制，为进一步解决绩效管理问题提供理论依据。

第三，大学绩效管理制度的设计及执行必然影响到各主体的利益，进而产生一系列基于利益关系的冲突与合作、谈判与妥协等博弈活动。各主要博弈活动的理想结果是共赢而不是俱败，但要追求这种结果，必须从大学整体与局部、组织与个体等维度系统地考察，既要考虑大学组织使命与目标的实现，也要观照群体、个体的利益诉求。由此可见，制度的设计过程实际上就是一个不断重复的博弈过程，从这个视角来看，制度设计的目的就是为了促进参与者之间建立良好合作的博弈局势。本研究拟从博弈论视角审视大学组织绩效管理制度设计的方法及过程，探讨将博弈论思想植入我国大学绩效管理制度设计中的必要性与可能性、现实性与理想性，以期更新制度设计的理念、方法与机制。

2. 实践意义

第一，主体（利益相关者）是大学绩效管理制度设计的核心。大学绩效管理制度的形成与执行，始终是受人的制约，全面分析并界定大学内外部利益相关者所扮演的角色及其互动关系对大学绩效管理制度设计所带来的影响，既是我国大学管理实践的现实需要，也是各利益主体的关切所在。大学利益相关者角色的复杂性及其价值诉求的多样性影响大学的管理活动、战略目标和发展建设，迫切需要我们给予充分的重视。本研究试图分析大学利益相关者的分类及其在绩效管理中的角色扮演、厘清大学利益相关者的多向度诉求、分析利益相关者之间的代理问题对大学绩效管理制度设计的影响和制约，为大学绩效管理的制度设计——特别是委托代理关系的协调机制与关键利益主体（大学教师）的激励机制提供实践参考。

第二，依据是大学绩效管理制度设计的基础。当前我国大学绩效管理制度体系的构建更倾向于依从政府需要及其他外部主体要求，而忽略了大学的本质及其自身的内部需要，即大学绩效管理制度的设计偏向于依据政治逻辑与市场逻辑，弱化了大学组织的学术逻辑。以知识传播、生产和应用为目的的大学组织，学术性是其根本属性，学术活动是其基本活动。因此，大学组织绩效管理制度设计应当遵循的主要逻辑是学术逻辑，即制度设计要以如何提升人才培养质量、提高学术生产力和社会服务能力为前提，这一前提实质上隐含了政府需要、社会问责和市场需求。本研究将依据大学的学术逻辑对大学绩效管理的制度体系予以重构，将大学的学术自由、学术自治、学术责任与道德自律作为制度体系的建构依据，以期为大学组织绩效管理制度体系优化提供可参考的视角。

第三，方法是大学绩效管理制度设计所凭借的手段。我国大学绩效管理制度设计多采用理性主义的方法，以期设计一种能够带来大学办学效益最大化的管理制度。然而，基于理性主义方法进行制度设计，在其设计及制度决策过程中，显然存在人性假设的错位、目标确立的偏差以及价值预设所带来的各种现实冲突。这些问题的存在，导致设计出来的制度在有效性、可行性和现实性等方面存在诸多问题。其实，制度形成的过程应该是一个自发演进与人为设计相互交织的、不断重复的博弈过程，价值协商是使各博弈主体达到满意博弈结果的一种有效方法。本研究基于价值协商的制度设计方法，构建大学绩效管理制度设计博弈模型，以期在制度设计过程中建立良好的合作博弈关系，使设计出的绩效管理制度更贴近现实也更易于付诸实践。

二　相关研究述评

（一）国内外研究现状

通过文献检索发现，1983 年贾九洲发表的《高等学校绩效管理初探》为我国较早研究大学绩效管理的文献，此后相关研究陷入沉寂；2004 年开始出现新的研究成果，但仍表现为碎片化研究状态；2006 年以后相关研究呈持续增长趋势。通过文献的梳理和分析，相关研究主要包括大学绩效管理的理念、内涵、制度、技术方法等内容。

1. 大学绩效管理理念的研究

绩效管理是一个动态、多维的系统，受管理学、心理学、经济学、组织行为学等多学科理念的影响。理念是一种具有指向性的观念体系，预示着绩效管理的价值取向与目标追求，大学绩效管理如何开展与管理者所秉持的理念有着密切联系。在已有研究中，学者们主张绩效管理的人本管理、心理契约、利益相关者、知识管理等理念。

（1）人本管理理念。大学组织成员的群体特殊性使大学在绩效管理过程中充斥着个人本位与社会本位、工具理性和价值理性之间的矛盾，以人为本的管理理念能够为这些矛盾寻求平衡的支点。祁占勇认为大学绩效管理需具有人本性，因为大学是一个人群的集合体，在大学绩效管理中要充分尊重人的主体性、尊重人的能力和相关原则。[①] 肖其森认为，基于大学组织成员的群体特殊性，大学的绩效管理一直在工具理性和价值理性的张力之间寻求平衡，而人本原理在绩效管理中的应用，为这一平衡提供了一个支点。[②] 彭宇飞也提出将人本管理理念运用到大学教师的绩效管理之中，既符合大学教师的特点，又符合大学本身的发展理念，在兼顾教师和大学两者利益的同时，实现两者的共同发展。[③] 人本管理理念指导下的绩效管理注重人的全面发展，主张"尊重人、依靠人、发展人、为了人"，即以人为中心。相比中国大学，美国大学更注重"以人为本"的绩效管理理念，这种理念使大学在管理过程中更加注重长远利益，更加强调学生培养与服务。[④] 人本管理理念的核心是将"人"置于管理的首要位置，让人在组织中发挥他们的价值，使其有尊严和地位，这也是人与组织同向而行的基本前提。

---

① 祁占勇：《高校绩效管理的本质特征及其价值取向》，《教育研究》2013 年第 2 期。

② 肖其森：《基于人本原理的大学绩效管理》，《中南林业科技大学学报》2008 年第 2 期。

③ 彭宇飞：《基于公平与效率的高校教师绩效管理人本选择研究》，《苏州大学学报》2015 年第 6 期。

④ 张国兵、胡备：《中美高校绩效管理比较及其启示》，《国家教育行政学院学报》2013 年第 12 期。

（2）心理契约理念。在大学中，教职员工与大学组织之间存在着一种非正式的、未公开说明的、隐含于相互之间的期望，这种期望可理解为心理契约。与正式契约一样，心理契约同样是决定大学组织中教职员工态度和行为的重要因素。徐木兴认为，创建有效的心里契约与提升大学绩效管理的效能之间关系密切，应注重构建基于心理契约的大学绩效管理体系。[①] 李高芬指出，将心理契约理念引入大学教师绩效管理，促使大学教师绩效管理观念的创新，有利于调动教师的积极性和创造性，形成心理契约与教师绩效管理之间的良性互动。[②] 显然，建立有效的心理契约有助于对教师进行内在激励，从而有益于提升教师工作绩效，"由于在学术生产过程中的重要性，教师被看作是大学的精英雇员，人们通常认为精英雇员主要是靠内在激励，比如更多受工作本身激励而非金钱刺激"[③]。心理契约理念更为深层次的功能在于信任，建立在信任基础上的交往互动既降低了管理成本，也能在更大程度上实现交往主体之间的目标一致性。

（3）利益相关者理念。与企业不同，大学作为一种非营利性组织，没有严格意义上的股东，没有人能够获得大学的剩余利润，每一个人或每一类人都不能对大学行使独立控制权，大学只能由利益相关者共同控制。[④] 大学作为一种典型的利益相关者组织，其高度分权与授权的特征使利益相关者之间存在多重委托—代理关系。如何把握利益相关者之间的多重委托代理关系、处理绩效管理中利益相关者间的利益博弈是大学实现高绩效的一个突破口，因而利益相关者理念也是大学绩效管理的重要理念之一。程卓蕾提出，大学中利益相关者的价值诉求不同，大学作为一个利益相关者组织，不可能同时满足所有利益相关者的最大诉求，在绩效管理中应注意平衡各利益相关者特别是

---

① 徐木兴：《基于心理契约的高校绩效管理策略》，《浙江理工大学学报》2008 年第 6 期。

② 李高芬：《引入心理契约理念　创新大学教师绩效管理》，《吉首大学学报》（社会科学版）2011 年第 5 期。

③ ［德］尤塔·默沙伊恩：《大学治理与教师参与决策》，魏进平、马永良等译，知识产权出版社 2013 年版，第 28 页。

④ 李福华：《大学治理与大学管理》，人民出版社 2012 年版，第 47 页。

关键利益相关者的利益。① 安德鲁·斯科特（Andrew Schotter）将制度定义为不断重复的社会环境中的规则，所以，规则在参与人中是共同知识，每个参与人都预期其他参与人将遵守规则，并且，如果其他人都遵守规则，对任意参与人来说遵守规则将符合其自身利益。② 对利益相关者来说，"规则知识"是进入一个组织场域的基本知识。利益相关者理念反映了组织管理主体利益保护及主体间利益平衡意识。

（4）知识管理理念。根据伯顿·R.克拉克的观点，高等教育到处都由生产知识的群体组成，把知识作为主要材料，围绕它来组织活动，他提出的高等教育系统组织的三个要素——工作、信念、权力是以知识为出发点的。③ 大学把知识作为最基本的生产材料，由各种生产知识的单位组成，这些单位围绕知识的生产、传播、创新来组织活动。从组织特性看，知识管理理念切合于大学绩效管理。黄冰提出，大学教师绩效管理需围绕知识的绩效来进行：不管是教学、科研还是教师素质方面的绩效管理，无一例外都与知识有着紧密联系，脱离了知识的绩效管理，无法起到应有的作用。④ 纳兹姆也强调知识管理在大学绩效管理中的重要作用，认为"知识管理中的学习型组织对大学绩效管理中的激励因素产生最大的直接性影响"⑤。现今大学组织中的跨学科知识生产与人才培养、以知识服务社会以及现代教育技术的应用等都涉及知识管理，知识管理制度及相关流程无不影响高校功能的发挥。知识管理理念着眼于"知识"实体向度，将人和资源汇集于知识生产、传播与应用，目的是使生产的知识实现合目的性与合现实性

① 程卓蕾：《高校绩效管理体系的研究与设计》，博士学位论文，中南大学，2011年。

② ［美］戴维·L.韦默：《制度设计》，费方域、朱宝钦译，上海财经大学出版社2004年版，第7页。

③ ［美］伯顿·R.克拉克：《高等教育系统——学术组织的跨国研究》，王承绪等译，杭州大学出版社1999年版，第6—7页。

④ 黄冰：《知识管理视角下BS学院教师绩效管理优化研究》，硕士学位论文，广西大学，2012年。

⑤ Fattah Nazem, "A Structural Equation Model for Performance in Universities Based on Knowledge Management", *Proceedings of the European Conference on Knowledge Management*, No. 2, 2012, pp. 809 – 816.

的统一，并使已有知识得到有效传递、高效利用并对社会发展发挥引领作用。

理念对大学绩效管理活动的开展具有重要的指导意义，人本管理理念注重"意义人假设"的人性化绩效管理，心理契约理念关注大学绩效管理中人的有效心理满足，利益相关者理念能帮助我们分析大学绩效管理中不同利益主体的价值诉求，知识管理理念能引导绩效管理涵盖大学作为学术组织的质的规定性。当然，还有学者提出其他管理理念，如战略管理理念、民主管理理念、动态管理理念等。这些理念对大学绩效管理而言，无论是在制度设计环节还是实践过程环节，无疑都具有指导价值和实践意义，关键在于能否真正地将相关理念合理地落实到制度设计及具体管理活动中去。

2. 大学绩效管理内涵的研究

要实施行之有效的绩效管理，需建立在对其内涵全面而准确认识的基础之上。从已有的研究看，关于我国大学绩效管理内涵的理解主要包括以下三种论说。

（1）效率论。持效率论观点的人认为，大学实施绩效管理，是为了提高教育资源管理及利用效率，是"以一定量的输入求得最大的输出，或是以较小的输入求得一定量的输出"[1]，效率最大化成为大学绩效管理所追求的最终目标。在贾九洲看来，所谓大学的绩效管理，就是及时地将大学中的各种资源组织、动员起来，做到最充分、最有效以及最合理的利用。[2] 由此可见，效率论是以经济学视角为出发点，主要运用"投入产出"理论考察大学绩效管理的结果，其优势在于：在大学资源硬约束条件下，资源管理者通过精心配置，提高资源使用效率。但大学组织的人才培养活动具有滞后性、科学研究结果具有不确定性，仅用投入产出比衡量资源使用效率，无法评判大学组织行为的选择正确还是错误。

---

① 靳希斌：《教育经济学》，人民教育出版社 2005 年版，第 309 页。
② 贾九洲：《高等学校绩效管理初探》，《四川大学学报》1983 年第 1 期。

（2）过程论。绩效管理是以组织战略为导向综合管理组织、团队和员工绩效的过程，通过绩效管理过程将员工的工作目标与组织目标进行整合可防止出现组织战略稀释现象，从而为组织战略的实现奠定基础。① 按照杨林等人的理解，大学绩效管理就是大学管理者和教职员工双方达成共识的过程、增强教职工成功地达到目标的能力的管理方法以及促进教职工取得优异绩效的管理过程。② 陈娟认为，大学绩效管理是一个多维动态的系统，它是指组织、团队、个人三个层面通过行为实现大学战略目标的同时，提升三者效能的过程。③ 过程论者普遍把大学绩效管理看作实现目标的过程，较之绩效管理结果论的观点，更注重过程管理，认为绩效管理不只是关注大学组织成员行为的后果或结果，而是行为过程本身，强调大学绩效管理过程中组织、团体、个人协调发展的重要性。整合目标、达成共识、提升效能是持这一观点者的共同看法。

（3）功能论。在林健看来，绩效管理是大学人力资源管理的重要内容，是大学实施发展战略与实现办学目标的重要手段，对于提高大学的办学效益、提高教职员工的工作效率和质量、促进教职员工职业发展、完善大学内部管理体系具有不可替代的作用。④ 李洪山和叶莹也强调了加强大学绩效管理的重要意义："首先，实行绩效管理是大学人事制度改革的需要；其次，加强绩效管理是落实大学发展战略的重要基础"⑤。持功能论观点的人更关注大学绩效管理的作用和职能，主要解决"大学绩效管理为谁服务的问题"，主张大学绩效管理需要为提升大学人力资源管理能力服务、为实现大学战略发展

① 葛晓琴：《论加强高校绩效管理的逻辑与思路》，《河北学刊》2010 年第 6 期。

② 杨林、刘应兰、卢朝佑：《基于执行力的高校绩效管理探析》，《教育与职业》2009 年第 36 期。

③ 陈娟：《我国高校绩效管理研究现状、问题与发展趋势》，《西安电子科技大学学报》2010 年第 6 期。

④ 林健：《〈劳动合同法〉对高校绩效管理影响的探讨》，《中国高等教育》2009 年第 6 期。

⑤ 李洪山、叶莹：《基于组织变革理论的高校绩效管理研究》，《黑龙江高教研究》2012 年第 6 期。

目标服务、为促进大学教职工发展服务以及为提高大学办学效益服务等。

（4）系统论。黄丹凤等认为，高校绩效管理可理解为高校科学设定发展目标，系统整合资源以实现目标，并对目标实现的进程和结果进行系统评估的管理过程。① 从系统论看，英国高校绩效管理包括内生性和外源性两种体系：内生性绩效管理体系主要指高校基于相关绩效政策要求及自身校情，从学校、系所或个人层面建立的绩效管理体系，其基本要素包括绩效规划、过程性绩效检测、周期性绩效评价、绩效沟通、绩效结果运用等。② 外源性绩效管理体系主要指高校引入私营部门或其他公共服务部门所采用的较为系统、成熟的绩效管理框架，旨在进一步提升学校绩效管理的统整性和有效性，它包括外部评价标准和绩效问题诊断：以外部评价标准为导向就是围绕绩效管理设定统一的外部评价标准和等级框架，引导高校据此开展绩效管理，并取得认证；以绩效问题诊断为导向，就是强调运用框架对高校绩效管理的运作成效进行诊断，并可作为改进绩效的工具。③ 系统论重点表达大学绩效管理目标、过程和结果的一体化思想。

以上四种观点，分别从不同角度对大学绩效管理进行了阐释。效率论看到了大学长期以来管理的低效性，希望通过绩效管理来提高大学的管理效率，但是大学组织人才培养的滞后性及其学术性特点告诉我们，仅仅考虑管理效率难以提升人才培养质量、科学研究水平和社会服务能力。过程论注重过程管理，但大学具有高度分裂的专业化特征，全然否定结果导向会导致过程管理的混乱与复杂化，不利于学校的整体发展。功能论突出绩效管理的正面作用，但人具有复杂性和自私性特点，被管理者会从各自私利的角度去算计如何利用相关政策制

---

① 黄丹凤、杨琼：《英国高校内部绩效管理模式探析》，《复旦教育论坛》2015 年第 2 期。

② Franco - Santos M. &Rivera P. & Bourne M. , "Performance Management in UK Higher Education Institutions：The Need for a Hybrid Approach", *Leadership Foundation for Higher Education*, 2014, pp. 24 - 38.

③ Chambers, J. , Huxley, L. , Sullivan, P. , et al. , *Enhancing Organizational Development in English Universities*, London：HEFCE, 2007, pp. 15 - 19.

度使自身利益最大化，而不顾其他群体和学校组织的利益。系统论注重目标导向和问题导向的管理方式与运行机制，但大学组织的复杂性使得系统论者的看法须将每个环节落到实处，否则，一个环节的弱化或不重视都可能使绩效管理陷入无效境地。因此，我们需要理性审视和判断不同观点的利弊及其适用条件，从多角度全面考察大学绩效管理的内涵。

实际上，大学绩效管理应该是一个多维的整体，既要强调大学整体绩效的提升，又要关注教职员工的全面发展；既要追求管理效率，又要关照组织的学术性特征；既要考虑群体的多样化利益诉求，又不能忽略制度的规制作用。整体上看，绩效管理是以绩效为关注点，管理者在管理过程中将各要素按照一定的规则和方法进行组合以提升绩效结果。对大学绩效管理的内涵进行探讨，学界应紧密联系大学本质与职能，目前的研究还有待深化，存在进一步研究的空间。

3. 大学绩效管理方法的研究

大学绩效管理所使用的技术工具与方法种类繁多，包括关键绩效指标（Key Performance Indicators，KPI）、层次分析（Analytic Hierarchy Process，AHP）、平衡计分卡（Balanced Score Card，BSC）、数据包络分析（Data Envelopment Analysis，DEA）、模糊综合评价（Fuzzy Comprehensive Evaluation，FCE）等技术方法。关于大学绩效管理技术方法的研究，有基于一种技术方法的研究，也有两种或多种技术方法并举的研究。

一是单一维度的绩效管理方法。哈尔斯认为："人类绩效技术是一种操作方式，它通过确定绩效差距，设计有效益和效率的干预措施，获得所期望的人员绩效。"[1] 李凤威等人将关键绩效指标法（KPI）运用于构建大学辅导员绩效评价体系，提出 KPI 不仅可以为大学辅导员绩效考评提供必要的参考和依据，还能够充分发挥评价指标的激励、

---

[1]　Harless. J.，"Performance Technology Skills in Business：Implications for Preparation"，*Performance Improvement Quarterly*，Vol. 8，No. 4，1995.

导向作用。[①] 单正丰和王翌秋运用平衡计分卡法（BSC）从财务、顾客、内部业务流程以及学习和成长四个层次的内容，对大学财务绩效评价指标体系进行构建，并指出平衡计分卡法应用于大学财务绩效评价存在阻力，认为需通过达成并提高共识、制定关键绩效指标、加大执行力度并建立有效的绩效反馈制度等对策加以改善。[②] 基于绩效技术范式，安哲峰等结合 PDCA 理论，提出构建大学绩效管理平台的方法。他们认为，大学绩效管理平台应包括基础设置、绩效目标设定、目标实施监控、绩效考评、绩效沟通、绩效申诉、系统维护与管理等模块，全面地支持高校绩效管理工作，极大程度地提高高校的绩效管理效率。[③] 无论是关键绩效指标法、平衡计分卡法还是 PDCA 理论，它们都强调从一个维度建立绩效管理方法。单维度方法可能适合某一个方面的绩效管理，但对于一个组织的管理，这类方法难以推进组织整体目标实现，也无法适应不同组织活动以及个体的价值诉求。

　　二是双维度的绩效管理方法。梁林梅认为，绩效技术是一种解决问题的工程学思想和方法，它强调解决问题的系统性，它始终努力寻找低成本、高效益和高效率的最佳成本—效益之比的解决问题的方法。[④] 左和平与李雨青将层次分析法（AHP）与模糊综合评价法（FCE）有效结合，研究发现，在大学绩效评价中，有效结合这两种方法能够更好地处理各种决策因素之间的关系，能够使评价结果的理论依据更加充分，更具有科学性与合理性。[⑤] Feng 和 Y. J. 对一所研究型大学研发活动的管理绩效进行研究，认为运用层次分析法

　　① 李凤威、罗嘉司、赵乐发等：《基于关键绩效指标的高校辅导员绩效评价方法》，《现代教育管理》2012 年第 7 期。

　　② 单正丰、王翌秋：《平衡计分卡在高校财务绩效管理中的应用》，《江苏高教》2014 年第 6 期。

　　③ 安哲锋、魏楠：《基于绩效技术的大学绩效管理平台设计研究》，《现代教育管理》2015 年第 1 期。

　　④ 梁林梅：《绩效技术的起源与发展》，《现代教育技术》2003 年第 2 期。

　　⑤ 左和平、李雨青：《模糊层次分析法在高校绩效评价中的应用研究》，《教育学术月刊》2012 年第 8 期。

（AHP）与数据包络分析法（DEA）两种技术的综合评估方式能够更加有效地进行评估。[①] 泰勒和贝恩斯采用平衡计分卡法对英国四所大学进行了实证研究，结果表明充分利用平衡计分卡法不但可以对这四所大学的绩效进行预见与评估（通过领先及滞后指标），还能为实现大学战略提供方向指引。[②] 双维度的绩效管理方法要么是用两种方法考察一种行为，要么是用一种方法考察两种相关联行为，这对认识和运用绩效管理方法具有启发作用。

综上所述，大学的发展水平及组织内部复杂程度不同，导致大学绩效管理所使用的技术工具各式各样，难以寻求统一模式，也难以衡量运用一种技术方法与多种方法孰优孰劣。这就需要根据大学组织的实际定位与战略发展需要，运用系统思维的方法构建适合的绩效管理方法体系。

4. 大学绩效管理制度的研究

道格拉斯·C. 诺思认为："制度是一系列被制定出来的规则、守法程序和行为的道德伦理规范，它旨在约束追求主体福利或效用最大化利益的个人行为"[③]。从这个定义可以看出，制度是一个比较宽泛的概念。大学的绩效管理制度不仅包括一系列政策、法规等正式制度，还包括绩效管理主体的意识形态、伦理道德、风俗习惯等非正式制度。

大学绩效管理的正式制度主要包括国家、政府及大学内部管理者为提高大学绩效而有意识制定的一系列政策、法规及规则。《国家中长期教育改革和发展规划纲要（2010—2020年）》提出，大学要"改进管理模式，引入竞争机制，实行绩效评估，进行动态管理"[④]。沈自

---

① Feng, Y. J., "An AHP/DEA Method for Measurement of the Efficiency of R&D Management Activities in Universities", *International Transactions in Operational Research*, Vol. 11, No. 2, 2004.

② John Taylor, "Claire Baines. Performance Management in UK Universities: Implementing the Balanced Scorecard", *Journal of Higher Education Policy and Management*, Vol. 34, No. 2, 2012.

③ ［美］道格拉斯·C. 诺思：《经济史中的结构与变迁》，陈郁、罗华平等译，上海人民出版社1994年版，第225页。

④ 《国家中长期教育改革和发展规划纲要（2010—2020年）》，2010年3月，教育部网站（http://www.moe.gov.cn/srcsite/A01/s7048/201007/t20100729_171904.html）。

友与张欣认为大学绩效管理的现行制度中，绩效目标采用的是从上至下的分配形式，并且最终绩效目标的制定是以学校的发展需要而非教职工个体的发展需要为主要依据，忽视了绩效管理对于教职工个体发展方面的作用。[①] 史璞等认为加强大学内部绩效管理及配套规章制度建设是绩效管理制度化的基础，在绩效管理过程中，需通过激励机制、规则等强制手段来激励、约束各利益相关者的行为，为绩效管理提供执行和评价依据。[②] 绩效管理的正式制度一般通过有关主体提议、起草、征求意见、成文、发布等环节，它对一所大学的员工具有规制、引导、激励等功能。

　　大学绩效管理非正式制度的研究主要关注绩效管理的文化氛围、绩效管理的价值观念等方面。刘旭涛认为大学组织中良好绩效文化氛围的营造，需要依靠领导者先进绩效管理理念的树立以及全员对于组织提升绩效、个人提高能力的认同和积极参与。[③] 陈娟建议大学绩效管理秉持科学与人文相结合的绩效管理观，认为在处理科学与人文绩效管理观的关系方面，需持人文为主、科学为辅，人文为先、科学为后，人文为宗旨、科学为实现的绩效管理观。[④] 绩效管理的非正式制度具有"隐性"的特点，但它又对大学组织绩效管理具有重要的影响。

　　大学绩效管理制度不仅包括外部规则、管制及内部考核评估等正式制度，还包括与绩效管理主体的意识形态、伦理道德、风俗习惯等相关的非正式制度，完善的制度可以促进大学绩效管理机制规范、高效地运行。然而，从目前的文献来看，关于绩效管理非正式制度的研

---

①　沈自友、张欣：《大学绩效管理沟通存在的问题及对策研究》，《国家教育行政学院学报》2014 年第 1 期。

②　史璞、孟潋：《我国大学绩效管理的制度基础探究——基于新制度主义社会学的视角》，《华东师范大学学报》（教育科学版）2012 年第 3 期。

③　刘旭涛：《绩效管理：高校考核评价制度的改革方向》，《中国教育报》2014 年 5 月 26 日第 13 版。

④　陈娟：《高校教师绩效管理的策略思考——基于科学与人文绩效管理观视角》，《昆明理工大学学报》2014 年第 2 期。

究较少，已有研究提到的制度，也多是指绩效管理中的正式制度，关于非正式制度的相关研究一般散落于其他领域的文献，在制度的相关研究文献中较为少见。自梅奥（George Elton Mayo）提出人际关系理论、马斯洛创建需要层次理论以来，不少组织尤其是营利性组织对于非正式制度产生了广泛的兴趣并不断在实践中加以应用。这应当引起大学对组织绩效管理制度设计与制度运用的重视。

（二）相关研究述评

通过对相关研究成果的梳理，笔者发现关于我国大学绩效管理的研究取得了一定进展，这为本研究的开展奠定了坚实的基础。对大学绩效管理的研究，除了对理念、内涵、制度和方法的研究外，更重要的是对制度设计的研究，但目前该领域的研究还相对薄弱。对于大学组织而言，嵌入其中的人、人与人之间关系，以及建立在此基础上的绩效管理制度，无疑是以一种兼顾组织目标与个人发展的规则确认，将人置于组织之中，同时，人与人之间的关系规则将他们统一于组织目标之下，在组织目标实现的基础上，作为个体的人或群体的人共享组织发展成果。将不确定性纳入制度设计之中，而不是将其视为偶然、误差而忽略不计。由于环境的变化、技术的不断改进与发展，当下社会唯一不变的就是变化，这样，不确定性就成为制度设计的必然变量。这就是斯科特所强调的，在理性模型向自然模型转换过程中，需要关注不可预见的因素。从已有的相关研究与现实实践来看，大学组织绩效管理制度设计尚需进一步厘清以下几个方面的问题：

第一，绩效管理的普遍性与大学组织的特殊性。首先，制度应具有包容性。根据汤普森的理解，"组织实际上要受制于一般的规范，这些规范的覆盖范围从正式的成文法典延伸至良好品行的非正式准则、公共权威或者那些表达了公共利益的因素"。[①] 因此，制度设计既要重点关注正式组织的运行，也要详细了解非正式组织的特点；既要关注

---

① ［美］詹姆斯·汤普森：《行动中的组织——行政理论的社会科学基础》，敬乂嘉译，上海人民出版社 2007 年版，第 15 页。

组织内的规划进程，也要关注组织外的动态趋势。其次，绩效管理制度应具有针对性。营利性机构以经济利益为最高绩效目标，而大学组织一般具有多个学科专业，它们各自划出一块"领地"，并具有相对独立的学术范式与建制，由不同的学术部落或学术共同体所掌控，这种四分五裂式的组织内部难以寻求一个统一的绩效目标。简单地移植或采取"拿来主义"的态度，绩效管理制度将难以适应，遭遇低效、无效或者抑制的困境，而且在具体操作过程中也会面临诸多不适。最后，大学组织绩效管理制度应具有现实性。不能被执行的绩效管理制度只是死板的规则条文，而不能称其为现实的制度，"就像一把标尺，如果没有被用来划线、测量，它将无异于普通的木条或钢板，只能是可能性的标尺，而不是现实的标尺"①。执行力受制于其制度设计的合理性，而大学绩效管理制度设计的合理性需要结合大学的本质与职能。因此，在制度设计时，就需要考虑制度的刚性与软性、包容性与针对性、历史性与现实性。

　　第二，制度设计者的确认与定位。首先，如果依据"主客体论"确认设计者，将大学管理者视为主体，将被管理者视为客体，无疑主张大学绩效管理制度设计应该由大学管理者统一把控，并依循自上而下的单向度程式，削弱了大学教职工的主体地位与话语权，进入"制度内卷化"（involution）的动态停滞中。所谓内卷化，是指"一种社会文化现象，用来描述社会或文化模式发展到某一发展阶段，达到一种确定的形式后便停滞不前，或无法进一步发展、转化为另一种高级模式的情况"②。制度内卷化则指制度重叠设立，整体上"缺乏效率增长"的变迁轨迹，所设计的制度难以有效实施。其次，如果依据"参与论"进行角色定位，将管理者与大学组织其他人均视为主体，都参与制度设计过程，并推行既有自上而下又有自下而上的双向程式，虽然可以改进"主客体论"制度设计模式的部分局限，但很可能在实际

---

① 齐超：《制度含义及其本质之我见》，《税务与经济》2009 年第 3 期。

② ［美］莱斯特·M. 萨拉蒙：《公共服务中的伙伴：现代福利国家中政府与非营利组织的关系》，田凯译，商务印书馆 2008 年版，第 109 页。

操作中出现形式化的结果，落入"制度陷阱"之中。大学组织绩效管理制度设计应彰显教职工在管理中的主体地位并有效发挥其作用，必须重新定位主体角色并重构不同主体之间的交往关系。

第三，制度设计程序的调适与完善。大学人①参与绩效管理制度设计的广度、深度、强度体现出制度实施的有效性和权威性。事实上，制度设计程序还存在以下问题：首先，大学组织的人群结构不具有信息获取的匀质性，同时，由于长期缺乏参与习惯，或者不愿意在公共事务上花费时间，也可能认为个人态度在众多意见中"微不足道"，这种种情况叠加，极易造成制度设计程序"空转"。其次，以学术为志趣的大学知识分子对制度设计总是"保持沉默"，普通管理人员、服务人员以及学生在制度设计中往往通过"被指定"或"被指派"的选择性方式介入，这种状况实质上把多数大学人排除在制度设计过程之外，他们成了制度设计的"局外人"，从而使制度设计在一定程度上被形式化。所以，在制度设计上必须解决程序空转、局外人态势等问题，选择有效的方法，向程序严格和有效的制度设计方向迈进，不断实现制度设计的科学性、民主性和公平性。

（三）概念阐释

1. 大学组织

大学组织内涵是绩效管理制度设计的逻辑前提。人们从不同视角对大学组织内涵予以阐释，其中具有代表性的三种表述是"结构论""权力论"和"系统论"。"结构论"者认为："大学本质上是围绕学科和行政单位组织的矩阵组织。作为从事高深专门知识加工和传播的高校，学科知识是组织形式，是大学结构的基础，是学科而不是行政单位把学者组织在一起"②。"权力论"者认为，大学是一个充满着权力博弈、利益争夺和机制转换等资本运作的世俗战场，其焦点表现为学术权力和行政权力之争；这种权力博弈在我国大学场域特指承载着

---

① 本研究的"大学人"是指大学组织内部的教职员工、学生。

② ［美］伯顿·R. 克拉克：《高等教育系统——学术组织的跨国研究》，王承绪等译，杭州大学出版社 1999 年版，第 124 页。

政治资本又内循科层规范的行政管理权力，和学科专业资本支撑下的学术权力之间的合法性与再生产建构。① 在"系统论"代表马奇看来，大学组织不像人们想象的那样，有统一而清晰的目标，技术线路明晰，程序规范，每一个问题与答案间都存在唯一的适切联系。事实上，教育组织内部的无序远甚于有序，有人把这类组织称为"松散结合系统"。从以上几种论说来看，大学组织至少具有以下几个方面的特征：第一，双重性，即学术性与行政性的双重特征；第二，博弈性，即不同利益群体围绕不同资源尤其是学术资源的讨价还价与争夺；第三，知识性，即基于学科专业形态的知识保存、传播、运用与创新；第四，无序性，即各基层学术组织单位之间由于知识领域的差异，各自的工作范式存在很大的不同，似乎没有一个共同的目标，或者说大学组织的目标比较模糊。

此外，从大学组织活动维度来看，其类型大体可以根据汤普森的序列型、标准型和定向型三类型来考察。② 序列型活动表现为不同活动之间的相互依赖，即活动 Z 只能在活动 Y 的成功实施基础上得以实施，而活动 Y 又必须基于活动 X 的成功实现。大学按照年级实施教学活动，大体遵循着知识接受的序列性特点，包括课程设置、教师配置、条件保障的先后顺序，这类似于企业流水生产线作业。标准型活动体现在活动操作步骤的程式化，对于不同的人、活动与事件，只要为实现同一个目标，就要按照同一程序去操作；这在大学组织的管理活动如科研项目的申报、学生管理手册的制订、教学事故的认定等活动中体现比较明显。定向型活动体现在对于一个学生特殊需求的满足须涉及不同部门的服务，如对于一个有特殊才能发展需要的学生，学校可能实行个性化培养，根据其个人基础、发展目标，实行特殊的课程安排、教师配备和条件保障；又比如在大学与社会合作方面，一个合作

---

① 于忠海：《合法性与再生产：大学学术权力与行政权力博弈反思——布迪厄场域的视角》，《现代大学教育》2009 年第 5 期。

② ［美］詹姆斯·汤普森：《行动中的组织——行政理论的社会科学基础》，敬义嘉译，上海人民出版社 2007 年版，第 19—22 页。

项目的成功实现需要不同人、不同部门的协作；这可理解为"问题导向"式活动或类似于医院对一个病人的治疗安排，这种定向型活动是一种量身定做的活动，它的成功部分依赖于所有可能需要能力的可得性，但在程序上也同样取决于对个别案例或者项目所需能力的因地制宜的组合。

基于以上的梳理与分析，我们认为，大学组织是以知识保存、传播、运用与创新为主要内容进行相关资源配置，以学术生产力、教育生产力与管理生产力的提升为旨趣，通过序列型、标准型和定向型活动履行人才培养、科学研究、社会服务和文化传承创新职能的知识性组织。需要说明的是，本研究中的"大学""高校"与"大学组织"具有同样含义。

2. 绩效管理

（1）绩效。

如果不理解绩效（performance）的概念，就无法对其进行评估与管理，然而"绩效是多维建构的，观察与测量的角度不同，其结果也不同"[1]，可见绩效是一个多义的概念。目前，在绩效的概念界定方面，学界并未形成一致意见，综观不同历史时期、不同学科领域对于绩效内涵的理解，总括起来，主要有以下三种论说：一是结果论。持结果论观点的人将绩效视为目标的达成与工作的产出成果，按照伯纳丁（Bemadin）的观点，绩效是工作的结果，而且这种结果是行为主体的工作和活动所取得的成就或产生的积极效果。[2] 二是行为论。绩效行为论的关键代表人物坎贝尔（Campbell）认为，绩效是行为的同义词，它是人们实际的行为表现，而且是能观察到的行为。行为论者认为绩效不应该是行为的后果或结果，而应该是行为本身，因为过分关注结果会导致忽视重要的行为过程。墨菲（Murphy）将绩效定义为"与一个人在其中工作的组织或组织单元的目标有关的一组行为"[3]。

---

① Michael Armstrong, *Performance Management*, The Cromwell Press, 1998, p. 15.

② 蒋云根:《公共管理与公共政策》，东华大学出版社 2005 年版，第 83—84 页。

③ 付亚和、许玉林:《绩效考核与绩效管理》，电子工业出版社 2009 年版，第 5 页。

博尔曼（Borman）和穆特威德鲁（Motowidlo）则在此基础上进一步将行为绩效分成任务绩效与关系绩效。三是素质论。素质论者更加关注个体的素质或能力能够为组织带来的预期价值和影响，强调个体绩效的决定性因素是个体素质，素质可以作为判断个体可能产生绩效的依据。①

　　结果论、行为论和素质论关注到了绩效概念的不同方面。结果论注重工作结果与组织战略目标、顾客满意度的密切关系，然而缺乏对行为过程的控制将导致结果不可靠；行为论强调行为是产生绩效的直接原因，但忽视了结果导向易导致行为过程管理的混乱与复杂化；素质论突出个体素质与能力对绩效的重要影响与决定性作用，但个体能力与素质的提升离不开组织的培养。可见，绩效是一个关涉结果、行为、个体能力以及组织目标等多层面的概念，需要综合不同观点，全面审视其内涵。基于此，我们认为，绩效是行为主体为达到组织、团体或个人的预期目标，所采取的行为、具备的能力以及所获得成果的综合表现。大学组织绩效主要体现为大学教职工为了达到大学组织、院系、管理与服务保障机构以及个人的预期目标，在教学、科研以及社会服务等方面所采取的行为、具备的能力以及所获得成果的综合表现。而大学组织的绩效则体现在大学为了达到其组织战略目标而对其组织内外各种高等教育资源进行合理配置、有效利用的活动过程及产出结果。

　　（2）绩效管理。

　　绩效管理（Performance Management）最早以绩效评估的形式出现，根据哈罗德·孔茨（Harold Koontz）的研究，绩效评估作为一种评定形式，始于我国三国时期的魏国，用于评估最高级官员的绩效以定官员等级。而绩效管理作为一个术语使用最早始于 20 世纪 70 年代，在当时被解释为"绩效管理是将个人、团体的工作行为与组织的效益

---

① ［美］乔恩·沃纳：《双面神绩效管理系统》，徐联仓等译，电子工业出版社 2005 年版，第 500—512 页。

联系起来，并由组织制定的战略目标所确定"①，但对这一术语的解释及使用并没有被广泛接受，直到 20 世纪 80 年代后期才获得公众的认可，自此，相关研究与实践活动开始活跃起来。研究者们从内容、活动、系统等方面对绩效管理概念进行了探讨。

从内容来看，雷巴斯认为，绩效管理包括了培训、团队合作、管理风格、工作态度、共同愿景、员工参与、多种能力、激励和奖励等内容。② 鲍尔特认为，绩效管理包括目标设定、职责分配、绩效测量、绩效信息反馈给决策制订者四个方面。③ 麦拉提出，对于员工来说，绩效管理包括设定目标、监测员工实现既定目标、与员工共享反馈信息、评价员工绩效、奖励员工绩效或者辞退员工；而对于组织来说，绩效管理包括建立组织目标、监测实现目标的进展、为更有效果和有效率地实现目标做出适当调节。④

从活动来看，阿姆斯特朗等人认为，绩效管理是一种通过提高员工绩效，发展团队和个人能力的方式，促使组织持续成功的战略性、综合性方法。⑤ 布里斯科和克劳斯（Briscoe and Claus）认为绩效管理是一种通过设定工作目标、确定绩效标准、分配与评估工作、提供绩效反馈、确定培训与发展需求以及发放奖励等流程组织起来的系统。⑥ 帕姆·琼斯将绩效管理视为一种通往实现组织目标与共同愿景的途径，并强调绩效管理关注如何帮助个体与团队实现他们的潜能以及明确自

① Sousa, C. A. & Nijs, W. R. & Hendriks, R. H., "Secrets of the Beehive: Performance Management in University Research Organizations", *Human Relations*, No. 9, 2010, p. 1443.

② Lebas, M. J., "Performance Measurement and Performance Management", *International Journal of Production Economics*, No. 41, 1995, pp. 23 – 35.

③ Pollitt, C., *Integrating Financial Management and Performance Management*, OECD, Paris, 1999.

④ McNamara, C., "Organizational Performance Management", 2008 – 12 – 15, (http://managementhelp. org_perf/org_perf. htm).

⑤ Armstrong, M. & Baron, A., *Performance Management the New Realities*, State Mutual Book & Periodical Service, 1998.

⑥ Michael Armstrong, *Armstrong's Handbook of Performance Management: An Evidence – based Guide to Delivering High Performance*, Kogan Page Limited, 2009, p. 10.

已在实现组织目标的所有贡献中所扮演的角色。① 廖建桥认为，绩效管理是西方管理界的舶来品，是指各级管理者和员工为了达到组织目标而采取的制定目标、检查实际工作、衡量工作业绩、根据业绩进行奖罚和制订未来业绩提升计划的一系列综合管理活动。②

从系统来看，阿姆斯特朗认为："绩效管理是一个通过开发组织及个人绩效来改善组织绩效的系统性过程。它是一种通过在计划的目标、标准和技能要求的协议框架内理解并管理绩效以获得更好结果的手段"③。赫尔曼·阿吉斯（Herman Aguinis）认为，绩效管理必须是一个持续的过程，这一过程包括识别、评估、开发个人与团队的绩效，以及根据组织战略目标调整绩效等环节。④ 程卓蕾认为，绩效管理是一个协调组织中所有管理活动的利益相关者拥有的系统，具体通过评估组织战略、分解战略、工作部署、激发员工工作动机，监测绩效以及反馈绩效信息，以平衡组织利益相关者利益和实现组织利益相关者的长期目标。⑤ 无论从内容、活动还是系统方面考察绩效管理，其视域始终锁定在投入、管理与产出，关注制度在其中所起的纽带作用，它界定人与人之间的关系、资源的配置方式、成果共享机制等。所以，从何处获得资源、如何管理资源、产出标准是什么等成为绩效管理所关心的中心话题。

已有研究对绩效管理的认识是丰富的，但从整体上分析，对于绩效管理的内涵来说，它大体有以下几个方面：第一，绩效管理包含协调性、相关性、系统性和平衡性等特点；第二，以目标为导向是实施绩效管理的逻辑起点；第三，绩效管理是由一系列活动环节所构成。

---

① Pam Jones, *The Performance Management Pocketbook*, Management Pocketbooks Ltd. , 1999, p. 3.

② 廖建桥：《中国式绩效管理：特点、问题及发展方向》，《管理学报》2011 年第 6 期。

③ Michael Armstrong, *Armstrong's Handbook of Performance Management：An Evidence - based guide to Delivering High Performance*, Kogan Page Limited, 2009, p. 9.

④ James W. Smither, *Manuel London. Performance management：Putting Research Into Action*, Jossey - Bass, 2009, p. 5.

⑤ 程卓蕾：《高校绩效管理体系的研究与设计》，博士学位论文，中南大学，2011 年。

我们看到，绩效管理研究的出发点是效率的最大化，同时把它作为组织目标实现的工具。基于效率主义和工具主义的绩效管理还存在以下问题：

第一，默认组织管理者为绩效管理的绝对主体。从科层管理的角度来看，管理者主体的确认是必要的，但被管理者具有主动性、能动性和积极性，他们作为组织的行动主体，必然会对绩效管理制度制订、实施和效果产生重要影响，作为行动主体的被管理者，如果在绩效管理全过程中缺失或被忽视，绩效管理中的"效"可能是低下的，这恰恰与制度设计者的本意相违背。

第二，基于计件制的绩效管理强调的是标准，较少关照到标准执行中"人"的维度。标准具有刚性，而人的感受以及人与人的关系等却无法用刚性标准来测度。人们在生产活动以及日常生活中结成的关系不是组织制度所能管得了的，人除了具有"经济人""制度人"属性之外，还具有"道德人""关系人"属性。在制度设计时，人们往往"过多地注重法律的功能而排斥了道德因素在制度运行中的作用，伦理思考和道德规范都被排斥到法制建设之外了"。[①] 所以，绩效管理应当更多地体现人性化特点，着力于沟通协商的组织文化构建更有意义。

第三，任何组织都具有层级性，层级性体现出管理的授权特点，即委托代理在组织中是不可忽视的现实存在。已有绩效管理研究对于组织的委托代理关系并未作出深入细致的阐释，这弱化了绩效管理理论的说服力、解释力。委托代理理论强调，委托人和代理人之间在利益上其实就是"一条绳索上的蚂蚱"：委托人的收益依托于代理人的支付（代理人付出的努力），而代理人的收益同样取决于委托人的成本（委托人支付的报酬）。委托人与代理人这种各自从对方获取利益的事实是建立在收益合理、可行的基础之上。因此，委托代理理论对于组织绩效管理研究是一个重要的分析工具。

---

① 张康之：《论合作治理中的制度设计和制度安排》，《齐鲁学刊》2004 年第 1 期。

由此可见，绩效管理建立在组织人的行为与活动可度量的基础之上，即在某一种度量标准之下，可以将人在组织中的不同行为与活动进行标准化测量，计算其劳动量，从而把人对组织的贡献进行比较，论功行赏，并以此提高组织效率。这种建立在"可度量"基础上的组织绩效管理制度，其源头仍属于泰勒的"科学管理"范畴。由于大学组织绩效管理取自于其他组织的绩效管理，所以，无论是在认识、制度设计还是制度实施方面，都是以"工具主义""效率主义"作为前提。但对于大学组织而言，绩效管理"是通过对高校发展战略的建立、目标分解、业绩评价等将绩效成绩用于高校日常管理活动中，以激励教职员工业绩持续提升并最终实现高校战略目标的一种管理活动，具有学术性、人本性、复杂性、效能性的本质特征"[1]。支持大学组织推行绩效管理者认为，在高校推行绩效管理对提高高校的整体管理水平和办学效益能够起到积极作用，在帮助高校吸引、积聚人才，获取竞争优势等方面发挥着重要作用。[2] 大学人的劳动主要表现为复杂劳动，以可度量的方式实施绩效管理是一种简单化的处理，难以激发大学人的积极性。根据西蒙的有限理性论，在大学组织内部，用"满意成就标准"替代"最大化效率标准"是现实的也是可行的。[3]

从以上分析与研究可以看出，研究者对绩效管理概念进行界定的背景、出发点及研究的侧重点不同，其适用的范围也会发生变化。本研究认为：绩效管理致力于激励组织员工实现组织的战略目标与共同愿景，是由开发、识别、评估、反馈、调整以及提升个人与团队绩效等一系列环节共同构成的动态、多维的闭环系统，而完善的管理制度则是这一系统能够持续运行与良性循环的保障。大学的绩效管理分为外部绩效管理与内部绩效管理，前者是由政府及其他外部主体对大学实施的绩效管理（如政府通过对大学的教学、科研以及服务社会的水

---

① 祁占勇：《高校绩效管理的本质特征及其价值取向》，《教育研究》2013 年第 2 期。
② 祁占勇：《高校绩效管理的本质特征及其价值取向》，《教育研究》2013 年第 2 期。
③ ［美］赫伯特·西蒙：《管理行为——管理组织决策过程的研究》，北京经济学院出版社1988 年版，第三版导言，第 19—20 页。

平进行评估，并将评估结果作为政府对大学进行拨款、调节以及控制的依据）；后者则是由一系列大学内部管理活动共同组成。本研究中的绩效管理主要指后者。

3. 制度设计

（1）制度。

"制度"在政治、经济、文化生活等各个领域中都居于不可或缺的重要地位。我国《现代汉语词典》对制度的定义是：要求大家共同遵守的办事规程或行动准则，如工作制度；在一定历史条件下形成的政治、经济、文化等方面的体系，如社会主义制度。① 西方较早对制度下定义的是美国学者托斯丹·邦德·凡勃伦（Thorstein B. Veblen），他认为"制度实质上就是个人或社会对有关的某些关系或某些作用的一般思想习惯"②。

关于制度内涵的解读主要基于以下视角：一是行为学视角。美国经济学家约翰·康芒斯（John R. Commons）将制度描述为："如果我们要找出一种普遍的原则，适用于一切所谓属于'制度'的行为，我们可以把制度解释为集体行动控制个体行动"③。西奥多·舒尔茨（Theodore W. Schultz）说："我将一种制度定义为一种行为规则，这些规则涉及社会、政治及经济行为"④。道格拉斯·诺思认为："制度是一系列被制定出来的规则、守法程序和行为道德、伦理规范，它旨在约束主体福利或效应最大化利益的个人行为"⑤。柯武刚和史漫飞提出："制度是广为人知的、由人创立的规则，它们的用途是抑制人类

---

① 中国社会科学院语言研究所词典编辑室：《现代汉语词典》（2002 年增补本），商务印书馆 2002 年版，第 1622 页。

② ［美］凡勃伦：《有闲阶级论——关于制度的经济研究》，蔡受百译，商务印书馆 1964 年版，第 139 页。

③ ［美］康芒斯：《制度经济学》（上册），余树生译，商务印书馆 1962 年版，第 87 页。

④ ［美］科斯、阿尔钦、诺斯等：《财产权利与制度变迁——产权学派与新制度学派译文集》，刘守英等译，上海人民出版社 1994 年版，第 253 页。

⑤ ［美］道格拉斯·诺思：《制度、制度变迁与经济绩效》，刘守英译，上海三联书店 1994 年版，第 3 页。

可能的机会主义行为。它们总是带有某些针对违规行为的惩罚措施"①。二是关系论的视角。诺思在其《制度、制度变迁与经济绩效》提出："制度是一个社会的游戏规则，更规范地说，它们是为决定人们的相互关系而人为设定一些契约"，"制度是人类设计的、构造着政治、经济和社会相互关系的一系列约束"②。"制度是一个社会的博弈规则，或者更规范地看，它们是一些人为设计的、型塑人们互动关系的约束"③。从整体论的视角，理查德·斯科特（W. Richard Scott）给制度下了一个综合性的、内涵十分丰富的定义，他认为："制度包括为社会生活提供稳定性和意义的规制性、规范性和文化——认知要素，以及相关的活动与资源"④。

从以上关于制度的各种理解可以看出，研究者们对制度所下的定义并不完全一致。正如柯武刚和史漫飞所言："不同学派和时代的社会科学家们赋予制度一词以如此之多可供选择的含义，以至于除了将它笼统地与行为规则联系在一起外，已不可能给出一个普适的定义来"⑤。因此，针对本研究重点，关于"制度"之内涵可作如下理解：首先，制度的表现形式为一系列的规则、约束、守法程序和行为道德、伦理规范；其次，制度的用途是能够抑制人际交往中可能出现的机会主义行为；最后，对于某一特定组织而言，制度是"基本规则"，它能够提供一种组织成员相互影响的框架，使成员之间的协作与竞争关系得以确定。

---

① ［德］柯武刚、史漫飞：《制度经济学：社会秩序与公共政策》，韩朝华译，商务印书馆2000年版，第116页。

② ［美］道格拉斯·C. 诺思：《制度、制度变迁与经济绩效》，刘守英译，上海三联书店1994年版，第3—4页。

③ ［美］道格拉斯·C. 诺思：《制度、制度变迁与经济绩效》，杭行、韦森译，上海人民出版社2009年版，第3页。

④ ［美］W. 理查德·斯格特：《组织理论：理性、自然和开放系统》，黄洋等译，华夏出版社2002年版，第56页。

⑤ ［德］柯武刚、史漫飞：《制度经济学：社会秩序与公共政策》，韩朝华译，商务印书馆2000年版，第32—33页。

（2）制度的分类。

对制度进行分类是制度设计的一个重要方面，而制度分类的效果，很大程度上依赖于对分类标准的厘定。学者们按照不同的标准，对制度进行了不同的分类。舒尔茨根据配置的有效性，初步将制度分为四种类型：用于降低交易费用的制度、用于影响生产要素的所有者之间配置风险的制度、用于提供职能组织与个人收入间的联系的制度以及用于确立公共品和服务的生产与分配的框架的制度。[①]诺思根据制度是否成文，将制度分为正式制度（正式约束）与非正式制度（非正式约束），正式制度主要由正式的法规组成，包括宪法、法令以及产权，非正式制度则包括道德约束、禁忌、习惯、传统和行为准则。[②] 卢瑟福根据制度是否具有广泛的社会意义，将其分为不具有广泛意义的个人规则与具有广泛意义的社会规则。[③] 黄少安根据制度在整个制度结构中的重要程度将制度分为三个层次：生产资料或生产要素所有制、产权制度、资源配置的调节机制。[④] 袁庆明在黄少安研究的基础上，进一步将制度划分为根本性制度、重大性制度以及辅助性制度。[⑤]

除了上述制度分类以外，还存在着其他多种分类方式，本研究参考诺思的制度分类方式，将制度分为正式制度与非正式制度。正式制度与非正式制度之间存在一定的区别：首先，在约束程度方面，正式制度对人类的行为产生强制性的约束，或称为硬约束，非正式制度对人类行为产生潜在的、不成文的约束，或称为软约束；其次，在实施路径方面，正式制度主要通过政策、法规等形式强制实施，而非正式制度则通过人们对传统惯例、习俗、行为习惯的认同等方式实施；再

---

① 袁庆明：《新制度经济学》，中国发展出版社 2005 年版，第 241 页。

② ［美］道格拉斯·C. 诺思：《制度、制度变迁与经济绩效》，刘守英译，上海三联书店1994 年版，第 64 页。

③ ［英］马尔科姆·卢瑟福：《经济学中的制度：老制度经济学和新制度经济学》，陈建波、郁仲莉译，中国社会科学出版社 1999 年版，第 64—65 页。

④ 黄少安：《产权经济学导论》，山东人民出版社 1995 年版，第 93 页。

⑤ 袁庆明：《技术创新的制度结构分析》，经济管理出版社 2003 年版，第 43—44 页。

次，在适用范围方面，正式制度具有较强的可移植性，而非正式制度在移植时要更多地考虑制度环境与技术因素等问题，在多数情况下，非正式制度是很难移植的，也就是说，非正式制度受传统文化、环境土壤的影响更大。

将我国大学组织绩效管理制度按照正式制度与非正式制度划分，正式制度主要包括大学绩效管理的相关政策、规定以及办法等，如绩效管理的指导原则、绩效评价标准、绩效激励准则、实施办法等；非正式制度主要表现为大学绩效管理产生实际影响或有潜在影响的绩效价值观、道德约束、行为准则、传统惯例、文化认知等。

（3）制度设计。

制度设计研究是西方制度创新理论的热点领域，西方制度创新理论的发展主要经历了两个发展阶段，第一阶段主要研究制度创新的动力机制，第二阶段主要研究制度的供给问题，制度设计是制度供给研究的重要内容。

制度设计是一个重要的问题，又是一个复杂的问题，不同的学者对其有不同的理解。在《制度设计理论》一书中，博布洛（Bobrow）和雷德泽克（Dryzek）将制度设计看作是"一种具有可操作性的创造方式，在某种特定情况下用以促进有价值的产出"[①]。亚历山大（E. R. Alexander）认为"制度设计可以涵盖社会思想与行动的各个领域，包括立法、决策、规划与项目的设计和实施"[②]。哈德（Russell Hardin）指出制度设计的核心是关于责任如何划分的问题，因此，他认为制度设计讨论的重点在于解决"谁、对什么事情的、哪一部分、负有多大的责任"[③] 等一系列问题。戴维·韦默提出"制

---

① Robert E. Goodin，"Institutions and Their Design"，*The Theory of Institutional Design*，Cambridge University Press，1996，p. 31.

② E. R. Alexander，"Institution Transformation And Planning：From Institutionalization Theory to Institutional Design"，*Planning Theory*，2005，pp. 218－219.

③ Russell Hardin，"Institutional Morality"，*The Theory of Institutional Design*，Cambridge University Press，1996，p. 126.

度设计通常被认为是一种结构控制的行为，也可能是修改规则的行为"[1]，他还总结了制度设计的十个表述（见表0—1）。

表0—1　　　　　　　　　　　制度设计的十个表述[2]

概念来源的领域	十个表述
组织经济学	1. 通过创造价值来诱使第三方强制执行
	2. 使承诺具有可信度
	3. 通过比赛来保持竞争力
	4. "无知之幕"[3] 背后的固定议程
语言权术（Heresthetics）	5. 使决策自动化
	6. 与政策维度相联结
	7. 取消与政策维度的联结
	8. 适应组织的日常惯例
行为的视角	9. 建立与开拓规范
	10. 通过报告与时间限制进行监督

资料来源：Weimer, David L, "Claiming Races, Broiler Contracts, Heresthetics, and Habits: Ten Concepts for Policy design", *Policy Sciences*, No. 2, 1992, pp. 135 - 139。

　　韦默认为组织经济学与语言权术两个领域的制度设计表述，是建立在理性选择理论的基础之上；而行为视角的表述，则是出于对习惯和规范的重要性的认知。实际上，制度设计的表述可以来自各个不同的领域，韦默针对不同的环境与需求总结出以上关于制度设计的十个表述并非各自独立，它们之间存在彼此相互联系的共同原则，即"建立合理的激励机制"[4]。某种特定的制度设计，可能只涉及其中的一个

---

　　① ［美］戴维·L. 韦默：《制度设计》，费方域、朱宝钦译，上海财经大学出版社2004年版，第216页。

　　② 在这篇文章中，韦默列举大量的制度设计案例用以解释和支撑以上各种观念，如：在讲到来自组织经济学的三个观念时，韦默用标明价格的赛马（claiming races）与肉鸡合同（broiler contract）案例中的制度设计来解释。

　　③ ［美］约翰·罗尔斯：《政治自由主义》，万俊人译，译林出版社2009年版，第23—24页。

　　④ Weimer, David L, "Claiming Races, Broiler Contracts, Heresthetics, and Habits: Ten Concepts for Policy Design", *Policy Sciences*, No. 2, 1992, pp. 135 - 139.

概念，也可能需要考虑多个甚至所有概念，但可以肯定的是，在面对设计所遇到的一系列棘手问题时，这些概念可以为制度设计者提供一定的分析思路。

关于制度设计，费方域在韦默的《制度设计》序言中写道："这是一本关于制度设计的论文集。它本身所透露的信息是：第一，这个问题是重要的。因此，不仅经济学研究它，而且社会学、政治学、心理学等也研究它，甚至更早更多。就经济学来说，不仅一般均衡理论解释它，而且博弈论、机制设计理论、委托代理理论、交易成本理论、产权理论等也都在解释它。第二，问题是复杂的"①。从这段描述可以看出，制度设计关涉不同的学科领域、依据不同的理论基础，不同的研究者关注的侧重点不同。

对于制度设计的认识，人们从不同角度进行了考察。从交易角度看，人类最基本的活动是生产活动，生产要有效率，就要分工，就要创新，因此，就要有交易，交易要有效率，就要有好的制度，即行为规则；好的制度能有效地协调和激励合意的行为，约束和惩罚不合意的行为，从而带来良好的经济绩效和福利，差的制度则产生相反的结果。因此，我们要设计前者，防范后者。② 可见，制度设计的目的是为了确定一套行之有效的组织行为规则，以弥补生产分工带来的不足与缺陷。从制度变迁角度看，诺思认为："制度变迁的成本与收益之比对于促进或推迟制度变迁起着关键作用，只有在预期收益大于预期成本的情形下，行为主体才会去推动直至最终实现制度的变迁，反之亦反，这就是制度变迁的原则"③。从交往理论角度看，有人认为，"制度安排是对人们之间的交往关系和互动机制的自觉过程；同样，制度的前提和基础也是人们在长期的交往和行为互动中形成的，而不

① ［美］戴维·L. 韦默：《制度设计》，费方域、朱宝钦译，上海财经大学出版社 2004 年版，第 1—2 页。

② ［美］戴维·L. 韦默：《制度设计》，费方域、朱宝钦译，上海财经大学出版社 2004 年版，序，第 25 页。

③ ［美］道格拉斯·C. 诺思：《经济史中的结构与变迁》，陈郁等译，上海三联书店 2002 年版，第 7 页。

是强制性确立的"①。无论是交易论、变迁论还是交往论，制度设计始终无法回避其主体、依据与方法，而且必须观照到人、关系对制度的嵌入性。

现代组织要存在和运行必须要有制度化的安排，因为"制度化的安排使各种行为变得规范和稳定"②。对于学校制度设计而言，有研究者认为，现代学校制度设计合理性的评价标准应是人的全面自由发展、公共意志与公共利益的体现与满足、效率与效益的提升与协调以及教育公正的实现等因素共同作用的结果，其中，人的全面自由发展的实现是根本，而公共意志与公共利益的体现与满足程度、效率与效益的提升与协调程度以及教育公正的实现程度等，都是为人的全面自由发展这一目标服务的，离开了人的全面自由发展，教育就失去了其应有的价值与意义。③ 可见，从学校组织的公共性特点来看，人的全面发展是学校制度设计的根本价值诉求，公共意志与公共利益、效率与效益、公平与公正是制度设计过程中必不可少的条件因素。

我们认为可以将制度设计看作是一场博弈，它既可以是一次性博弈，又可以是一个无限重复的博弈过程，其区别在于制度设计的主体是谁、他们凭借何种依据以及选择什么样的设计方法。在我们看来，大学组织绩效管理制度设计应该是一个无限重复的博弈过程，其中各利益相关者按照一定的规则，通过谈判、协商、沟通等各种形式对相互之间的利益进行综合协调，旨在达成利益共识，形成合作博弈局势，最终设计出使利益各方都能够满意的大学绩效管理制度。

本研究中大学组织绩效管理的主体是指大学的利益相关者，包括大学教师、大学管理者、政府、学生、校友、捐赠者、企业、社区、媒体以及社会公众等。在具体的主体间代理关系问题的分析与解决、绩效管理制度设计的依据分析、绩效管理制度设计的方法选择部分侧

---

① 张康之：《论合作治理中的制度设计和制度安排》，《齐鲁学刊》2004 年第 1 期。

② ［美］W. 理查德·斯格特：《组织理论》，黄洋等译，华夏出版社 2002 年版，第128 页。

③ 王家云、徐金海：《制度伦理视域下的现代学校制度设计》，《教育发展研究》2013 年第 10 期。

重于将大学教师作为研究对象，因为大学教师是大学发展的核心力量，是大学职工最重要的代表群体，"是大学最主要的生产者，是推动大学发展的决定性力量，大学的功能是创造知识和传授知识，而这些知识主要都是通过教师来完成的，大学的其他所有机构——比如行政机构——都是衍生工具（derivative），是派生出来的而非原始的需求"①。这里的大学教师包括具有专业技术职务的教学型、科研型以及教学科研型人员。

三　研究内容与研究方法

大学组织绩效管理制度设计涉及多维度和多层面，本研究主要以大学组织绩效管理制度设计为研究对象，从理论基础、国外大学的特点与经验、设计要素与取向、现状审视及模型建构等方面开展研究。通过文献法、比较法和模型构建法对相关问题进行梳理、分析和探讨，寻求制度设计的规律、特点与思路。

（一）研究内容

第一，理论依据。对绩效管理理论的形成和发展进行简单回顾，同时，分析绩效管理理论在大学组织中的实践运用及其价值。从经济人假设和道德人假设出发，揭示不同人性假设在制度设计中面临的问题，并结合大学组织特性，分析人性假设理论在大学组织绩效管理中应当规避的问题和可拓展延伸的思路。在对委托代理理论观点的梳理和它所面临的局限反思基础上，讨论其在实际运用中的优势。博弈论的价值在于其解释制度变迁的动态因素，事实上，制度设计需要经过一个不断重复的博弈过程最终才能产生参与者之间建立良好合作与相互服从的结果。基于上述理论分析，本研究尝试构建如下大学组织绩效管理制度设计的理论分析框架：以多维人性假设理论为制度设计前提，消解制度执行的无力感，增强制度的有效性；以博弈论嵌入制度设计过程，防止制度设计主体的单一性，注重制度生成互动性；以委

---

① 张维迎：《大学的逻辑》，北京大学出版社 2012 年版，第 4 页。

托代理理论审视制度设计流程，降低制度制定成本，提高制度的效益性。

第二，事实依据。首先，通过对美国大学办学特色制度的梳理与总结、新加坡南洋理工大学绩效管理制度实践与效果的研究，试图从一个国家的大学组织整体样态和一所大学个案剖析，在宏观层面与微观层面考察发达国家大学组织绩效管理制度设计的理念、思路与实践，以发现其特点，总结其规律，为我国大学组织绩效管理制度设计的完善提供借鉴。其次，从大学章程建设的所为与能为，试图弄清大学章程建设的理论与实践进展、当前高校章程执行与落实存在哪些问题，如何推进解决这些问题等。这是当下和今后一个时期进一步深化高校综合改革、提升高校治理能力、加快现代大学制度建设的必答题；探讨大学章程建设的所为与能为，为大学组织绩效管理制度设计寻求前提。最后，选择人才培养制度和导师与研究生关系规则两个具体领域，分别从分类视域和博弈论视角予以分析，厘清我国高校人才培养制度的生成机制与实现路径，分析导师与研究生博弈关系的形成、策略、困境及解决方法。

第三，要素剖析。深入解析大学绩效管理制度设计的主体、依据和方法等要素。大学绩效管理的主体问题是设计大学绩效管理制度首先要确定的问题。本研究试图对大学绩效管理制度所涉及的主体进行角色定位，分析各主体间的委托代理关系及代理问题对大学绩效管理制度设计所产生的影响，从而为进一步探讨更深层次的问题奠定基本的主体关系框架。大学绩效管理制度设计遵循何种依据关系到大学绩效管理制度的合法性问题，本研究从大学外部与内外两个维度来考察大学绩效管理制度设计的依据问题。方法是大学绩效管理制度设计所凭借的基本手段，大学绩效管理的方法包括实然的方法与应然的方法两种，本研究力图探寻应然的我国大学绩效管理制度设计方法选择。

第四，未来走向。在治理的视角下，从"双一流"建设方案，探讨制度设计的几大关系，分析大学组织治理范式转换的逻辑基础，进而为大学组织绩效管理制度设计提供宏观背景。再从微观的视角研究大学学院组织治理的本质、维度与路径；同时，选择学院党政联席会制度，讨论其权力边界与行动准则，为完善大学基层学术组织制度设计预测走向。

第五，对策建议。在上述研究的基础上探讨绩效管理制度设计的逻辑遵循、激励导向和价值协商下的绩效管理制度设计理路；并尝试构建大学组织绩效管理制度设计模型，以期为大学组织设计绩效管理制度提供参考。

（二）研究思路

本研究以历史、现实与未来，宏观、中观与微观，理论、方法与实践三个维度为总体思路，试图在三维空间结构中探究大学组织绩效管理制度设计的理论依据与事实依据、现实问题与实际原因、科学理性与实践可行等相关问题。

第一，梳理文献。对国内外大学组织绩效管理制度及制度设计的相关研究文献进行系统梳理，分析已有相关研究的思路、方法、结论、特点及局限，为大学组织绩效管理制度设计研究寻找逻辑基点，以期站在前人的肩膀上从历史、现实与未来这个向度审视本研究领域的成果积累及走向。

第二，奠定理论。在梳理理论基础的过程中，我们认为，与大学组织绩效管理制度设计的相关理论包括绩效管理理论、人性假设理论、委托代理理论以及博弈论等，通过把握这些理论的基本观点及其运用，构建本研究的理论分析框架，奠定研究的理论依据。

第三，审视现状。通过选择美国的大学组织整体考察、新加坡南洋理工大学的个案研究，发现其绩效管理制度设计的基本特点及可取之处；从大学章程这一根本制度的建设，到大学组织人才培养制度和导师与研究生关系规则两个具体领域的分析，重点考察我国大学组织绩效管理制度设计的现状、问题及原因，为本研究寻求事实依据。

第四，探析要素。大学组织绩效管理制度设计存在哪些要素？本研究对主体、依据和方法三个要素进行深入分析，从应然与实然两个维度探讨大学绩效管理制度设计的相关主体、设计依据及其所凭借的方法，试图总结从实然向应然转变的条件和基础。

第五，构建模型。从宏观、中观和微观维度，分析国家通过"双一流"建设期待高等教育提升增效的宏观背景，以及由此引发的中观层面的大学组织的治理范式转换，然后，选择对履行大学组织职能的学院这一微观层面绩效管理制度设计与实践进行详细分析。最后，从逻辑遵循、激励导向和价值协商探讨绩效管理制度设计理路；并尝试构建大学组织绩效管理制度设计模型。

（三）研究方法

一是文献研究法。首先，通过梳理与大学绩效管理理论与实践以及绩效管理理论、人性假设理论、委托代理理论、博弈论等相关的国内外文献资料，收集大学绩效管理制度设计及管理实践发展动态的相关资料，较全面地掌握论文相关的理论研究最新动向和实践现状，由此确定研究目的和研究重点。在前人研究的基础上，整理本研究所需的理论，界定相关概念，为进一步研究奠定基础。

二是个案研究法。笔者利用在新加坡南洋理工大学三个月研修机会，对其绩效管理制度设计与实践进行了较为系统的现场考察和调研，重点探讨了该校在政府大学自主化引导下，以学术共同体主体地位和主导作用为治理理论，通过组织结构这个载体体系的构建与运行来设计绩效管理制度，为大学绩效管理制度设计的方法选择及其应该遵循的设计依据提供思路。

三是模型建构法。通过对国外大学组织绩效管理制度设计理念、思路和方法的考察，以及国内大学组织绩效管理制度的审视，从治理视角厘清大学组织绩效管理制度设计的思路，进而构建大学组织绩效管理制度设计模型，试图为制度设计提供参考和借鉴。

第 一 章

理论基础

对于一个学术领域来讲，回到其原初思想语境，廓清那些对学科发展具有方向性和指导性的基础理论问题，与以一种前沿跟踪的方式捕捉最新研究动态与理论进展，至少具有同等重要的意义。[①] 大学组织绩效管理制度设计领域的研究同样需要对其基础理论加以重视并进行系统梳理，确定其理论分析框架。制度的制定者在设计、制定制度时，都自觉或不自觉地以对人性的某种假定作为自己理论的基点。[②]从传统与现实来看，大学组织绩效管理制度设计的理论依据主要是科学管理理论、行政管理理论和科层制理论。科学管理理论通过技术逻辑来规划程序、设置标准，并实施控制来确保对于标准和技术逻辑的遵循。行政管理理论的关注点在于组织的生产、人事、供给以及组织内其他服务单位间的结构关系，强调专业化、部门化与控制。科层制理论依据等级体系内的管辖权和位置来设置机构和任命专家，建立各类行为规则，将事务或顾客分类，以及通过提供薪水和职业升迁来激发专业职员的表现。这三种理论的一个共同点是将组织看成是静态的、封闭的、可控的，并认定可以通过理性的方式设计绩效管理制度。虽然也谈及个人能力，但弱化了人的需要、发展，非人格化的设计思路占主导地位，也就是说，现实中具体的人被悬置，一个个鲜活的个体

---

① 李佃来：《马克思主义政治哲学研究中的三个理论问题》，《光明日报》2016 年 8 月 3 日第 14 版。

② 谭希培、邱建明：《论制度设计中的人性假设基础》，《现代大学教育》2004 年第 4 期。

成为组织目标实现的工具。笔者认为，大学组织绩效管理制度设计应回到现实，其理论应当以人为基础加以构建，才有可能指导实践。

第一节　绩效管理理论

人类社会发展对经济发展和财富增长的依赖，使人们更多地从经济学的角度关注制度安排与制度创新，特别是现代市场经济的发展，制度设计与制度安排只为效率服务，制度的空间似乎已没有道德存在的地盘，制度的工具性价值远远超过其伦理价值。[①] 就大学组织而言，关于绩效管理的认识，人们从不同学科视角予以审视。一是经济学视角。他们认为，大学实施绩效管理是为了提高教育资源管理及利用效率，效率最大化是大学绩效管理所追求的目标。所谓大学绩效管理，"就是及时地将大学中的各种资源组织、动员起来，做到最充分、最有效以及最合理的利用"[②]；强调"以一定量的输入求得最大的输出，或是以较小的输入求得一定量的输出"[③]。二是组织行为学的视角。着重强调大学绩效管理中组织、团体、个人协调发展的重要性。大学组织绩效管理"是大学管理者和教职员工双方就学校的发展目标及如何实现目标达成共识、增强教职工成功地达到目标的能力的管理方法以及促进教职工取得优异绩效的管理过程"[④]。也有人认为："它是一个多维动态的系统，组织、团队与个人通过行为选择实现大学战略目标的同时，提升三者效能的过程"[⑤]。三是管理学的视角。认为绩效管理是围绕大学组织内部相关管理活动而展开："绩效管理是大学人力资源管理的重要内容，是大学实施发展战略与实现办学目标的重要手段，

---

① 宋增伟：《制度公正与人性假设》，《社会科学》2005 年第 8 期。

② 贾九洲：《高等学校绩效管理初探》，《四川大学学报》1983 年第 1 期。

③ 靳希斌：《教育经济学》，人民教育出版社 2005 年版，第 309 页。

④ 杨林、刘应兰、卢朝佑：《基于执行力的高校绩效管理探析》，《教育与职业》2009 年第 36 期。

⑤ 陈娟：《我国高校绩效管理研究现状、问题与发展趋势》，《西安电子科技大学学报》2010 年第 6 期。

对于提高大学的办学效益、提高教职员工的工作效率和质量、促进教职员工职业发展、完善大学内部管理体系具有不可替代的作用"①。有研究者强调:"实行绩效管理是大学人事制度改革的需要,加强绩效管理是落实大学发展战略的重要基础"②。以上不同学科视角试图从大学组织的效率、协调和理性等方面考察绩效管理应该做什么,是基于组织的封闭性、组织成员行为的确定性特点,将组织控制作为目的,以期在一定时期内达成组织目标,所遵循的逻辑思路是:组织目标、组织绩效、绩效管理、绩效度量和绩效评价。③ 大学绩效管理的多维特点,必然要求我们在设计制度时予以关照,平衡各维度的效果,使制度充分发挥作用。

一 绩效管理理论形成的回顾

绩效管理理论的成熟与完善虽然是从 20 世纪七八十年代至今四十余年的事情,但其管理的思想与实践却至少可以追溯到泰勒时期,甚至更早的西方国家的文官制度。也有研究称绩效管理的思想起源于中国上千年的考试考核制度,如早在我国三国曹魏时期(公元 221—265 年),魏文帝曹丕推行的"九品中正制"就是运用绩效考核理念来考察官员的能力与功绩,从而评定官员等级的一种选官制度。④

近一个多世纪以来,绩效管理的发展随着能力评价(Merit Rating)、目标管理(Management by Objectives)以及绩效评价(Performance Appraisal)的出现与发展而不断向前推演,通过对它们的回顾与

---

① 林健:《〈劳动合同法〉对高校绩效管理影响的探讨》,《中国高等教育》2009 年第 6 期。

② 李洪山、叶莹:《基于组织变革理论的高校绩效管理研究》,《黑龙江高教研究》2012 年第 6 期。

③ [美] W. 理查德·斯科特、杰拉尔德·F. 戴维斯:《组织理论——理性、自然与开放系统的视角》,高俊山译,中国人民大学出版社 2011 年版,第 375—376 页。

④ Michael Armstrong, *Armstrong's Handbook of Performance Management: An Evidence - based Guide to Delivering High Performance*, Kogan Page Limited, 2009, p. 10.

梳理，有助于厘清绩效管理理论形成与发展脉络。

（一）能力评价

绩效管理最初以一种主观的能力评价的方式出现，能力评价是通过对个人的判断力、诚信等人格特质以及领导力、协作性等能力进行考核的过程。第一次世界大战之前，受泰勒主义的影响，斯科特（W. D. Scott）将工业界评价工人工作效率的理念引入美国军队管理，创造了一种"两两比较法"（Man to Man Comparison Scale），用于考核军队官员的能力与绩效。由于其在美国的成功，后又被借鉴至英国的军队事务管理中，以及后来发展成图尺度评价法（Graphic Rating Scale）被引入工业界，并在工业界得到广泛的应用。①

在这一时期，虽然能力评价以各种形式被广泛应用于各领域管理实践中，然而与此同时，理论界也不乏批评的声音。美国行为科学家道格拉斯·麦格雷戈（McGregor Douglas）就质疑这种评价方式的效用，他认为这是一种消极的评价方式，正如他在《哈佛商业评论》发文称，应该从简单的评价转向仔细的分析，并从评价过去转向未来，应该关注现实目标的设定以及怎样才能最大限度地完成目标；在评价中，员工不应该只被指出劣势，而应该是全面分析其优势与劣势，员工应该是一个主动的人，而不是被动的物。他强调对于员工的评价，应该着重于对其与预期结果所要求的行为进行分析，而不是只评价个体的品质特征。② 也有其他学者与麦格雷戈持相似的观点，认为这种评价的指标由于过于主观③而可能带有个人偏见，并且对于谁有资格及能力作出这样的评价也是存在争议的。

（二）目标管理

目标管理是一种实现企业共同目标、达到预期效果而在管理过程

---

① Michael Armstrong, *Armstrong's Handbook of Performance Management：An Evidence - based Guide to Delivering High Performance*, Kogan Page Limited, 2009, p. 11.

② McGregor, Douglas, "An Uneasy Look at Performance Appraisal", *Harvard Business Review*, No. 3, 1957, pp. 89 - 94.

③ 通常包括有责任心、有判断力、有创新能力、有高效合作能力、富有活力、富有想象力等主观评价指标。

中实施的以结果导向和自我控制为指导思想的管理理论与实践方法。1954 年，美国管理学家彼得·德鲁克（Peter Drucker）提出目标管理理论，他认为有效的管理必须是将所有经理人的努力指向一个共同的目标。德鲁克告诫经理人必须实施目标管理，一方面可以将个人与企业的目标整合起来，另一方面能够实现企业员工的自我控制，从而使追求共同福祉成为每个经理人的共同目标，最终实现企业的共同愿景。[1] 在德鲁克之后，道格拉斯·麦格雷戈、乔治·奥迪奥恩（Georges Odiorne）、维克多·弗鲁姆（Victor Vroom）、爱德华·施莱（Edward Schley）和威廉·雷丁（William Reading）等学者继续对目标管理的理论与实践进行研究，促进了该理论的进一步发展。

　20 世纪六七十年代开始，目标管理受到各界追捧的同时，也开始引发一系列争议，美国心理学家哈里·莱文森（Harry Levinson）是最早对目标管理理论进行质疑与批评的学者之一。1970 年，莱文森在《哈佛商业评论》上发表《目标管理：从谁的目标着手?》一文，他批评目标管理的最大问题在于没有考虑员工自身的动机与需求。他强调任何一个组织都是一个社会系统、一个人际关系的网络，目标管理忽视了人性因素在管理中所起的作用，由于过分强调客观性与量化的指标，而忽略了很多隐性的、不可评估的重要因素。[2] 盖里·克莱恩斯博士（Dr. Gerry Kraines，曾任莱文森领导力咨询公司首席执行官）也提出了类似的反对意见，他尤其担心目标与奖励之间的联系。他认为，"如果经理人将薪酬与员工是否达标联系起来，并试图以此引导员工的工作，那么就会产生对立关系"，"坚持回报最小化的做法符合员工的利益。那种回报最大化的做法催生贪婪，鼓励员工与制度进行'博弈'"[3]。美国社会心理学家亚伯拉罕·马斯洛（Abraham H. Maslow）也认为，目标管理理论中对于工人都是"有责任心的

---

①　Peter F. Drucker, *The Practice of Management*, Harper Press, 1954, pp. 128 – 129.

②　Harry Levinson, "Management by Whose Objective?", *Harvard Business Review*, No. 4, 1970, pp. 125 – 134.

③　许一：《目标管理理论述评》，《外国经济与管理》2006 年第 9 期。

人"的人性假设过于理想化，因为人并不都是健康、有德行的，他们有各种不同层次的需求，而目标管理只对那些追求自我实现的工人才比较奏效。

（三）绩效评价

1970年以后，受目标管理运动的影响，以结果为导向的绩效评价方式得以发展，其主观的能力评价指标也逐渐被客观指标所取代。这个时期的绩效评价，在仍然关注整体绩效的同时，也开始关注个人的绩效目标，如将员工的自我评估、培训需求以及员工潜力评估列入评估范围。在绩效评价逐步完善的过程中，仍然难以摆脱一些痼疾，如在评价周期方面，绩效评价仍然在由经理召开的一个年末评价会议上进行，经过一个自上而下的评价之后，开始对员工绩效进行打分。因此有人指出基于不同评价主体会产生不同的评价结果，从而影响了评价的客观性。克莱夫·弗莱彻（Clive Fletcher）则认为评价的时代已经成为过去，他说："我们所见的是一个传统的、整合的评价体系的终结……取而代之的是一系列彼此独立却又相互关联的过程，这些过程根据企业环境与员工数量而以不同的方式得以应用。"[1] 从克莱夫的论述可以看出，他认为从单纯的绩效评价体系到完整的绩效管理体系的转向将成为必然的趋势。

二　绩效管理理论的发展

绩效管理理论是在对以往的绩效考核、评价与管理理论进行改进和发展的基础上逐步形成和发展起来的，绩效管理正式作为一个术语使用始于20世纪70年代，被解释为"绩效管理是将个人、团体的工作行为与组织的效益联系起来，并由组织制定的战略目标所确定"[2]。这个描述将绩效管理与其他评估方式作出了区分，然而其对绩效管理

---

① Fletcher, Clive, "Appraisal: An Idea Whose Time Has Gone?", *Personnel Management*, No. 9, 1993, p. 34.

② Sousa, C. A., Nijs, W. R., Hendriks, R. H., "Secrets of the Beehive: Performance Management in University Research Organizations", *Human Relations*, No. 9, 2010, p. 1443.

所作出的解释与今天的绩效管理理论仍然相去甚远。后人继续致力于绩效管理的相关研究，为该理论的完善与发展作出了贡献，他们是普拉奇·R. J. 与普拉奇·S. J. （Plachy, R. J. and Plachy, S. J. , 1988）、福勒（Fowler, A. , 1990）、贝文和汤普森（Bevan and Thompson, 1991）、哈特尔（Hartle, F. , 1995）、阿姆斯特朗和巴伦（Armstrong and Baron, 1998）、帕姆·琼斯（Pam Jones, 1999）、莱瑟姆、苏尔斯基和麦克唐纳德（Latham, G. , Sulsky, L. M. and Macdonald, H. , 2008）、斯派洛（Sparrow, P. , 2008）等。[①]

比尔（Beer, Michael）与鲁哈（Ruh, Robert A. ）将绩效管理与其他评估方案的区别表述为绩效管理同时关注发展与评估、绩效管理正式认可上司在与下属的关系中所扮演的多重角色、在绩效文本中显示员工优势及其发展需求、将结果与获得结果的途径整合起来四个方面。[②] 阿姆斯特朗对绩效管理与绩效评价以及目标管理的特征进行了详细的比较，从三者的比较之中可以更清晰地看出绩效管理的特征、优势以及完善的绩效管理需具备的关键要素（表1—1）。

---

① R. Plachy, S. J. Plachy, *Performance Management: A New Approach for Driving Business Results*, American Management Association, 1988.

Fowler, A. "Performance management: the MBO of the 90's?" *Personnel Management*, 1990.

Bevan, S. & Thompson, M. , "Performance Management at the Crossroads", *Personnel Management*, 1991.

Hartle, F. , *How to Re-engineer Your Performance Management Process*, Kogan Page, London, 1995.

Armstrong, M. , and Baron, A. , *Performance Management the New Realities*, State Mutual Book & Periodical Service, 1998.

Pam Jones, *The Performance Management Pocketbook*, Management Pocketbooks Ltd. , 1999.

Gary P. Latham, Lorne M. Sulsky, and Heather MacDonald, "Performance Management. The Oxford Handbook of Human Resource Management", *Oxford Handbooks Online*, 2008.

Michael Dickmann, Chris Brewster, Paul Sparrow, *International Human Resource Management*, Routledge, 2008.

② Beer Michael, Ruh Robert A. , "Employee Growth Through Performance Management", *Harvard Business Review*, No. 4, 1976, pp. 59–66.

表 1—1   绩效管理、目标管理、绩效评价三者之间的比较

绩效管理	目标管理	绩效评价
• 关注组织与个人目标	• 强调个人目标的整合	• 可能包括个人目标
• 同时包括结果与能力	• 强调量化要求与绩效评估	• 可能包括定性绩效目标
• 全年式评估	• 年度评估	• 年度评估
• 可能存在等级评定	• 不存在等级评定	• 存在等级评定
• 前瞻式	• 回顾式	• 回顾式
• 关注发展的同时关注绩效	• 关注表现的成就	• 关注绩效与能力水平
• 整合的过程	• 自上而下的机制	• 自上而下的机制
• 柔性过程	• 单层系统	• 单层系统
• 特制的系统	• 打包系统	• 一般为特制的系统
• 文书工作最小化	• 复杂的文书工作	• 复杂的文书工作
• 可能与绩效薪酬不相关	• 可能与薪酬不直接相关	• 一般与绩效薪酬相关
• 应用于所有员工	• 应用于经理人	• 应用于所有员工
• 隶属于直属经理	• 隶属于直属经理	• 隶属于人力资源部门

资料来源：Michael Armstrong，*Armstrong's Handbook of Performance Management*. London and Philadelphia：Kogan Page Limited，2009。

从表 1—1 可以看出，绩效管理包含目标管理与绩效评价的诸多理念与方法，但又具有自身较为显著的特征。绩效管理相较目标管理与绩效评价的成熟性与完善性主要表现在管理（评价）目标、评估周期、运行方向、管理对象、与薪酬的关系等方面。要特别指出的是，成熟的绩效管理理论要求既要关注组织目标的达成，又要关注员工的发展；同时，绩效管理不应该是管理层在年终必须进行的例行公事性质的、繁琐的行为，而应该是贯穿于整个年度的管理过程。

绩效管理理论在被企业实践之初，财务绩效评价几乎成为企业绩效管理的全部，继而又发展为多维度的评价，包括企业的竞争能力、创新能力、顾客满意度等。随着理论研究与实践发展的逐步深入，出现了两种重要的绩效管理理论导向，分别是基于战略的绩效管理与基于利益相关者的绩效管理。

（一）基于战略的绩效管理

1990 年，林奇（Lynch）与克罗斯（Cross）在绩效测量改革的进

程中提出了把企业总体战略与企业财务与非财务信息结合起来的企业绩效金字塔模型（图1—1），该模型描述了不同组织层面的各种绩效变量之间的因果关系以及其他关联性。① 绩效金字塔模型的最顶端是组织愿景，企业最高管理层根据组织愿景制定企业总体战略，战略目标向下呈多级瀑布式传递，首先传递给企业的战略绩效单位，产生市场满意度与财务绩效两项指标；战略目标进一步向下传递给核心业务系统，产生顾客满意度、灵活性、生产率等指标，前两者共同构成企业的市场目标，生产效率构成财务指标；企业战略目标传递到具体的部门、团队、工作组，产生质量、交货期、周转期、成本等指标，其中，质量与交货期构成顾客满意度，交货期与周转期构成灵活性，周转期与成本构成生产率；企业的战略目标经过层层分解，最后渗透到个体层面，关涉每一位员工的个体绩效，绩效评估的信息再从最底层开始逐级向上反馈，最终达到企业的最高管理层，最高管理层根据各方反馈的绩效信息来总结组织愿景并制定下一阶段的战略目标。

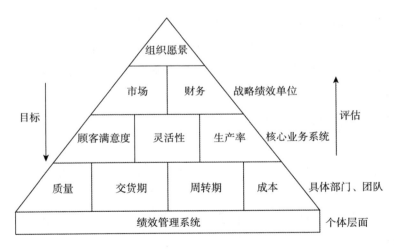

图1—1　绩效金字塔模型②

---

① Kippenberger T. , "The Performance Pyramid", *The Antidote*, No. 1, 1996, pp. 10 – 11.

② Kippenberger T. , "The Performance Pyramid", *The Antidote*, No. 1, 1996, p. 10.

绩效金字塔模型展示了一个商业绩效测量的等级结构式观点，它不仅列出一些绩效指标的维度，而且显示了这些要素的等级式逻辑结构①，该模型在企业各层级指标执行及效果间建立了有效的反馈机制，在绩效动因与结果之间建立了关联性，其描述的循环过程揭示了企业持续发展的能力，强调了组织战略在指标制定中所扮演的重要角色，在很大程度上促进了绩效管理理论的发展，但其存在一个明显的缺陷，即忽略了企业利益相关者对企业的贡献与利益诉求。

（二）基于利益相关者的绩效管理

与传统的股东至上主义企业理论的主要区别在于，利益相关者理论认为任何一个企业的发展都离不开各种利益相关者的投入或参与，企业追求的是利益相关者的整体利益，而不仅仅是某个主体的利益②，利益相关者关心企业经营的绩效，在对企业经营作出贡献的同时，其利益诉求也应受到企业管理制度设计者的重视。2002年，英国克兰菲尔德大学管理学院企业绩效管理中心的安迪·尼利（Andy Neely）、克里斯·亚当斯（Chris Adams）与迈克·肯纳利（Mike Kennerley）合著《绩效棱柱》一书，提出基于利益相关者的企业绩效棱柱模型，该模型是一个具有三个侧面的棱柱（图1—2），棱柱的每个面分别代表企业的一个绩效要素，顶层与底面代表利益相关者的满意度与利益相关者的贡献，三个侧面分别代表了企业的战略、流程与能力。

绩效管理的五个绩效要素既相互独立，又具有逻辑上的一定联系，企业绩效管理的制度设计也许可从以下五个关键问题来寻求思路：

·利益相关者满意度：谁是企业的关键利益相关者，他们的需求与期望是什么？

---

① 程卓蕾：《高校绩效管理体系的研究与设计》，博士学位论文，中南大学，2011年。

② 陈宏辉、贾生华：《企业利益相关者的利益协调与公司治理的平衡原理》，《中国工业经济》2005年第8期。

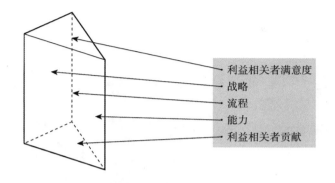

利益相关者满意度
战略
流程
能力
利益相关者贡献

图1—2　绩效棱柱模型一①

·利益相关者贡献：利益相关者能为企业作出哪些贡献？

·战略：企业可以采取何种战略来满足利益相关者的需求与期望？

·流程：如果企业执行这些战略，需要哪些关键流程？

·能力：企业需要达到什么样的能力来运作与加强这些流程？②

　　绩效管理模型提出的企业五个绩效要素及其所对应的五个问题共同构成一个闭环的系统（图1—3），整个系统以利益相关者的满意度为出发点，并将利益相关者贡献与之对应，形成企业与利益相关者之间付出与收获的交换，即从对方那里获得自己的所需。企业与利益相关者之间的这种动态关系，需要企业明确应采取何种战略，以保证为其利益相关者分配资源，从而实现价值；为了实施这些战略，企业还要设计关键流程，做到既有效果又有效率。绩效棱柱所涉及的三个维度五个方面的绩效指标，要求企业建立利益相关者"雷达扫描"系

---

①　Andy Neely & Chris Adams & Mike Kennerley, "The Performance Prism：The Scorecard for Measuring and Managing Business Success – Financial Times Prentice Hall", *Person Education Limited*, Introduction, 2002, p. 11.

②　Andy Neely & Chris Adams & Mike Kennerley, "The Performance Prism：The Scorecard for Measuring and Managing Business Success – Financial Times Prentice Hall", *Person Education Limited*, 2002, p. 180.

统，进一步提高利益相关者管理能力，对企业运行进行全息式绩效管理。[①]

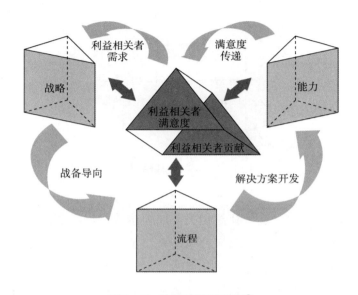

图1—3　绩效棱柱模型二[②]

三　绩效管理理论在大学组织中的运用

绩效管理并不是从企业直接移植到高等教育管理实践中的，而是在 20 世纪 80 年代的新公共管理运动中，经由公共部门的绩效管理实践为中介而迁移到高等教育领域。自 80 年代以来，新公共管理思想在高等教育领域中的渗透促使大学进行市场化管理改革，政府开始对大学的绩效进行管理与评估，其中以英国最具代表性。自撒切尔上台以来，英国的高等教育连续遭受成本与预算的削减，高等教育经费的分配更加透明化，同时随着市场与准市场机制的引入，大学打破了教职工终身雇佣制和国家标准薪酬制的传统，变革为任期合同制与绩效薪

① 颜世富：《绩效管理》，机械工业出版社 2014 年版，第 20 页。

② Andy Neely & Chris Adams & Mike Kennerley, "The Performance Prism: The Scorecard for Measuring and Managing Business Success – Financial Times Prentice Hall", *Person Education Limited*, 2002, p. 181.

酬制。1985 年，英国大学校长联席会议颁布《大学效率研究指导委员会报告》又称《贾纳特报告》（*Jarratt Report*）。《贾纳特报告》指出，为提高大学的绩效，需借鉴私营部门的管理理论与实践，将大学治理公司化，由此掀开了英国大学以"关注效率为核心"的管理体制改革的序幕。英国政府在减少对高等院校资金提供的同时，还通过各种措施加强对大学的外部监控：通过采用公共问责机制、质量保证机制以及绩效管理机制对高等院校资源的使用情况以及所产生的效果进行监督，避免资源的浪费，并让公众获得更多关于高等院校各个方面的信息。[①] 英国高等教育领域的新公共管理改革使得政府与大学的关系从信任走向问责，政府通过质量保障、审计、绩效评价和拨款等方式"遥控"大学[②]，绩效评估成为英国学术职业最主要的评价方式，被视为实现经济效率和效能目标的有效手段。

美国政府对大学统制的放松与间接化程度在世界高等教育中颇具典型性，主要有三种模式：一是"契约、评估型"方式，它以政府和大学之间的契约和绩效评估为媒介。二是"以达标度为基准的补助金计算"方式（计算式），在这种方式中，政府对大学的拨款被纳入了大学教育研究成果的指标，并将其作为决定性因素，由此激励大学完成政府所期待的职能。三是"间接资助"方式，即政府不直接将资金拨给大学，而是将研究资金通过研究课题的竞争性研究费拨款、教育经费通过学生奖学金这些形式间接地拨给大学；前者介入了政府的选择，后者介入了学生对大学的选择。总之，两种情况都激发了大学之间的竞争。间接资助随着美国 1972 年《高等教育法》的修正而成为一项明确的政策。美国政府主要通过立法与科研拨款机制来分配高等教育经费，对大学采用市场化的管理方式，大学通过竞争的方式争取经费。因此，为获取更多的经费，大学必须努力提高办学效益，以高绩效来回应政府与公众的问责。美国大学较为推崇新公共管理倡导的

---

① 李峻、尤伟：《从〈贾纳特报告〉到〈迪尔英报告〉和〈兰伯特回顾〉：1980 年以来英国大学市场化治理的历程与启示》，《高教探索》2009 年第 3 期。

② 黄亚婷：《新公共管理改革中的英国学术职业变革》，《高等教育研究》2013 年第 5 期。

绩效观，之所以如此，主要源于绩效管理可以提升大学组织的学术生产力、管理效益、教育质量以及社会服务的能力与透明度。美国大学通常采用柔性、宽松、适度的绩效管理制度，强调绩效评价与教职工个人职业发展并重，引导教师职业发展与大学的战略目标齐头并进。如耶鲁大学把绩效管理作为创建高绩效组织和促进教师发展的可靠载体，希冀通过绩效管理在组织发展和教师发展之间寻求一种基本的平衡①，在设定个人绩效目标时，耶鲁大学通常会通过召开绩效目标设定会议由管理者和个人合作设定一个可视化的预期目标，即 SMART 目标②，意指设定的绩效目标应该是具体而明确的、可衡量的、可达成的、与本职工作相关的、需要在特定时限内完成的③，大学管理层、院系领导和教师也会共同商讨教师在实现学校目标方面的潜能和贡献。

在澳大利亚，对高等教育进行教学与单位评估由来已久，两百多年以前澳大利亚政府就开始用绩效评估来获知学生对教学质量的认知、鉴别教学中好的实践以及有哪些地方需要改进。在一些大学机构，绩效评估还用于评价教职工绩效与鉴定专业发展的需求。近年来，澳大利亚政府对高等教育质量保证与绩效拨款方面的政策规定，使一些重点大学的教学与单位评估由之前的志愿行为转变为一种强制性的工具，用于评估及奖励学术人员的绩效。④

在我国，政府对大学的绩效管理主要表现为政府对大学开展的一系列绩效评估活动，如对大学进行教学、专业上的评估（教学工作水平评估、学位点定期评估、重点学科评选评估）以及其他专项评估。我国政府对大学实施绩效评估的内容涉及教学、科研水平、学科建设、人才、基地等诸多方面。2010 年，政府颁布的《国家中长期教育改革

---

① 潘建军：《动力还是重担：绩效管理在美国大学中的实践与反思——以耶鲁大学为例》，《复旦教育论坛》2014 年第 4 期。

② SMART 指 Specific，Measurable，Attainable，Relevant，and Time - bound.

③ "Yale University Performance Management Guide"，2014 - 04 - 25，Yale University（http：//www. yale. edu/hronline/focus/documents/2010JulyYALEPERFMGMNTGUIDE Rev6 - 7 - 10final. pdf）.

④ Mahsood Shah，Chenicheri Sid Nair，"The Changing Nature of Teaching and Unit Evaluations in Australian Universities"，*Quality Assurance in Education*，No. 3，2012，pp. 274 - 288.

和发展规划纲要（2010—2020 年)》中，要求大学要"改进管理模式，引入竞争机制，实行绩效评估，进行动态管理"，由此越来越多的绩效管理实践在我国大学内部展开。我国大学内部的绩效管理主要包括设定绩效目标、进行绩效考评以及考核结果的应用三个方面。首先，大学的绩效目标是综合政府要求、大学自身战略发展需要而制定的，然后通过目标的层层分解与任务的逐步下达形成具体行政部门及基层学术组织的绩效目标，进一步分解最终形成个人绩效目标。其次，绩效考评是大学绩效管理的核心环节，我国大学内部绩效考核包含对部门、单位的考评与对教职工个人绩效的考评。其中，部门、单位的考评主要以人才培养、教师队伍建设、学科建设、科研与成果转化、办学国际化等方面；对教职工个人的考评主要集中在个人应承担教学科研任务的完成情况、工作的态度等。再次，我国大学绩效管理的考核结果主要应用在单位部门资源的配置、个人职务的评聘与升降、薪酬及职业发展等方面。

第二节 人性假设理论

对于人的本质的认识，马克思有一句经典的概括："人的本质并不是单个人所固有的抽象物。在其现实性上，它是一切社会关系的总和。"它表明，人是处于现实关系中的，也正是人的现实性和关系性，使得人的行为选择表现出社会性。人性假设是在对于人的本质认识基础上形成的关于人的基本看法。所谓人性假设，就是人们对客观存在的人性特点的认识和把握，并且基于此种假定对人们在特定环境中的行为作出一定的预测，然后根据这一预测作出相应的行为和对策选择。[①] 首先，大学人的行为选择具有理性的一面，他们作为大学组织成员，其所作所为是一种理性选择的结果；其次，他们必须考虑生存与发展，关心自己的收入与福利、社会地位与生活质量、前途命运等。

---

① 谭希培、邱建明：《论制度设计中的人性假设基础》，《现代大学教育》2004 年第 4 期。

作为职业人，他们也有着本身的职业操守和行为准则，他们的一个共同任务是育人。对于不同类型的大学人，其职责任务与行为方式存在一定的差异：对于教师而言，教书育人是其首要职责和任务。对于管理服务人员而言，其工作目标是为教师、学生等提供优质保障服务。对于学生群体而言，作为求知者，他们在大学的目标是获得其未来发展的知识与技能、才华与智慧，他们的行动也具有自身理性；作为高等教育的消费者，他们会计算上大学的成本与收益；作为社会未来发展的支撑力量，其行为影响着其他社会成员。所以，从人性假设的角度审视大学人，他们既是理性人，也具有经济人和道德人的特点。同时，在我国单位制的背景下，大学人归属于某个单位，属于"单位人"。从根本上说，大学组织绩效管理制度设计是为了激发大学组织中人的积极性、促进人的自由发展并推动学术发展。基于使命的特殊性，对于大学组织来说，制度设计要发挥有效作用，就应当建立在对大学人的多维人性假设基础之上。

亚里士多德指出"人是政治的动物"，为古希腊民主制度奠定了基础，西方资本主义制度建立在亚当·斯密提出的"人是经济的动物"观点的基础之上。可见，人性假设与制度密切相关。人性假设是制度设计的逻辑前提，因为制度是与人紧密相关的，基于不同的人性假设可以进行不同的制度设计，而不同的制度设计又会对制度中的行为人产生不同的影响，使其产生不同的行为结果，从而进一步塑造出不同的人性。"制度设计、制度实施的最终目的都是服务于人，正因为制度具备这个属性，所以人们在研究和制定制度时首先必须建立对人性的正确理解"①。

一 "经济人"假设与"道德人"假设

（一）"经济人"假设

在西方管理科学中，管理方法的实践与运用总是建立在某种人性

---

① 郭峰：《协调管理与制度设计》，科学出版社 2013 年版，第 31 页。

假设之上，西方管理学家和组织行为学家基于对一般人性特征与个人行为动机的研究，提出了"经济人"假设。美国学者道格拉斯·麦格雷戈（Douglas McGregor）最早提出"经济人"的概念，在其"X 理论"中，道格拉斯指出人是"经济人"，人的工作动机仅是为了获得经济的报酬。"经济人"假设隐含了人性的三个重要特征：其一，作为"经济人"，人的行为是绝对理性的；其二，"经济人"的信息是充分的、完全的；其三，"经济人"是自利的，他们具有机会主义行为倾向，并且追求自身利益的最大化。

"经济人"假设以"性本恶"为逻辑起点，基于这种假设所引出的管理方式是，组织以经济报酬来使人们服从和做出功效，并以权力与控制体系来保护组织本身及引导员工。"经济人"假设下的管理重点在于提高效率，完成任务，其管理特征是订立各种严格的工作规范，加强各种法规和管制。①"经济人"假设的基本内涵是人的利己性，因而无法解释人的主观利他性，况且在此基础上设计出来的制度虽然能较好地抑制人的机会主义行为，但也存在很多缺陷：高昂的社会管理成本；忽视人的能动作用；极易导致人们片面地追求自我利益，从而引发利益矛盾和冲突。② 总之，纯"经济人"假设把利益当作了目的，人却成了利益的工具。

（二）"道德人"假设

与"经济人"假设相对立的是"道德人"假设，在我国的传统文化中，常以推崇"性善论"的"道德人"为基本人性假设。如孔子提倡无为而治，《论语·阳货》中，孔子指出人与人之间"性相近也，习相远也"，意思是说人出生时都是性善的，只是由于后天的成长、身处不同环境造成人的性情、兴趣及习惯的不同。孟子主张"仁政""以德服人"，认为"道德价值根源之自觉心"，即认为善应该是人的

①　张军、朱方明、陈健生：《从"经济人"到"知识人"：解读人性假设的历史变迁与经济学研究范式的重构》，《经济评论》2004 年第 4 期。

②　李怀、赵万里：《从经济人到制度人——基于人类行为与社会治理模式多样性的思考》，《学术界》2015 年第 1 期。

基本自觉，这种自觉是与生俱来的，现实世界是道德的世界，君子治国要注重对臣民的道德教化，使其能够自觉地远离恶行。

"道德人"假设隐含了两个非常重要的关于人性的基本信息：首先，人性本是善的，且具有后天可塑性；其次，由于人性的可塑性，后天的教育就显得十分重要，而道德教育的作用要远大于强制性的法律法规。基于"道德人"假设的前提之下，我国传统的政治制度设计者主张对人的管理应注重德治下的人的修养自律，而将外部的法律约束仅仅看作一种辅助方式，然而因其只看到了人性美好的一面，即推崇道德等非正式制度对人的行为的影响，而忽略了人也具有"行恶"的倾向，从而否定了正式制度的重要作用。

二　制度设计中的人性假设与行为错位

每种文化背景中的人都会接受某些隐含的基本假定，如关于人、人性、人们彼此间关系的性质、人类活动的本质以及人与环境之间关系的本质等方面的基本假设①，这些基本假设决定了人类的信念、价值观以及待人接物的行为方式。然而，在现实的制度设计中，一些"隐含"的假设却常常不被正确地认识，甚至可能被一些人类"宣称"的假设所覆盖，造成制度设计所依据的人性假设与人类现实行为不相吻合，甚至是假设与行为在某种程度上的互相脱节的问题，罗伯特·G. 欧文斯将其称为特殊的"不和谐"。如 1776 年北美洲十三个英属殖民地联合宣告自大不列颠王国独立，并于第二次大陆会议签署《美国独立宣言》，宣称以人类"人人生而平等""人本自由"的本性假设为逻辑，然而在新共和国中，奴隶制度却仍然被接受。可以看出，奴隶制被广为接受的现象预示了某些阶级观念中"人生而不平等"的隐含假设，而非《独立宣言》所主张的"人生而平等"的人性假设。这种"假设与人类行为之间的矛盾"历经了长期的战争与无休止的政治博

①　［美］罗伯特·G. 欧文斯：《教育组织行为学——适应型领导与学校改革》，窦卫霖、温建平译，中国人民大学出版社 2007 年版，第 3 页。

弈，在当前西方现行制度中依然存在。

关于人性假设与行为错位的问题，如果坚持制度设计者所宣称的假设，根据该假设继续强制约束人类及组织的既有行为，则会使制度执行过程中产生诸多问题，使制度变形、效率低下，甚至无效。因此，制度设计者在设计制度之前，首先应该正确认识人性，理性判断假设与行为之间的关系，根据客观、真实的人性假设进行制度安排，使人性假设、制度及制度所要约束的群体之间的关系具有逻辑一致性。

三　人性假设之于大学绩效管理制度设计的理解

有关人性假设与人类行为之间的不和谐情况存在于我们所接触的各种制度中，在我国大学内部绩效管理制度中，也同样存在。考核指标严格量化、绩效考核结果的运用又主要体现在薪酬上，说明当下大学绩效管理制度设计主要是建立在"经济人"的基本假设之上，这样的制度设计既无法解释大学教师的利他行为，同时又诱导其更加向"经济人"靠近。我们认为，正确认识大学教师的人性与人性假设，是研究大学的绩效管理制度及进行绩效管理制度设计的前提。首先，认识到人性是不断发展、变化的，应该将大学教师置于当前特定的历史背景下，综合考虑社会、经济发展变化对其思想观念所带来的影响；其次，要将大学教师置于特定的组织之中，即置于大学组织之中，考虑大学教师的使命、精神和追求。通过以上两个方面的思考，我们认为，我国大学组织中的人既具有"经济人"的特征，又有"道德人"的特征：处于现实的社会生活中，他们需要以基本的物质实现作为生存保证，经济利益的追求显然不可忽视；处于特定的大学组织中，对人才培养的使命、对自我实现的需要以及对"高深知识"的追求又使大学教师表现出更多道德层面上的特征。大学教师既独立于社会群体又逐渐融入社会群体，该特殊群体存在不同的偏好：有人偏好个人经济利益的实现，有人偏好对教育本质及自我实现的追求。而想要区分具有不同偏好的人并针对其人性特征进行不同的绩效管理制度设计，从设计成本及管理的复杂性方面来看，几乎是不可能的，因为在大学组织的人群中，不但存在偏好的不同，同时在偏好的程度上也存在很大的差异。

　　实事上，大学教师是利己与利他的统一体，即兼具"经济人"与"道德人"的特点。确实，人不是完全道德的，为了自己的私利而行动是人类行为的一个基本前提。然而，从社会关系上来看，人类又总是处于互相交往之中，任何人都无法在稍长时间内完全靠独立行动来很好地活动，因此从社会联系中考察人的行为是必要的。可以说，"社会联系有助于控制我们自私的、返祖的、机会主义的个人本能，如我们已经看到的那样，制度在限制受本能驱动的机会主义上占有着中心地位"①。在影响人类行为选择的因素中，除了宗教信仰与利益驱动以外，还有一个非常重要的因素，就是制度的激励与约束。无论是正式制度还是习俗、惯例，制度的存在是大学从遥远的中世纪绵延下来的重要原因之一，大学的种种制度构成了大学生存与发展的惯性。大学教师相比社会其他群体而言，其文化知识水平较高，能更好地理解制度的内涵，为其更好地遵守制度创造了更多可能。因此，在进行大学绩效管理制度设计研究时，大学教师作为"制度人"的特征表现为以下几个方面：

　　第一，作为"制度人"，大学教师既是大学绩效管理制度设计的主体，同时其行为又要受到制度的规范与约束。第二，大学教师兼具"经济人"和"道德人"的特征，经济利益和道德追求都不是大学教师的第一目标，他们将制度效用的最大化作为第一追求目标。第三，大学教师的行为方式受大学传统惯例的影响，这种影响使其行为产生某种路径依赖，而路径依赖使绩效管理突破大学传统的管理模式在一定程度上受到抵制，影响了大学绩效管理的制度效率。第四，大学教师的偏好和禀赋是影响其行为的内生变量，制度通过激励与约束影响大学教师的需求和欲望，进而影响大学教师的行为选择。第五，大学教师作为"制度人"的行为过程是其个体偏好与制度博弈的结果。第六，

---

　　① ［德］柯武刚、史漫飞：《制度经济学：社会秩序与公共政策》，韩朝华译，商务印书馆2000年版，第71页。

作为"制度人"，大学教师不仅遵循正式规则的安排，同时他们也按照一定的非正式规则行事，这种隐性规则即是他们的个体行动法则。①

第三节　委托代理理论

20 世纪 70 年代初，随着对企业"黑箱"理论的质疑以及对企业内部问题研究的不断深入，西方经济学界开始提出代理理论。代理理论有两个研究分支：标准代理理论和积极代理理论。标准代理理论，也称合约理论或委托代理理论，采用规范的研究，其特点是运用数学模型探讨委托人与代理人之间的激励机制与风险分配机制，侧重于解决不同信息结构与组织环境下最优化合约设计的问题。积极代理理论，采用实证的研究，遵循经验的、非技术的方法论，侧重于合约的环境，并试图用组织机制来解释控制代理问题。

随着学科和管理的专业性不断强化，大学的分工越来越精细，分工决定了大学组织内部不可能由少数人去完成所有的事务。在分工的基础上，必然形成委托代理关系。委托代理关系虽然解决了由于分工带来的问题，但采用这种模式的组织又会带来新的问题，即由于信息不对称和各自的利益目标不一致，使得委托人与代理人都作出趋利避害的行为选择：以自我利益最大化来选择做什么和不做什么。19 世纪30 年代，美国著名经济学家伯利和米恩斯提出的倡导所有权和经营权分离的委托代理理论，核心是在利益冲突和信息不对称的情况下，委托人如何设计最优契约激励代理人。伯纳德（Barnard）、西蒙（Simon）等人提出的诱导—贡献契约理论认为，个人加入组织的决策和组织吸纳他的决策，要取决于通过谈判而达成的契约，契约规定了每一个契约方应该为对方贡献什么和从对方那里获得什么；在诱导—贡献契约中存在对等补偿原则，即它一方面规定了个人被期望完成的工

① 李怀、赵万里：《从经济人到制度人——基于人类行为与社会治理模式多样性的思考》，《学术界》2015 年第 1 期。

作，另一方面规定了组织对于个人正确完成工作所保证给予的报酬。汤普森（Thompson）提出，在现代社会中，诱导—贡献契约的内容是由权力（政治的）过程决定的，即权力基于一方对他方的依赖：如果个人在组织所能提供的工作外缺乏其他就业渠道，则组织在谈判过程中是有权力的；反之，如果组织无法从别处招募合格的成员，则个人在谈判过程中是有权力的。① 所以，委托代理理论的重点就在于研究不对称信息下的激励问题，试图通过设计一定的制度（规则）使具有信息优势的代理人行动满足委托人的利益。在班克斯看来，激励效率是制度设计的目标，而实现激励效率被认为是在委托人和代理人之间设计一个可以使代理费用最小化的"合约"。② 以校长为法人代表的大学组织总体上有两项事务进行委托：一是将学校的各项职能委托给职能部门负责人，授权他们管理学校的各项事务；二是将大学人才培养、学科与专业建设、科学研究以及社会服务等委托给基层学术组织（院系所等）。职能部门负责人和基层学术组织负责人作为代理人，他们获得一定的授权，在授权范围内行使职责。除此之外，还存在诸如学院院长与教师之间的代理关系等。

一　委托代理理论之要义

基于契约关系的管理行为。委托代理理论关注委托人和代理人之间关系的显性和隐性合同的约束，其中委托人和代理人为各自利益而采取行动。③ 代理理论主要关注点是委托人和代理人之间的信息不对称问题，它假定委托人和代理人将设计与他们个人激励相容的最有效的合同，而且合同是完全的和可执行的。④ 以契约为媒介的委托人与

---

① ［美］詹姆斯·汤普森：《行动中的组织——行政理论的社会科学基础》，敬乂嘉译，上海人民出版社 2007 年版，第 124—125 页。

② 鲁克俭：《西方制度创新理论中的制度设计理论》，《马克思主义与现实》2001 年第 1 期。

③ ［美］戴维·L. 韦默：《制度设计》，费方域、朱宝钦译，上海财经大学出版社 2004 年版，第 13 页。

④ ［美］戴维·L. 韦默：《制度设计》，费方域、朱宝钦译，上海财经大学出版社 2004 年版，第 14 页。

代理人之间关系的确认，把二者融合在一起。但这中间存在一个关键的因素，即代理成本，在与委托人利益冲突的代理人中构造、监督和实施一系列契约的成本，加上由于完全实施契约的成本超过收益而产生的剩余损失。① 之所以存在代理成本，是因为委托人无法观测到代理人的行动，只能观测到行动产生的结果或收益，也就是说，代理人的行动部分存在于隐蔽状态之中。

基于共享合作的利益分配。委托人与代理人偏好存在的差异表现在：委托人希望代理人多努力以获得更高的利润，而代理人则希望少努力以降低成本（该成本是机会成本而非会计成本）。② 这种冲突的解决方式就是要确定对双方都有利的制度安排，基本的思路是收益共享才能使双方合作成为可能。这就类似于市场中的买卖双方，委托人是买者，而代理人是卖者。但又有所不同，因为委托人与代理人之间收益分配规则及其执行可能影响生产效率：如果按照结果来分配，代理人不会以最有效率的方式行动，因为他知道自己无论干多少或干多好，都只能分配到预先约定的部分；如果委托人的收益固定，剩余的都归代理人，代理人会尽力去把事做好而且生产量更多，因为总收益越多，代理人的收益就会越大。第一种情况是一种无效率的制度安排，而第二种情况则实现了帕累托改进。即使是第二种情况也可能存在变数，即当代理人采取积极行动后，执行分配时委托人违背事先约定，则会回到第一种情况。于是就会出现第三方执行分享规则的设计，这样确保代理人有效率的行动利益不受到损失。由此，贝克（Jeffrey S. Banks）提出有效率制度设计的第一条原则：存在对第三方强制执行合约的要求，因为这样会使委托人和代理人双方都得到好处。③ 在委托人和代理人之间嵌入第三方，构建起委托人与代理人都受益的治理

---

① ［美］戴维·L. 韦默：《制度设计》，费方域、朱宝钦译，上海财经大学出版社 2004 年版，第 26 页。

② ［美］戴维·L. 韦默：《制度设计》，费方域、朱宝钦译，上海财经大学出版社 2004 年版，第 29 页。

③ ［美］戴维·L. 韦默：《制度设计》，费方域、朱宝钦译，上海财经大学出版社 2004 年版，第 32 页。

结构，克服了双方因各自利益降低效率或使合作瓦解的可能性。以低成本强制执行合同及解决纠纷的制度能提高效率。[①]

基于结果满意的激励策略。经济的好处，或许是源于生产商品和劳务的个人之间因能力不同而导致的比较优势。[②] 因为专业化背景，代理人为委托人的利益而工作，在这种关系中，代理人就可能拥有更充分的信息，知道实现的利益在多大程度或什么原由上来自这种关系。代理理论要解决的问题是：在信息不对称的情况下，能在多大程度上获得专业化产生的收益；这就意味着交易各方或合约各方都试图采取能克服复杂因素的最佳方式来设计他们之间的关系。[③] 由于复杂的因素不能完全克服，"正确"的效率标准不是"最优"结果，而是激励效率或"次优"结果。个人行为是按照对其自身最有利的方式作出选择的。这就告诉我们，最优结果不符合个人效用最大化，组织不能强迫代理人按照对组织有利的方式行事，要让他们按照对组织有利的方式做事就必须提供激励。

二　委托代理理论的局限

委托代理关系是一种双边关系，当交易的一方将需要完成的任务委托给另一方，双方就形成了一种委托代理关系，其中，委托任务的一方称为委托人，接受委托的一方称为代理人。委托代理关系在日常生活中以不同的形式存在，如股东与经理、当事人与律师、病人与医生等。在委托代理关系中，委托方期望用最小支付获得代理方的最高绩效，而代理方则希望通过最低成本获得委托方的最大利益补偿，因此，就引发了代理问题，即代理人不依照委托人的利益最大化行动，甚至损害委托人利益的问题。代理问题是由委托人与代理人之间信息

① ［美］戴维·L. 韦默：《制度设计》，费方域、朱宝钦译，上海财经大学出版社 2004 年版，第 53 页。

② ［美］戴维·L. 韦默：《制度设计》，费方域、朱宝钦译，上海财经大学出版社 2004 年版，第 25 页。

③ ［美］戴维·L. 韦默：《制度设计》，费方域、朱宝钦译，上海财经大学出版社 2004 年版，第 25 页。

不对称与利益目标不一致所引发。一是信息不对称。在委托代理关系中，委托人很难观察到代理人的努力水平，代理人则很清楚自己的努力程度，他们掌握更多的信息，很可能利用自己拥有的信息优势来谋取自身利益的最大化。二是利益目标不一致。在委托代理关系中，如果双方利益目标一致，那么即使代理人的行动不可观察，仍然不会产生代理问题。然而在双方利益存在分歧的情况下，代理人就可能利用拥有的资源决策权谋取个人利益，从而损害委托人的利益。除了信息不对称以及利益目标不一致以外，一些随机因素的影响也加剧了代理问题的复杂化程度。在随机的偶然因素情况下，有可能造成代理人尽管努力了却不一定能获得高绩效，因而也就无法获得高回报。在这种情况下，努力就可能不再是代理人的最优选择，如果代理人是风险厌恶者，那么不努力就会成为其最优选择，这就造成了现代组织的代理问题。

在委托代理关系中，信息不对称可能发生在交易人签约之前，也可能发生在签约之后，根据交易信息不对称发生的时间不同，可以将代理问题分为两种基本类型，即道德风险（事后信息不对称）和逆向选择（事前信息不对称）。道德风险，也称为败德行为，当委托人所掌握的信息不足，或代理人的行为并未受到恰当的规则约束，代理人意识到自己可以机会主义地行事而免于处罚时，代理人就可能作出败德行为。[①] 逆向选择，一般指代理人利用事前信息的非对称性等所进行的不利于委托人的决策选择[②]，在委托代理关系开始之前，当代理人掌握了关于委托人的特点的私人信息时，逆向选择就产生了。[③]

三　委托代理理论在制度设计中的应用

布伦南（Geoffrey Brennan）认为制度设计有两个传统：以选择为

---

① ［德］柯武刚、史漫飞：《制度经济学：社会秩序与公共政策》，韩朝华译，商务印书馆 2000 年版，第 78 页。

② 袁庆明：《新制度经济学教程》，中国发展出版社 2011 年版，第 192 页。

③ ［德］尤塔·默沙伊恩：《大学治理与教师参与决策》，魏进平、马永良等译，知识产权出版社 2013 年版，第 15 页。

中心的传统和以激励为中心的传统①，而委托代理理论的重点就在于研究不对称信息下的激励问题，通过设计一定的制度（规则）使具有信息优势的代理人行动满足委托人的利益。班克斯的《制度设计：一个代理理论的透视》一文中，就是运用委托—代理理论来考察制度设计问题。在班克斯看来，激励效率是制度设计的目标，而实现激励效率被认为是在委托人和代理人之间设计一个可以使代理费用最小化的"合约"②。由于委托代理双方信息不对称和利益上的分歧，使委托人难以观察到代理人的行为，导致代理人机会主义行为的产生；同时，在委托代理关系中，委托人的收益依托于代理人的支付（代理人的努力），而代理人的收益同样取决于委托人的成本（委托人支付的报酬）。因此，代理人激励制度的设计对解决代理问题而言至关重要。可见，如何通过制度设计实现促使代理双方合作的合约安排，是制度设计者面临的一个重要任务。

在委托人与代理人之间的交易所产生的利润由代理人行为决定的情况下，采用给代理人定额的利润分享方式，难以对代理人产生更多激励；采用给委托人定额利润，而将剩余利润分配给代理人，则会对代理人产生更"卖力"的激励，此时委托人的利润没有减少，而代理人的利润却有所增加，这种利润分配机制是较好的制度设计。而在一个委托人和多个代理人的代理关系中，如大学与教师之间，除了要考虑委托人与代理人利润分享的制度设计以外，还要考虑多个代理人之间的利润分享机制。同样，在多个代理人之间，也不能采用定额利润的分享机制，因为这种机制使代理人具有搭别人努力的便车的潜在可能，平衡的分享机制无法区分哪些代理人更努力。可见，"任何平衡的分享规则都是没有

---

① Geoffrey Brennan, "Selection and the Currency of Reward", *The Theory of Institutional Design*, Cambridge University Press, 1996, p. 256.

② 鲁克俭：《西方制度创新理论中的制度设计理论》，《马克思主义与现实》2001 年第 1 期。

激励效率的，因为在这种情况下均衡的努力水平小于社会最优水平"①。在委托代理关系中，委托人无法直接观测到代理人所选择的所有行动，只能通过观测到的部分变量（由代理人的行为与某些外生变量共同决定）来判断代理人的偏好，因此，解决代理问题的关键是委托人如何利用观测到的信息设计出最能够激励代理人选择符合委托人利益行动的制度。

第四节　博弈论

青木昌彦认为，制度是关于博弈如何进行的共有信念的一个自我维系系统，制度的本质是对均衡博弈路径显著和固定特征的一种浓缩性表征，该表征被相关领域几乎所有参与人所感知，认为是与他们策略决策相关的；这样，制度就以一种自我实施的方式制约着参与人的策略互动，并反过来又被他们在连续变化的环境下的实际决策不断再生产出来。②张维迎认为，博弈可分为合作博弈与非合作博弈，合作博弈是对局中人可能形成的各种联盟的相互关系的分析；而非合作博弈则假设每个局中人独立行动，与任何其他局中人都不沟通或不合作。合作博弈研究的视角是假定参与讨价还价的各方联合作决策，强调的是集体理性，协议追求的是集体利益的最大化，各方会自愿地遵守形成的决策或达成的协议。③"合作博弈的前提假设是参与博弈的各主体是理性决策者，以各自的利益最大化"④为目标。由此可以理解的是，行动者"屈从于游戏的规则是理性的选择，所以，无论他们的初始动机如何，他们都最终要在寻求实现共同目标的过程之中进行合作"⑤。

---

① ［美］戴维·L.韦默：《制度设计》，费方域、朱宝钦译，上海财经大学出版社2004年版，第48页。

② ［日］青木昌彦：《比较制度分析》，周黎安译，上海远东出版社2001年版，第28页。

③ 张维迎：《博弈与社会》，北京大学出版社2013年版，第106页。

④ 张维迎：《博弈与社会》，北京大学出版社2013年版，第106页。

⑤ ［法］米歇尔·克罗齐耶、埃哈尔·费埃德伯格：《行动者与系统——集体行动的政治学》，张月等译，上海人民出版社2007年版，第221页。

从以上关于博弈论的表达与理解，我们可以看到，博弈论的基本概念包括局中人、行动、信息、策略、收益、均衡和结果等，其中局中人、策略、收益是其基本要素。大学作为一种组织，其机构之间、成员之间以及机构与成员之间在各自的利益诉求之下，既存在冲突，也存在合作，这就会形成博弈关系。大学组织内部的博弈以学术资源配置为中心，不同利益相关者在讨价之价中完成合作，进而实现组织、群体与个体各自的价值追求。基于博弈论的大学组织绩效管理制度设计，需要关注到组织与成员各自的价值所在，双方可以通过激励与贡献、资源互换达成组织目标、满足个人发展需要。

一 博弈论解析

博弈本质上是人类的决策选择，特别是人们相互之间存在互动关系、策略对抗情况下的决策选择[①]，因此又被称为对策论或冲突分析理论等。早在 2000 多年以前的春秋战国时期，我国的军事家们就曾巧妙地运用博弈方法使己方获得最大收益。孙膑帮助田忌赛马巧胜齐王、子贡智用借刀杀人计谋使己国免于危难、赵匡胤杯酒释兵权坐稳江山、皇太极巧用反间计除心头之患等千古流传的典故无不是利用博弈谋略取得成功。而博弈论（game theory）作为一个理论则最早由美国数学家约翰·冯·诺依曼（von Neumann）和经济学家奥斯卡·摩根斯特恩（Oscar Morgenstern）提出，1944 年诺依曼和摩根斯特恩合作出版名著《博弈论与经济行为》标志着"经济博弈论"正式创立。

博弈论是研究博弈者互动中的策略选择理论，在一个双方或多方参与的博弈对局中，博弈者通过分析对手的策略同时变换自身对抗策略来取得自身优势，从而获得最大收益[②]，关注决策主体的行为发生直接相互作用时的决策以及这种决策的均衡问题。博弈论广泛应用于政治学、经济学、军事学等多个学科领域，对管理学、统计学、社会

---

① 谢识予：《经济博弈论》，复旦大学出版社 2002 年版，第 372 页。

② 刘姗、胡仁东：《博弈论视角下的导师与研究生关系探析》，《学位与研究生教育》2015 年第 5 期。

心理学、伦理学、教育学等学科也产生了重要影响，论及博弈论的重要性，保罗·萨缪尔森（Paul A. Samuelson）曾直言："要想在现代社会做一个有文化的人，你必须对博弈论有一个大致了解"①。一个完整的博弈模型需具备四个基本要素：参与人或称为局中人、各方可选择的行动策略或称为行为的集合、每种行动的支付或所获得的收益、博弈的次序。博弈的目的是为了获得均衡并且分析均衡。所谓博弈的均衡，是指博弈中的任何一方单方面再作出任何策略选择或行为的改变都无法使自己的收益有所增加的状态。

制度的作用主要在于：第一，提供关于预期人们在某种情形下如何行动的信息；第二，能够被相关群体的成员辨认其他人在这些情况下遵守的规则；第三，构成行为人产生均衡结果的策略选择。② 具有策略合理选择能力的行为人会将有利于其利益分配的制度合理化，这是制度变迁的一个重要的影响因素；但如果没有引入承诺未兑现时能够制裁的机制，制度也将空置，这就体现出外部实施机制的重要性。但第三方也有他们的利益，这就会引发其与制度创立者的利益冲突。③这就是奈特所表达的分配与制度约束，即一个制度的形成与发生作用，由博弈双方以及第三方外部实施者介入之间实现制度分配、达成利益均衡，同时受到制度约束。

对于利益不一致的观点，萨格登（Sugden）认为，行为人可以给稳定均衡不同排序；行为人不必从其他人遵守习俗中获益。④ 这一结论的假设是所有行为人都有基本的平等权利；而且博弈在对等和非对等两种不同的信息条件下展开：在对等的条件下，博弈对于两个博弈者是相同的；在非对等条件下，两个博弈者分别担任不

①　王则柯：《人人博弈论》，中信出版社 2007 年版，第 7 页。

②　[美] 杰克·奈特：《制度与社会冲突》，周伟林译，上海人民出版社 2010 年版，第 56 页。

③　[美] 杰克·奈特：《制度与社会冲突》，周伟林译，上海人民出版社 2010 年版，第 66 页。

④　[美] 杰克·奈特：《制度与社会冲突》，周伟林译，上海人民出版社 2010 年版，第 104 页。

同的角色。① 他由此总结出如下的演化理论：

> 当人们开始意识到遵守习俗对他们有利时，习俗就开始形成了。把习俗说成对抗，即互相之间的竞争，既便利又形象化，但是当然必须记住，没有目的或意图因素存在。只有一个自然选择的过程，在这个过程中，一些习俗比其他习俗更成功，而最成功的习俗会最终被建立。②

在习俗演化过程中，信息的选择是任意性的，社会行为人为了协调他们的行动，利用任何他们能够用的信息资源。所以，斯科特认为："真正形成的社会制度是一个或然事件，并且如果历史可以重演，同等的情形将会形成一种完全不同的习俗。在历史上某一时期存在的制度，实际上是一个历史的巧合，而当今存在的制度，完全可能以另一种不同的方式演化而来。"③ 奈特从这个结论中得到的启示是：这种任意无方向性的制度生成机制是由环境中的任意和显著特征所决定的。④ 也就是说，这种任意性受到人们注意力的影响，也就是他们所关心的制度的分配优势对制度创立的影响。所以，他认为，如果制度形成的微观基础是依赖于每天社会生活的重复策略互动，那么就必须解释由分配效应引发的动机。⑤ 从他的视角审视习俗的形成，主要批判的是社会习俗的标准问题。

"制度是如何生成的"这个问题存在不同的理论解释。主要有两

---

① ［美］杰克·奈特：《制度与社会冲突》，周伟林译，上海人民出版社 2010 年版，第105 页。

② ［美］杰克·奈特：《制度与社会冲突》，周伟林译，上海人民出版社 2010 年版，第108 页。

③ ［美］杰克·奈特：《制度与社会冲突》，周伟林译，上海人民出版社 2010 年版，第109 页。

④ ［美］杰克·奈特：《制度与社会冲突》，周伟林译，上海人民出版社 2010 年版，第110 页。

⑤ ［美］杰克·奈特：《制度与社会冲突》，周伟林译，上海人民出版社 2010 年版，第111 页。

种观点：即自动生成与主动建构。① 根据自动生成的看法，制度是在活动被习惯化和相互理解的无意识中产生的，是组织面对相似环境的行动者集体意义建构与问题解决行为的产物。而按照主动构建论者的观点，制度的生产主要是源于行动者意图与自我利益的作用，这其中，行动者之间的相互博弈起到了重要的作用。

斯科特认为有七个方面影响制度的生成与变迁：一是民族—国家，这个主体的提出是针对国家而言，不过斯科特认为，将民族—国家视为制度构建主体，具有一定的局限性和误导性，因为国家是具有合法性强制能力，其权威具有不可置疑性。二是专业人员，他们通过提供思想、专业技术领域的标准来决定制度的建立。三是协会，它们在一定的范围内，如国际非政府组织在国际范围内，能够应用有限的资源来制定规则、设定标准，传播原则，并广泛体现国家和其他行动者没有的人文关怀。四是其他精英，他们依赖其组织所操纵的资源，以及与其他组织所具有的各种网络和可依赖关系，与竞争者进行谈判，并形成一种制度框架。五是边缘博弈者，虽然他们处于一种"弱关系"状态，但在不断变化的环境下，通过不断的积累，在领导者适时采纳后，也为建立新制度形式提供了各种可能性。六是社会运动，斯科特指出，那些受压制的各种利益群体和精英群体，可能导致新的制度形式，因为他们缺少确立权力的资源，因此必须挑战与破坏既有惯例，以吸引人们的关注，从而产生新的制度。七是普通参与者，根据制度制定的一般程序，它有一个自下而上的过程，所以，所有行动者都会有意无意地参与对他们所栖居的社会系统的再生产和重构。② 这七种原因分别通过不同主体身处不同位置来推动与影响制度的变迁。

---

① 斯科特将其描述这"自然主义的解释"和"以能动者为基础的解释"。参见［美］W. 理查德·斯科特：《制度与组织——思想观念与物质利益》，姚伟、王黎芳译，中国人民大学出版社 2010 年版，第 103—104 页。

② ［美］W. 理查德·斯科特：《制度与组织——思想观念与物质利益》，姚伟、王黎芳译，中国人民大学出版社 2010 年版，第 107—112 页。

二 博弈的分类

博弈可分为合作博弈与非合作博弈，合作博弈是对局中人可能形成的各种联盟的相互关系的分析，而非合作博弈则假设每个局中人独立行动，与任何其他局中人都不沟通或不合作。具体来说，可以从以下五个方面对合作博弈与非合作博弈进行区分，第一，信息交流，合作博弈中博弈各方为达成合作能够进行信息的交流与分享，非合作博弈的各方则完全采取独立行动，彼此之间没有任何信息的沟通与交流；第二，理性基础，合作博弈以集体理性为基础，非合作博弈以个人理性为基础；第三，个人利益，合作博弈的局中人对个人利益的追求以满意为准，而非合作博弈的局中人则一味追求个人利益的最大化；第四，他方利益，合作博弈中，局中人在考虑自己利益的同时也会兼顾到他方利益，有时出于全局的考虑，有主动放弃自我执行契约的可能性，对于非合作博弈中的局中人则不存在考虑他人利益的可能；第五，约束力协议，在合作博弈中，局中人在相互作用的过程中能够达成一个具有约束力的协议，而非合作博弈则不存在这种情况（表1—2）。

表1—2　　　　　　　　　合作博弈与非合作博弈的区别

博弈类型 评价标准	合作博弈	非合作博弈
信息交流	存在	不存在
理性基础	集体理性	个人理性
个人利益	满意	最大化
他方利益	考虑	不考虑
约束力协议	可以达成	无法达成

合作博弈研究的视角是假定参与讨价还价的各方联合做决策，强调的是集体理性，协议追求的是集体利益的最大化，各方会自愿地遵

守形成的决策或达成的协议。[①] 在合作博弈中，局中人的利益具有某种一致性，而不是相互对抗的利益关系。如果把博弈中的利益比作一块蛋糕，那么非合作博弈研究的是如何分蛋糕，蛋糕的分法关系到你多我少的问题；而合作博弈研究的是各方如何相互合作把蛋糕做大以使各方均能够多分蛋糕，或至少一方多分蛋糕的同时其他各方所分的蛋糕不会变少。合作博弈关注共赢机制的设计问题，即如何协调与平衡各参与人的利益以使博弈达到各方共赢的均衡状态，而达到共赢的关键在于找到合作各方共同的利益目标，只要存在这个目标，就具备合作博弈的基础。

非合作博弈研究的出发点是假定参与讨价还价的每一方都独立作出决策，强调的是个体理性，各方追求的是个人利益的最大化。[②] 非合作博弈各方的利益总和为零，即各方之间一定是相互对抗的利益关系。举例来讲，假设 A 与 B 是一个非合作博弈的对局双方，当 A 获得 B 的利益时，一定意味着 B 会损失 A 获得的利益。典型的非合作博弈模型是囚徒困境（表 1—3）。内容是警察抓住两个作案嫌疑犯，将其分别关在两个不同的房间进行审讯，告知如果两人都坦白，会分别获刑 8 年；如果一人选择抵赖另一人选择坦白，则抵赖者将获刑 8 年，而坦白者将被无罪释放；如果两人都选择抵赖，则各获刑 1 年（由于作案证据不足）。

表 1—3　　　　　　　　　　囚徒困境博弈模型

囚徒 A ＼ 囚徒 B	坦白	抵赖
坦白	−5，−5	0，−8
抵赖	−8，0	−1，−1

---

① 张维迎：《博弈与社会》，北京大学出版社 2013 年版，第 106 页。
② 张维迎：《博弈与社会》，北京大学出版社 2013 年版，第 106 页。

该博弈的纳什均衡是（坦白，坦白），因为无论囚犯 A 坦白还是抵赖，选择坦白都是 B 的最优策略，同理，无论囚犯 B 坦白还是抵赖，选择坦白都是 A 的最优策略。囚徒困境反映出个体理性与集体理性之间的矛盾，如果两人都选择抵赖，集体理性使两人均获得更大收益，而这个帕累托显然不可能达到，因为它不符合囚犯的个体理性。

三 基于博弈论的制度设计考察

日本学者青木昌彦在其《比较制度分析》一书中，从博弈论的角度将制度及其本质描述为："制度是关于博弈如何进行的共有信念的一个自我维系系统。制度的本质是对均衡博弈路径显著和固定特征的一种浓缩性表征，该表征被相关域几乎所有参与人所感知，认为是与他们策略决策相关的。这样，制度就以一种自我实施的方式制约着参与人的策略互动，并反过来被他们在连续变化的环境下的实际决策不断再生产出来"①。可见，制度的设计并不是凭空想象、一蹴而就的，而是需要凭借参与方之间博弈的结果，并且"如果博弈只是进行一次，那么，参与者的渎职和不服从通常没有任何代价，他或她就能用一切可能的方式赢得博弈，而且没有可能受到报复"②。

博弈论突出了局中人的理性在制度设计中的价值和地位，制度的设计及执行必然影响相关主体的利益，进而形成基于利益关系的冲突与合作、谈判与妥协等博弈活动。可见，制度的设计需要经过一个不断重复的博弈过程最终才能产生参与者之间建立良好合作与相互服从的结果。

制度设计始终无法回避其主体、依据与方法，而且必须观照到人、关系对制度的嵌入性。"制度安排是对人们之间的交往关系和互动机制的自觉过程。同样，制度的前提和基础也是人们在长期的交往和行

---

① ［日］青木昌彦：《比较制度分析》，周黎安译，上海远东出版社 2001 年版，第 28 页。
② ［美］B. 盖伊·彼得斯：《政治科学中的制度理论："新制度主义"》，王向民、段红伟译，上海人民出版社 2011 年版，第 56 页。

为互动中形成的，而不是强制性确立的。"①

基于以上分析，我们尝试构建如下大学组织绩效管理制度设计的理论分析框架：以多维人性假设理论为制度设计前提，消解制度执行的无力感，增强制度的有效性；以博弈论嵌入制度设计过程，防止制度设计主体的单一性，注重制度生成互动性；以委托代理理论审视制度设计流程，降低制度制定成本，提高制度的效益性。

---

① 张康之：《论合作治理中的制度设计和制度安排》，《齐鲁学刊》2004 年第 1 期。

第 二 章

国外大学组织绩效管理制度考察

　　亚里士多德区分了"高尚的"和"有用的"活动，有用的活动可以计算价格，但高尚的活动却难于计算价格。布鲁贝克认为："如果一位学者教授是出于自我实现的动机来从事研究和教学工作，且他感到必须从事这些学术活动才能实现他的潜力，我们就可以说他的活动是高尚的；对高尚的工作是不可能确定价格的"①。但他也强调，学者获得荣誉意味着要计算服务价值。无论是亚里士多德还是布鲁贝克的观点，共同点在于：从经济学的视角难以评估人所从事的高尚活动的价值。但作为生活中的人，无论是从事高尚活动还是有用活动，都会面临他者的评估和自我评估。因此，绩效评估会覆盖现代社会的所有人，尤其是作为社会中的组织，通过绩效评估开展管理是一个不争的事实，大学组织也不例外。

　　夏托克从英国高等教育出发，认为大学组织越来越受制于三个方面的影响：一是为大学提供财政支持的政府或代表政府的机构对于大学的评估。他以英国大学拨款委员会（UGC）在1945—1980年采取的"大学一律平等"原则与1981年后的"按照大学录取学生的A级水平考试分数来决定对不同层次的大学给予不同的拨款指标"原则的变化分析了两个时期各高校的得失。得出的结论是，两个时期的原则都无法反映大学组织的绩效结果，因为"尽管大学的重要

---

① ［美］约翰·S.布鲁贝克：《高等教育哲学》，王承绪等译，浙江教育出版社2001年版，第131—132页。

任务仍然是科研和教学，大学实际上又是多元的、多产出的组织，在现代化年代拥有日益增多的角色，特别是在促进知识经济和社会包容性方面应该起到举足轻重的作用。还没有产生一个单一的价值量表来衡量一所在教学与科研得分都很高的学校和一所非常注重社会包容性的学校，两者谁对社会的价值高"。二是高等教育市场对大学组织绩效产生的影响越来越大。他指出："媒体所公布的大学排行榜现在已经成为英国高等教育市场的一个基本组成部分，并在美国、澳大利亚和加拿大的高等教育文化中成为一个不可或缺的组成部分。"而且"拥有众多学生家长和学生读者群的报纸和杂志对英国和其他国家的大学进行的评估和排名对公众的突出兴趣都表现出很快的反应"。三是大学组织自身的目标与运行策略的影响。他认为，衡量和评估大学是否成功的简单的方法应该是检验一所大学是否实现了自己所设立的目标，但是，关于大学使命一类的说法已经变成了市场营销的手段而不再是真实的关于该校的战略目的陈述，其结果是大学被外部影响钳制。实际上，不管在哪个领域，竞争性院校，仰仗自己的声誉以及相对优于其对手的位置，不管在组织上还是运行上都和那些只仰仗系统内部条件的院校大不相同。夏托克的研究反映出绩效管理制度是影响大学组织的核心因素。[①] 无论是政府、市场还是大学自身，绩效管理制度设计对于大学人的行为选择具有重要的指向作用。

　　本部分通过对美国大学办学特色制度的梳理与总结，以及新加坡南洋理工大学绩效管理制度实践与效果的研究，试图从一个国家的大学组织整体样态梳理和一所大学个案剖析，发现其绩效管理制度设计的特点，总结其规律，为我国大学组织绩效管理制度设计的完善提供借鉴。

---

　　① ［英］迈克尔·夏托克：《成功大学的管理之道》，范怡红主译，北京大学出版社 2006 年版，第 2—6 页。

第一节 美国大学办学特色制度设计

办学特色是一所大学显示其独特存在及优势的集中反映，有特色的大学一般有着良好的绩效管理制度，进而产生"特色绩效"。固然，办学特色与大学的历史、理念等有着密切的关系，但从特色形成过程看，有效的绩效管理制度设计是一个重要因素。关于高校办学特色，已有研究从本质、属性及实践等方面形成了不同的看法。概括地讲，高校办学特色具有独特性、竞争优势、高价值、历史传承性等特征。从制度和运行机制两个层面分析美国高校办学特色可以看出：第一，一个合理的制度对高校办学特色的形成有着十分重要的作用；第二，在一个合理的制度下只是有可能形成高校的办学特色，这种可能性转化成现实性，还需要一套成熟完善的大学运行机制；第三，高校办学特色是一个系统性概念，它是多种因素共同作用的结果，我们必须看到其产生的复杂性。

一 什么是高校办学特色

关于高校办学特色，人们从认识、属性、实践等方面形成了不同的观点。从本质看，主要有以下几种看法：第一，高校办学特色是指一所大学在发展历程中形成的比较持久稳定的发展方式和被社会公认的、独特的、优良的办学特征。① 第二，办学特色是指结合自身的实际情况和外部环境在教学科研、人才培养和管理等方面所表现出来的并为社会所承认的与众不同的东西，主要表现在教学风格的独特性、教育思想的独特性、人才培养模式的鲜明性、教育手段的先进性等方面。第三，教育部《普通高等学校本科教学工作水平评估方案（试行）》中指出"特色是指在长期办学过程中积淀形成的、本校特有的、优于其他学校的独特优质风貌。特色应当对优化人才培养过程，提高

① 章兢：《人才特色是高校办学特色的集中体现》，《中国高教研究》2005 年第 10 期。

教学质量作用大，效果显著。特色有一定的稳定性并应在社会上有一定影响、得到公认。特色可体现在不同方面，如治学方略、办学观念、办学思路；科学先进的教学管理制度、运行机制；教育模式、人才特点；课程体系、教学方法以及解决教改中的重点问题等方面。"

从属性来看，主要形成了以下观点：第一，高校办学特色具有独特性、先进性和发展性。① 第二，办学特色的特性表现为：独特性、稳定性和发展性。② 也有人认为，高校办学特色表现为独特性、层次性和传承性。③ 第三，高校特色属性表现在四个方面：独特性、优质性、稳定性和发展性。④ 第四，大学办学特色主要包括学科特色、科研特色、人才培养特色、校园文化特色四个方面。⑤ 第五，办学特色则是指一所学校在发展历程中形成的比较持久、稳定的发展方式和被社会公认的、独特的、优良的传统和优势、风格和特征，是一所学校区别于其他学校的标志性办学特征。其构成要素应包括办学理念、治学方略、培养模式、学科水平、教学方法、管理机制、校园文化、人才特色等。⑥

从实践的角度，周达军对浙江海洋学院办学特色进行了阐释：第一，办学理念：认识形势，科学谋划；第二，学科建设：主动设计，以特制胜；第三，师资队伍建设：广纳贤才、优化结构；第四，人才培养：面向海洋、注重实践；第五，科学研究和社会服务：凸显优势、服务海洋。⑦

以上研究体现了研究者们的不同视角。从已有讨论中我们看到，

---

① 解飞厚：《冷静看"特色"——关于高校办学特色的思考》，《江苏高教》2002 年第 6 期。

② 段丽娟：《高等学校办学特色的生成机制研究》，硕士学位论文，福建师范大学，2006 年。

③ 刘洋洋：《高校办学特色形成研究》，硕士学位论文，华东师范大学，2007 年。

④ 马元方、谢峰：《办出自身特色，推进科学发展》，《中国高等教育》2007 年第 22 期。

⑤ 刘智运：《和而不同特色取胜》，《中国高教研究》2002 年第 6 期。

⑥ 杨路：《关于高校办学特色问题的思考》，《辽宁教育研究》2005 年第 11 期。

⑦ 周达军：《地方高校办学特色的若干思考——浙江海洋学院特色办学的实践》，《中国高教研究》2007 年第 7 期。

任何高校办学特色的形成离不开大学组织制度，而且在办学实践中有其独特的运行机制。从组织制度和组织运行机制这两个维度来考察"高校办学特色"的内涵，我们认为，它具有四个方面的特征：第一，独特性——在同层次高校中地位上特殊；第二，竞争优势——特色从根本上是一种比较结果，在追求个性化的时代，有特色的办学具有明显的竞争优势，因为在某种程度上它具有不可替代性；第三，高价值——谈特色不能不看其价值体现在什么地方，而且这种价值不同于一般价值，具有高价值特征；第四，历史传承性——任何特色都需要土壤，即学校的积累，在积累的基础上，条件适宜就会生根发芽。基于上述文献分析，我们试图从制度和机制两个层面来分析高校办学特色的形成。

二　美国高校办学特色形成的制度分析

在新制度主义看来，制度即是规范个人行为的各种规则和约束。[①]从制度上看，有内在制度和外在制度。"内在制度被定义为群体内随经验而演化的规则，而外在制度则是被定义为外在地设计出来并靠政治行动由上面强加于社会的规则。"[②] 内在制度主要是大学内部的规则和约束。从外部看，强调自由和民主，追求民主也是美国的政治制度的一大特色，它扩散到大学组织，理所当然地成了美国大学办学特色形成的重要制度基础。

（一）外在制度

美国高校处于一种自治、竞争和开放[③]的大环境中，这就使得这些大学不同于其他国家大学的生存环境。在自治方面，美国的高校，无论是公立还是私立，都有权作出聘任、晋升和解聘教师的决定；此外，在招生、课程、学校等方面，学校有相当大的自主权。在竞争方面，主要表现在三个方面：竞争消费市场、竞争劳动力市场和竞争办

---

① 袁庆明：《新制度经济学》，中国发展出版社 2005 年版，第 239 页。
② 柯武刚等：《制度经济学》，商务印书馆 2002 年版，第 148 页。
③ 王英杰：《美国高等教育的发展与改革》，人民教育出版社 2002 年版，第 172 页。

学经费。在学校内部也存在着竞争：学生为名次，教师为续聘、晋升和终身聘用而相互竞争。在开放方面主要表现在两方面：一是兼收并蓄各国之长，广泛吸收各种人才；二是对社会开放，为经济社会发展服务。这种强调自治、竞争和开放的社会环境，形成了美国大学独特的制度环境。

法律的"不干涉"制度。1819 年联邦最高法院对达特茅斯学院案的终审裁决，坚决维护了校董会代表的社会各界人士管理大学和学院的权力①，也对政府控制所有高校作了限制，这鼓励了美国的多元化办学行为，为美国高校最终形成自己的办学思路，形成办学特色创造了外部法律环境。

政府资助制度。著名的《莫里尔法案》于 1862 年通过，它是美国高等教育史上的一个重要里程碑，它的一个重要作用是使美国大学成功走上大学与社会经济发展相结合的道路。1887 年美国国会通过的《哈奇法》②，使美国高校将自己的知识优势与农业发展相结合，促成了大学组织服务社会功能的形成。威斯康星大学在大学服务社会的过程中起到了重要的推动作用，由于与政府和社会的密切合作，威斯康星大学的畜牧科学、生物科学和细菌科学等学科迅速处于全美领先地位。哈佛校长埃利略特认为，威斯康星大学的成功在于它把大学送到人民当中去。③ 这也是政府资助大学的结果。

（二）内在制度

内部董事会制度，它有力地促进了美国高校办学特色的形成和发展。伊利诺伊大学的董事会成员在全州范围内直接选举产生，按立法规定，其职责是负责筹集经费和决定经费的使用，制定大学校务的一般政策并把这些政策交由行政部门执行。④ 在美国，无论是公立的还是

---

① 强连庆：《中美日三国高等教育比较研究》，复旦大学出版社 1995 年版，第 22 页。
② 该法律要求各州普遍建立农业实验站，广泛吸收农业院校的科技力量参加实验站的工作，这是继《莫里尔法案》后美国的农业教育和科学研究工作的进一步结合。
③ 强连庆：《中美日三国高等教育比较研究》，复旦大学出版社 1995 年版，第 28 页。
④ 陈家铺：《伊利诺大学》，湖南教育出版社 1990 年版，第 23 页。

私立的、地方当局资助还是州当局资助的高校，其董事会始终是院校扩张的重要工具。根据董事管理制度理论，外部人士代表更大的利益——公立机构中公众的一般利益、私立机构中特定群体和支持群体的利益，或者这两种利益的结合，他们是长期的照看者，最终为院校的命运负责；作为一个组织，他们通常是院校的合法拥有者或合法经理人。[①]

大学组织架构的"双院制"，如哈佛大学，它的学院群有如一个金字塔结构：本科生学院是金字塔的底座，专业研究生院则构成金字塔的上半部分。哈佛大学的 12 个学院中有两个本科生学院——哈佛学院和拉德克利夫学院和 10 个研究生学院，其中哈佛学院毕业生有60％攻读研究生学位。[②]

大学坚守自身传统。洛克菲勒大学是美国第一所生物医学方面的研究型大学，保持学生少而精的传统，它不搞本科生教育，也不单纯培养硕士生，而是直接招收本科毕业生，经过 7—8 年的教育，培养医学博士或哲学博士。它的在校生来自美国 16 个州及其它 35 个国家，人数总共只有 134 名。[③] 而哈佛大学、哥伦比亚大学等大学则是人数多，系科全，摊子大，不仅传统学科应有尽有，而且还附设了医学院。

三　美国高校办学特色的形成机制

（一）大学校长独特的办学理念

康奈尔大学校长怀特认为下述四个方面体现出该校与传统大学迥异的特色：第一，康奈尔大学的所有学科及课程均具有同等重要的意义；第二，康奈尔大学在校生须参加手工劳动，在帮助学生实现自助的同时，引导他们获得有价值的教育经验；第三，所有知识领域都必须加强科学研究；第四，教育的真实目的及全部意义在于造就全面发

---

① ［美］伯顿·R. 克拉克：《高等教育系统——学术组织的跨国研究》，王承绪等译，杭州大学出版社 1999 年版，第 129—130 页。
② 姜文闵：《哈佛大学》，湖南教育出版社 1988 年版，第 67—68 页。
③ 王定华：《走进美国教育》，人民教育出版社 2004 年版，第 145 页。

展的个人。① 哈珀对芝加哥大学提出三条重要的办学原则：第一，不懈地探索每一知识领域；第二，采取切实措施使知识服务于人类；第三，拓宽大学的入学渠道，加强大学与外部世界的联系。② 正是哈珀的这一独特的办学思想推动了他后来的"学院分段"的实践，产生了副学士学位。③ 这在美国高等教育史上是一大创举，推动了美国初级学院（或社区学院）的发展。克拉克·科尔（Clark Kerr）的"多元化巨型大学（multiversity）"观认为，它是一种充满矛盾的机构，它不是一个社群，而是若干个社群——本科生社群和研究生社群，人文主义者社群、社会科学家和自然科学家社群，专业学院社群，各种非学术人员社群，管理者社群。它的边界模糊，一直延伸到历届校友、议员、农场主和实业家——而他们又都与大学内部的一个或几个社群相关联。……多元化巨型大学有若干个灵魂。④ 克拉克·科尔的办学理念促进了美国研究型大学的现代化和群体化，而且通过具体的计划使学院类型多样化，同时普及学院教育。

（二）大学的学术自治机制

大学自治源于中世纪学者行会的自己管理自己事情的惯例，爱德华·希尔斯（Edward Shils）认为，大学自治是指大学作为一个法人团体享有不受国家、教会及任何其他官方或非官方法人团体和任何个人，如统治者、政治家、政府官员、教派官员、宣传人员或企业主干预的自由。⑤ 博克列举了学术自治的好处：第一，自治使校际之间的竞争能够产生，并成为大学发展的巨大动力；第二，自治和竞争导致学校反应能力的增强；第三，自治制度鼓励改革，能够充分调动大学办学的积极性和主动性；第四，自治促进了高等教育多样化，有利于满足社会各种不同的需求；第五，自治制度具有"内在固有的保护性质，

① 王保星：《美国现代高等教育制度的确立》，河北教育出版社2005年版，第120页。
② 王保星：《美国现代高等教育制度的确立》，河北教育出版社2005年版，第169页。
③ 王英杰：《美国高等教育的发展与改革》，人民教育出版社2002年版，第23页。
④ ［美］Clark Kerr：《大学的功用》，陈学飞译，江西教育出版社1993年版，第12页。
⑤ 陈学飞：《美国、德国、法国、日本当代高等教育思想研究》，上海教育出版社1998年版，第87—88页。

可以防止大学只受某一集团控制的危险";第六,自治制度具有"防止严重错误判断的内在机制";第七,自治能防止政治骚乱的扩散。①

（三）学术自由与学术责任并举机制

美国高校设专门的机构对学术负责,即评议会（或教授会）,它受董事会委托,拥有制订学术政策与规章制度和管理学术事务的全权,其主要职责是确定校历,决定课程计划,确定本科生和研究生的录取标准和学位标准,校内各种设施的使用,确定与教师和科研人员的聘任和晋升有关的人事政策。评议会通常根据本身所承担的职责划分成议事委员会、学术政策委员会、教师发展委员会、调查委员会等。② 这是具有实际操作权力的机构,而且受董事会委托,它保证了高校教师的学术自由,同时也对学术事务负责。在美国大学教授协会的推动下,学术自由有了其自身的内涵:教授有权探索知识,不管这种探索可能导向哪里,但同时他又有责任完全地和准确地报告研究成果;教授有在其观点和材料不受审查的条件下招考的权力,只要他不超出大家公认的其所属的那个专业领域;教授有不受束缚地在公共场合发表讲话的权力,只要以个人的名义而不是作为其所属大学的代表。③ 我们看到,学者共同体在获得学术自由的同时,他们又有不可推卸的学术责任。

（四）传授什么知识:课程调整机制

杰弗逊在1825年建立的弗吉尼亚大学设置了一套"平行"课程体系:学校设立古典语言、现代语言、数学、自然哲学、自然历史、解剖与医学、道德哲学和法学八个学院,学生入学时,可自由选择一所学院学习;但学生一旦进入某个学院,不允许再选择课程,必须修满学院规定的所有课程,才能获得学位。④ 这里的"平行"指的是古

---

① ［美］德里克·博克:《美国高等教育》,北京师范学院出版社1991年版,第11—21页。

② 杨汉清等:《比较高等教育概论》,人民教育出版社1997年版,第291页。

③ 陈学飞:《美国、德国、法国、日本当代高等教育思想研究》,上海教育出版社1998年版,第95—96页。

④ 郭健:《哈佛大学发展史研究》,河北教育出版社2000年版,第89页。

典语言和现代学科并存的"平行"课程。这是对于课程不适应社会发展需要而进行的及时调整。哈佛大学为了给学生确定一个知识广度的最低标准，要求学生必须在五个领域修满规定学分：文艺领域、史学领域、社会分析和道德领域、科学领域、外国文化领域。① 1824 年创办的伦塞勒多科技学院（Rensselaer Polytechnic Institute）就只设置一些实用课程，这在当时应该是非常具有其特色的，它为美国科技教育乃至产业革命都作出了自己重要的贡献。美国教育专家喀布指出："正如同有了哈佛，才有了美国高等教育的发达，有了伦塞勒多科技术学院，才有了美国的科技教育。"② 而《耶鲁报告》"反其道而行之"，坚决维护传统课程在高校中的地位。这就是美国大学的个性与特色。

（五）谁来传授知识：保持大学优质师资机制

艾略特认为，大学的真正进步必须依赖教师，他呼吁要普遍提高教师待遇，特别要不惜重金聘请最优秀的人才到大学任教，他担任哈佛大学校长后的一个重要举措就是提高教师工资，把教授的年薪由三千美元提高到四千美元，而当时美国主要大学教授的年薪都在三千美元以下。③ 美国高校的"非升即走"的教师队伍运行实践，促成了一个活的教师培养、成长、退出机制。如哈佛大学广招一流教授，实行的就是"非升即走"的教师任职制度：一个助理教授如果在五六年内还晋升不了副教授，恐怕就得考虑另谋高就了。要想得到终身教职，须熬到副教授、正教授。

（六）高校治理机制：权力约束与利益平衡

美国哈佛大学管理中的"双院制"是其独特的管理风格：校监委员会（The Board of Overseers）和校管理委员会（Corporation）。校监委员会的重要职责是监督和检查，由三十名成员组成，其成员多选自毕业的校友，主要负责定期举行会议，对大学的工作进行调查研究，

① 姜文闵：《哈佛大学》，湖南教育出版社 1988 年版，第 40—41 页。
② 滕大春：《今日美国教育》，人民教育出版社 1980 年版，第 8 页。
③ 郭健：《哈佛大学发展史研究》，河北教育出版社 2000 年版，第 8 页。

就有关大学的教育政策和教育实践提出建议，支持大学的重要活动①，而且这个组织的成员多为校外人员，涉及面广、人员多、任期短，以保证其富有活力和敏锐的洞察力。校管理委员会成员包括一名正校长、五名副校长、一名附属学院的院长、一名司库（会计）和一名秘书，它统筹学校基金、掌握教师任命权、决定员工工资并有权修改学校章程，日常管理权也由它行使。"两个相互监督和制约的机构能够有力地维护学校的利益。"② 在两者相对独立的基础上，哈佛的运行机制是正常的和良性的，而并不是靠对校长的人品押宝。美国 MIT 设立了两个机构——专利委员会和专利管理委员会来处理学术知识的商业开发过程不同阶段的问题。专利委员会负责确定发明者、在有资格的群体间进行分配、对发现的创新性和发明的科学新颖性发表意见，并且设置发明者将获得的经济回报率。专利管理委员会的建立也是为了使学院所有专利的商业管理政策一体化。③ 从哈佛大学的"双院制"和麻省理工学院的专利处理机构设置来看，美国高校对于大学组织内部的权力强调的是制衡，而且权力要用来保护利益相关者的利益。

第二节　南洋理工大学绩效管理制度设计

不到三十年历史的南洋理工大学（以下简称 NTU）成为世界一流大学。这与新加坡政府以制度为基础，强调大学办学自主权，在体制机制上真正做到"放管服"有机结合有着紧密的联系。学校自身居安思危，以创新引领为动力，持续走内涵式发展之路。NTU 内部治理的制度设计借鉴了西方大学典型的"董事会领导下的校长负责制"。具体来说，它主要围绕董事会、校长管理团队、学术委员会、教学科研

---

① ［美］理查德·诺顿·史密斯：《哈佛世纪——锻造一所国家大学》，程方平译，贵州教育出版社 2004 年版，译者序，第 6 页。

② J. S. Brubacher and Willis Rudy, *Higher Education in Transition*, Harper & Row, Publishers, 1976, p. 25.

③ ［美］亨利·埃兹科维茨：《麻省理工学院与创业科学的兴起》，王孙禹译，清华大学出版社 2007 年版，第 96 页。

机构四个部分形成规则的载体体系。在内部治理架构的设计与安排上，NTU 不仅注重引进外部力量对学校提供支持与帮助，更加着力于激发教师的积极性，而且确立起"学术共同体"主体地位和主导作用的内部治理理念。它对我国"双一流"建设具有四个方面的启示：顶层设计高远、制度规范健全、奖惩分明实在、规则执行严格。

近五年来，NTU① 取得了突出的业绩。2018 年，科研影响力名列亚洲第一，自然指数位列全球高校第 40 名，化学专业 NI 排名全球第 13 名，物理科学全球排名第 25 名；综合实力排名方面，QS 世界大学排名第 11 位，泰晤士报高等教育世界大学排名第 52 位，QS 全球 50 所顶尖年轻大学第 1 位，泰晤士报高等教育全球 200 所顶尖年轻大学第 3 位。

尽管大学排名受到诸多质疑，但排行榜的评价在较大程度上影响着人们对大学的看法，而且成为许多国家（地区）关于高等教育资源配置的依据。从这个意义上来说，该成绩单无疑表明，仅有 26 年办学历程的 NTU 已经成为世界一流大学。那么，它是如何做到的？本研究首先从研究者关于 NTU 发展的观点、新加坡政府政策的调整来考量与审视；然后从 NTU 自身出发，以制度设计的视角考察其成为世界一流大学的战略与行动选择，以期为我国"双一流"建设提供参考思路和方法。

一　相关研究回顾

（一）NTU 成功原因的研究

随着 NTU 的崛起，国内外对其关注和研究明显增多。就已有研究来看，主要从要素、特色和内外融合等几个视角对其取得的成就进行考察和分析。

一是要素分析的视角。江小华等人以萨尔米的三要素发展模式为分析框架，从人才、资源及管理对 NTU 实现跨越式发展进行了

---

① 1991 年南洋理工学院进行重组，将国立教育学院纳入旗下，更名为南洋理工大学。

分析。① 作者认为，该校成功之处恰恰在于融三者于一体：领导层不失时机瞄准符合政府发展战略的科研领域，获得政府的巨额经费资助；通过与企业密切合作增加收入；以优厚待遇和政策吸引海内外大量优秀学者加盟。燕凌等人以伯顿·克拉克提出的"创业型大学"五要素为分析基础，认为 NTU 成为创业型大学的典范主要表现在以下几个方面：学校管理引入产业界的管理经验，人才培养重视创新精神和创业实践的培养与支持，办学经费积极寻求"第三渠道经费"来源，外围发展树立服务意识并积极发展国际领域的合作。② 萨尔米的三要素与克拉克的五要素是基于不同分类与组合而形成的分析方法，所采用的都是一种"解剖分析法"，对我们有所启发。但无论是三要素还是五要素，我们无法判断不同要素对 NTU 的贡献度到底有多大？也难以观察到不同要素之间的内在联系是什么、有没有交叉影响？它们存不存在优先次序？可见，要素分析法有其自身的缺陷和不足。

二是特色分析的视角。当人们去审视一所名校时，总希望发现其独特之处，以引起那些尚未成为名校的学校的反思，这就是特色分析的视角。邱锡光等人认为，NTU 国际化办学具有特色，主要体现在学生国际化、教师国际化、课程国际化、科研国际化和合作国际化等五个方面的同步发展；科学定位、自主办学和师资队伍国际化是其实现办学国际化的关键所在。③ 马早明等人认为 NTU 通识课程模式特色鲜明，它是以"博雅人才，全人教育"为价值取向，以"核心分布与多元文化论"为内容选择，以"限制性修读与知识互补"为修读制度安排，以"行政协调各学院共同承担式"为其主要特征。④ 可以看出，

---

① 江小华、程莹：《研究型大学实现跨越式发展的要素分析——以南洋理工大学为例》，《复旦教育论坛》2015 年第 2 期。

② 燕凌、洪成文：《新加坡南洋理工大学的成功崛起——"创业型大学"战略的实施》，《高等教育研究》2007 年第 2 期。

③ 邱锡光、林銮珠：《新加坡南洋理工大学国际化办学经验与启示》，《中国农业教育》2015 年第 1 期。

④ 马早明、陈晓菲：《东南亚国家科技大学通识课程模式探析——以南洋理工大学为例》，《比较教育研究》2014 年第 11 期。

无论是国际化办学，还是人才培养的课程模式，NTU 的策略与举措都体现了其与众不同的前瞻性眼光和决断性魄力。但这些特色具有多大的可复制性、可借鉴性？我们不得而知。

三是内外融合的视角。一些学者从外部支持与内部自强两方面审视其崛起的原因。刘宏等人认为，NTU 之所以能在短时间内发展成为全球知名大学，一方面在于新加坡政府对高等教育的重视与大量的经费投入，使得大学在教育经费使用上得到有力的保障；另一方面也源于其良好的大学治理结构和模式，尤其是包括人才引进和培育、人才评估、绩效考核、终身教职评审等学术管理制度和机制。[①] 总之，NTU 的成功源于政府政策及经费资源的保障与其自身的有效治理的结合。吴敏认为，NTU 实现弯道超车得益于三大策略：走创业型大学发展道路，产学研紧密结合；实施国际化办学，顺应世界高等教育发展潮流；政府宏观指导，大学自主管理。[②] 这一观点将内外因素结合在三大策略之中有其合理性。内外融合的视角有一种先在假设，即如果外部条件不具备或不充分，内部再努力、再自强都难以走出外部困境，即大学处于"锁死"状态。可见，内外融合视角在一定程度上低估了一所大学迈向世界一流大学的自为能力。这成为"体制陷阱"[③] 者们不作为的一个不错的借口。

（二）相关研究述评

1. 对 NTU 崛起研究的反思

以上关于 NTU 成功原因的相关研究，既有经验总结，也有理性思考；既有实践考察，也有理论提升。研究者们以不同视角从不同维度剖析 NTU 成为世界一流大学的条件、原因与路径，无论是对理论工作者还是实践工作者，都具有启发和借鉴意义。也许是研究者们各自的

---

① 刘宏、贾丽华、范昕：《新加坡高校人才战略的理念建构和实践运作——以南洋理工大学为例》，《公共管理与政策评论》2017 年第 4 期。

② 吴敏：《南洋理工大学"弯道超车"发展分析》，《大学》（研究版）2014 年第 12 期。

③ "体制陷阱"为笔者所总结的一种现象：体制是制约大学发展的关键性因素，这些人的口头禅是"这种体制下，没办法"。这样描述也许不恰当，暂为之。

角色或经历的差异，已有研究或着力于 NTU 的静态勾勒，或描述某个方面，或进行结果呈现，这对于我国面向未来的"双一流"建设"怎么建"依然无法获取整体性印象且难以制订可操作性方案。因此，我们有必要从动态与静态、宏观与微观、战略与实践等不同维度审视其所处环境、方略选择及操作实践，从而制定一系列制度和操作流程，方能有益于"双一流"怎么建的问题之解决。

2. 大学发展研究视角的梳理

审视大学发展，目前看来，至少有三种视角值得我们借鉴与反思：第一，历时—共时论。阿什比在其《科技发达时代的大学教育》一书中说，作为一个有机体的大学是遗传和环境的产物。[①] 这表明，无论什么样的大学，都天然地带有早期母体大学的基因，秉承社会文化传承的使命和功能，因而具有存在的合法性；大学的共时性是指大学必须通过与环境的信息、资源等的互换才具备在某个时间段生存的条件性。第二，保守论。弗莱克斯纳在《现代大学论》中指出，大学不是风向标，不能什么流行就迎合什么；大学应不时满足社会的需求，而不是它的欲望。[②] 这种观点在今天看来似乎有些陈旧甚至迂腐，但弗氏所论并非缺乏时代观或变化观，他独到的眼光是观察一个事物在发展过程中不变的是什么，只有这样，才能排除干扰、抵御诱惑，从而守正出新。第三，变迁论。齐曼提出后学院科学范式的特征表现为集体化、稳态化、效用化、政策化、产业化和官僚化[③]，霍根的"科学的终结"向人们提出未来科学之路在哪里的问题，斯劳特将院校和教授为获取外部资金而进行的市场或者类似市场的活动总结为"学术资本主义"，吉本斯等人基于"应用情景下跨学科、多机构协同的知识生产"提出不同于传统严格学科范式（模式1）的知识生产学科范式

---

① ［英］艾里克·阿什比：《科技发达时代的大学教育》，滕大春、滕大生译，人民教育出版社 1983 年版，第 114 页。

② ［美］亚柏拉罕·弗莱克斯纳：《现代大学论——美英德大学研究》，徐辉、陈晓菲译，浙江教育出版社 2001 年版，第 3 页。

③ ［英］约翰·齐曼：《真科学：它是什么，它指什么》，曾国屏等译，上海科技教育出版社 2002 年版，第 84—86 页。

（模式2）。这些立场与观点表明：传统的"小科学"思维模式面临诸多困境，对于大学而言，这种变迁既是机遇也是挑战，它需要从"小科学"思维进入到"大科学"格局，这也是"双一流"建设的应有之义。

历时—共时论、保守论和变迁论虽然角度不同，但它们从大学存在、生存的合法性与合理性出发，探讨大学发展的合规律性与合目的性、合价值性与合工具性的内在平衡。综合地看，它们具有长时段、宽视域、高站位的立体系统性思维特点。毫无疑问，这些看法与观点具有重要的启示意义。具体到一所大学而言，我们需要这种宏观思维视野的指导，但更需要"管用的工具"和清晰的思路。

3. 制度设计：世界一流大学形成的另一个视角

大学延续千年，无论是从认识论到认识论与政治论的结合，还是从边缘到中心的转移，它所立定的"根"、坚守的"魂"依然不变，其所依赖的是经济学家诺思所强调的制度。"制度是一个社会的游戏规则，更规范地说，它们是为决定人们的相互关系而人为设定的一些制约。制度构造了人们在政治、社会或经济方面发生交换的激励结构"①。这一界说表达了以下几层含义：空间性——制度是指一个特定的时空范围内的规则；人为性——一个社会中人们共同认定的行为方式；限制性——人们相互交往中不能做的事情的约束；激励性——对希望做的事情给予鼓励。

现代组织的存在和运行需要有制度化的安排作为基础，因为"制度化的安排使各种行为变得规范和稳定"②。对于学校而言，现代学校制度设计合理性的评价标准应是人的全面自由发展、公共意志与公共利益的体现与满足、效率与效益的提升与协调以及教育公正的实现等因素共同作用的结果，其中，人的全面自由发展的实现是根本；而公共意志与公共利益的体现与满足程度、效率与效益的提升与协调程度

---

① ［美］道格拉斯·诺思：《制度、制度变迁与经济绩效》，刘守英译，上海三联书店1994年版，第3页。

② ［美］W. 理查德·斯格特：《组织理论：理性、自然和开放系统》，黄洋等译，华夏出版社2002年版，第128页。

以及教育公正的实现程度等，都是为人的全面自由发展这一目标服务的，离开了人的全面自由发展，教育就失去了其应有的价值与意义。① 对于大学组织而言，孙宵兵认为："一所大学能走多远、能变多强，不是取决于其规模和一些具体的指标，而是取决于基础性制度的完备程度。"② 韦默总结分析了关于制度设计研究的三个领域：两种不同的制度形式对个人行为和集体决策结果的影响（制度安排影响社会选择）、制度约束行为的机制、制度变迁过程的逻辑。他在《制度设计》一书中试图回答：社会科学研究是以何种方式为制度设计的进程提供信息。他认为，制度安排整体上是为了协调或约束社会关系中的个人行为。③

前述历时—共时论、保守论和变迁论从时间、空间、组织特性三个维度给大学发展编织了一个笼子，大学组织无力去改变或阻止此笼子的形状、大小及其存在样态和发展走向。但另一个事实表明，无论从哪一个维度考察，尽管看似处于同一个国家或地区、同一个时代的大学具有相似性，但每所大学在其内部治理方面各有千秋。有人认为，大学内部治理主要指大学内部不同权力实体的权力和责任划分，以及运行过程中相互协作的制度设计与安排。④ 这是一种普遍性定义，大学治理的特点正是反映在其具体的制度设计上。我们认为，在政府引导下的大学崛起之路，其制度设计是关键，也是其之所以崛起的奥秘所在。

二　新加坡政府之引：大学自主化

1999 年，新加坡政府成立大学治理和拨款指导委员会酝酿推进大

---

① 王家云、徐金海：《制度伦理视域下的现代学校制度设计》，《教育发展研究》2013 年第10 期。

② 孙宵兵：《在建设现代大学制度研讨会上的讲话》，2018 年 9 月，教育部网站（http：//www. moe. gov. cn/s78/A02/s5917/201201/t20120130_129735. html/2012 - 01 = 30）。

③ ［美］戴维·L. 韦默：《制度设计》，费方域、朱宝钦译，上海财经大学出版社2004 年版，第 3 页。

④ 刘尧：《大学内部治理亟待突破的八大困境》，《高等教育管理》2017 年第 1 期。

学改革，直到 2006 年，NTU 从法定机构转为非营利自主化大学①，其间共经历七年的探索实践。

自主化大学的董事会为其最高领导机构，决定大学的未来发展战略；大学拥有自行分配经费、部分招生决定权、自行拟订学费标准，全权处理人事聘任和薪金分配等事项。同时，大学建立年报制度，每年公开发布发展情况，接受教育部和政府相关部门以及社会的监督；每五年向教育部提交发展报告，接受教育部评估，以保证高等教育的质量。② 大学自主化改革后，为确保大学能善用公款，办学目标符合国家政策，有较高的办学质量，政府主要通过如下三大协议来保证大学的办学方向和质量③：

一是政策协议（Policy Agreement）。明确大学的自主范围和大学在违反政策协议时要受到的惩罚，主要保证大学在自治的前提下，能够实现政府制定的高等教育发展总体目标和规划。

二是绩效协议（Performance Agreement）。该协议由大学制定，教育部认可。主要确定大学在一定周期内的总体发展目标以及教育教学、科研和培训、社会服务以及机构发展等具体领域的主要发展指标。每五年该协议审核续签一次。

三是质量保障体系（Quality Assurance Framework）。主要通过大学内部评估和教育部指定的外部评审相结合的方式，确保大学能够有效使用资源，实现预期发展目标。大学每五年需提交一份发展报告，教育部组织校外评估团对学校进行评估。

可以看到，新加坡政府对于大学办学的基本思路是：以制度为基础，强调大学办学自主权，在体制机制上真正做到"放管服"有机结合。

---

① 当年新加坡国立大学同时转为非营利企业。
② 王喜娟：《新加坡现代大学制度建设的政策探析》，《高教发展与评估》2013 年第 7 期。
③ 引自南洋理工大学校长室资深顾问、前副校长余明华教授 2018 年 3 月 6 日下午在南洋理工大学举行的"陈振传基金会—南洋理工大学高级领导力提升研讨会——'一带一路'与国际化人才培养"所作报告《新加坡自主化大学的架构和南大在自主后的改革》。

三 NTU 之为：制度设计的视角

（一）现状扫描

1. 基本数据

NTU 占地约 3000 亩，其校园面积与我国 42 所"双一流"高校平均规模相比，少 2000 亩左右。在校生人数为 31900 人，比我国 42 所"双一流"高校平均规模少 10000 人左右；在校学生中，本科生规模大体相当，NTU 研究生比我国 42 所"双一流"高校平均规模少 13000 人左右。NTU 员工比我国 42 所"双一流"高校平均规模多 3500 人左右；其中，NTU 的行政与技术人员占比为 36.7%，我国 42 所"双一流"高校平均占比 40.2%。从国际化教职与科研人员占比看，NTU 为 68%，我国 42 所"双一流"高校平均为 31%。可以看出，在相关数据方面，NTU 与我国 42 所"双一流"高校平均值表现出"四低两高"的特点：占地面积、在校生人数、研究生人数、行政与技术人员低，员工总量、国际化教职与科研人员高（见表 2—1）。

表 2—1　　　　NTU 与我国 42 所"双一流"高校主要
指标情况一览①

主要指标	现状	
	NTU	我国"双一流"高校平均
（1）占地面积	3000 亩	5058 亩
（2）在校学生数	31900 人	42300 人
其中：本科生、硕、	23800 人	21500 人
博研生	8100 人	20800 人

① 引自南洋理工大学副校长陈金樑于 2018 年 3 月 5 日在南洋理工大学举行的"陈振传基金会—南洋理工大学高级领导力提升研讨会——'一带一路'与国际化人才培养"所作报告《走向国际化的大学》；数据截止时间为 2018 年年初。我国 42 所"双一流"高校相关数据来自它们的校园网，数据截至 2018 年年底。

续表

主要指标	现状	
	NTU	我国"双一流"高校平均
（3）员工	8300 人	4820 人
其中：教职与科研	5250 人	2880 人
行政与技术	3050 人	1940 人
（4）国际化教职与科研人员占比	68%	31%

2. 办学国际化

一是在国际化人才招聘方面，2006—2015 年，力推"科研新秀奖得主"（NRF）、"南洋助理教授"（NAP）项目。通过它们，NTU 招聘了一批世界顶尖人才。目前共有 59 位南洋助理教授，他们是从全球3500 多名申请者中遴选出来的。[1] 二是校友分布在世界不同国家和地区，体现了办学国际化实施的效果，目前有 20 万名校友分布在 144 个国家。[2]

3. 外部资源争取

一是强化外部合作，目前有最大的工业合作伙伴——劳斯莱斯（Rolls Royce），它们在科研、人才培养、发明专利等方面深度合作；2018 年又与阿里巴巴合作成立实验室。二是争取外部竞争性经费，NTU 所获取的外部竞争性经费，从 2005 年的 8180 万新元增加到 2016年的57360万新元，增长超过 6 倍。

（二）制度设计的起点：办学定位

什么是一流大学？排名能不能体现大学的社会价值？NTU 前校长

---

① 引自南洋理工大学副校长陈金樑于 2018 年 3 月 5 日在南洋理工大学举行的"陈振传基金会—南洋理工大学高级领导力提升研讨会——'一带一路'与国际化人才培养"所作报告《走向国际化的大学》。

② 现任校长的就职演说表述为 130 个左右的国家，南洋理工大学网站（http://www. ntu. edu. sg/AboutNTU/organisation/PresidentMessage/Pages/MemoStaff. aspx，2018 年 4 月 15日）。

徐冠林教授认为，超标培养出社会需要的杰出毕业生的高校就是一流高校。关于评估标准，徐冠林教授认为，要根据地方区域、学术区域，学生、教师的表现，以及财富和幸福的积累来确认。[①]

正是基于这种大学核心使命的认识，NTU 积极对接新加坡推动研究和创新的国家战略，借助现有的学科优势，在可持续发展、新创意媒体、保健医疗体制科技、新丝绸之路和创业创新生态模式五个方面（"NTU2015 战略"的重点）进一步加大研发力度，力求强化优势学科。[②] 在此基础上发布 2016—2020 年规划，定位冲击五大卓越巅峰：一是可持续地球（节约、变革、再利用）——投入科研经费超过 12 亿新元，支持针对新加坡乃至全世界所面临的可持续性挑战的解决方案；二是全球亚洲（了解、参与、成长）；三是社区安全（防范、适应、有弹性）；四是健康社会（健康生活—积极老龄化）；五是未来学习（理解、学习、教学）。[③] 从两个五年发展规划目标定位看，NTU 的发展设计既有连续性，又有所突破；既有对区域重大需求的关注，也有对全球问题的聚焦；既考虑发展中的现实问题，也瞄准基础性理论问题。总之，学校自身居安思危，以创新引领为动力，持续走内涵式发展之路。

（三）制度载体：组织架构

NTU 内部治理的制度设计借鉴了西方大学典型的"董事会领导下的校长负责制"。具体来说，它主要围绕董事会、校长管理团队、学术委员会、教学科研机构四个部分形成规则的载体体系（见图 2—1）。

---

① 引自新加坡南洋理工大学终身荣誉教授、前校长徐冠林教授于 2018 年 3 月 5 日在南洋理工大学举行的"陈振传基金会—南洋理工大学高级领导力提升研讨会——'一带一路'与国际化人才培养"所作报告《中国的一带一路愿景与世界一流高校建设》。

② 刘宏、贾丽华、范昕：《新加坡高校人才战略的理念建构和实践运作——以南洋理工大学为例》，《公共管理与政策评论》2017 年第 4 期。

③ 引自南洋理工大学副校长陈金樑于 2018 年 3 月 5 日在南洋理工大学举行的"陈振传基金会—南洋理工大学高级领导力提升研讨会——'一带一路'与国际化人才培养"所作报告《走向国际化的大学》。

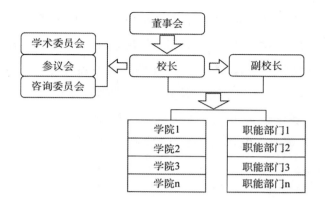

图 2—1　NTU 内部治理架构①

1. 董事会

人员构成。现 NTU 董事会由 19 名成员组成，包括世界著名大学校长如加利福尼亚大学（洛杉矶）校长布洛克（Gene D. Block）教授、资深学者如英国癌症研究会主席博尼维茨（Leszek Borysiewicz）教授、政府官员如教育部部长常莱芳（Chan Lai Fung）女士、社会名流如联合早报编辑德克（Goh Sin Teck）、著名企业高管如摩根斯坦福德有限责任公司理事福恩（Lee Suet Fern）女士，以及 NTU 现任校长等对学校具有重要影响的人员组成。②

主要职责。NTU 董事会是大学治理的重要支柱。它宏观引导学校管理层实现愿景和目标；承担重大责任，对学校事务享有最终决定权；决定学校财政方针，确保学校使用资源得当（学校在处理财务上有更大的自主权），选出适当且有热忱的成员，他们愿意为学校出钱出力。③

2. 校长管理团队

大学校长是行政主管，在副校长、教务长、部门主管、副教务长、

---

① 南洋理工大学官网（http：//www.ntu.edu.sg/AboutNTU/organisation/Pages/bot.aspx，2018 年 4 月 20 日）。

② 引自南洋理工大学官网（http：//www.ntu.edu.sg/AboutNTU/organisation/Pages/BOT.aspx，2018 年 4 月 20 日）。

③ 吕玉辉：《高校自主化之路：新加坡的经验与启示》，《职业技术教育》2016 年第 15 期。

机构主任、学院院长等的协助下管理学校。校长作为学校的主要领导，对校董会负责，并对学校负有全部的管理责任。学校设有人力资源处、教务处、学生事务处、财务处、校友事务处、就业与实习指导处、国际关系处、设施策划与管理处等多个行政管理部门，强调行政工作的服务职能。[①] 各学院院长有高度的自主权，除了学科发展建设之外，教师的聘用和薪酬高低都由院长根据相关规定和流程，并参照经费预算自主决定。

3. 学术委员会

学术委员会包括所有终身制教师和部分非终身教职的学术人员。学术委员会通过其选举产生的咨询委员会和参议会，以及参议会设立的各种委员会对学术事务提出意见和建议。学术委员会每年举行一次会议。不是其他学术委员会成员的学院院长是本学术委员会的当然成员，其他的当然成员包括创新、财务、人力资源、规划等部门的首席负责人。参议会由教授大会投票选出，代表教授大会，与校领导商议行政事务。咨询委员会由教授大会投票选出，由终身教职正教授组成，代表教授群体，为校领导提供决策咨询（见图2—2）。

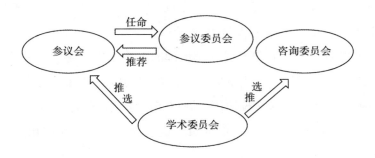

图2—2 NTU 学术治理结构[②]

① 南洋理工大学官网（http：//www.ntu.sg/AboutNTU/organisation/Academic - Governance/Pages/bot.aspx，2018 年 3 月 25 日）。

② 南洋理工大学官网（http：//www.ntu.edu.sg/AboutNTU/organisation/AcademicCouncil/Pages/Academic - Governance.aspx，2018 年 4 月 21 日）。

从图2—2可以看出，在内部治理架构的设计与安排上，NTU不仅注重引进外部力量对学校提供支持与帮助，着力于激发教师的积极性，而且确立起"学术共同体"主体地位和主导作用的内部治理理念。

4. 教学科研机构设置

目前，NTU设置的学院有：工学院、文学院、李光前医学院、商学院、理学院、专业与延续教育学院，自主学院①；但学生规模却达到31900人。大学的教学科研机构是其运行的重要载体，如何设置这些机构，在一定程度上决定着资源配置的有效性。从世界著名大学的教学科研机构设置规律看，一般设置在10个左右，而且多以跨学科或多学科的方式组建基层学术组织。这种组织学院的思路至少有两点益处：一是消除小而全的校内机构间协同的阻梗；二是集中资源强化人才培养、聚焦社会重大问题的研究与服务（见表2—2）。

表2—2　　　　　　　　　　　　　NTU学院设置一览②

学院名称	设置学科与机构	备注
工学院	化学和生物工程，土木与环境工程，计算机科学与工程，电机与电子工程，材料科学与工程，机械与宇航工程	—
文学院	艺术、设计与媒体，传播与信息，人文科学，社会科学	—
李光前医学院	—	与帝国理工学院合办
理学院	生物科学，数理科学，亚洲环境学院	—
专业与延续教育学院	—	—

① 类似国立教育学院（NIE）的4个机构。NTU不对这些机构的财政负责，但这些机构的学生以NTU的名义毕业。

② 南洋理工大学官网（http://www.ntu.edu.sg/AboutNTU/organisation/Pages/Collegesand-Schools.aspx，2018年4月21日）。

续表

学院名称	设置学科与机构	备注
自主机构	国立教育学院，拉惹热南国际研究院，新加坡地球观测研究所，新加坡环境生命科学工程中心	—

（四）学院运行规则

NTU 在教职员工聘任和管理方面主要以人才队伍聚集为中心。在人才战略方面，重点关注质量而不是学术产出的数量；人才聚集环节主要包括引进、培育、管理、挽留、评估。这里以 NTU 学院的预算编制、人才引进程序、绩效考核等三个方面来考察其运行规则。

1. 预算编制过程

学校的经费来源构成一般为：政府财政约 50%，学费约 25%，通过服务或与合作部门合作获取的经费约占 25%。学校经费先拨到学院，学院根据学校规定使用费用。学校经费须经过学院预算编制、学校确认后方可下达到学院。

在预算编制过程中，院长须向学校汇报以下内容：一是过去的财政情况；二是当年计划经费（人头费占大部分）；三是大学按生师比和教学量来确定经费①。除了每三年一次的战略性新领域（Strategic Initiative）的构想可增加额外经费外，学院每年的经费项目变化不大。

学院其他收入来源（Other Revenue Sources），学校知晓但不干预学院怎么使用。除了这笔经费当年结余可以转下一年外，学校下拨的其他经费当年须结清，使用结余由学校收回（如果没使用完，可能还会影响到下一年度学校给学院的拨款）。此外，学校也会根据学院的学术表现等予以额外补贴。

2. 人才引进程序

刘宏等人认为，大学发展的最主要原因是自 2006 年新加坡政府批

---

① 一般情况下，1 名老师的周教学工作量为 6 课时，按年 26 周工作时间计算，其年教学工作量为 156 课时。

准南洋理工大学实行自主化办学以来所实施的一整套人才引进、培育、管理和评估的体系。NTU 的人才战略主要体现在三个方面："上下"一体、"内外"结合的全球人才招聘体系（见图2—3）；具有国际竞争力的人才待遇和培养体系以及与国际接轨的学术发展路径。①

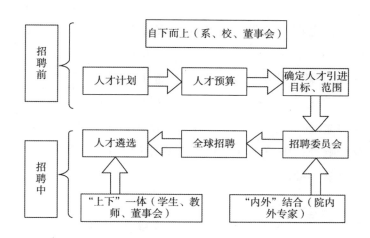

图2—3 NTU人才引进程序②

编制与预算结合在一起，即有预算才能有编制。但学院根据其发展需要具有一定的自主权，如：学院有 1 名教授的名额，可以将它拆分为 2 名助理教授的名额，因为 1 名教授和 2 名助理教授的预算相当。

参加 NTU 各学院应聘的教师一般须经过三个环节：第一，给本科生上一节基础课（学生打分，实行一票否决制）；第二，面向全院教师开一次关于科学研究的讲座；第三，接受招聘委员会的面试。

终身教授的聘任权在学校董事会。对于终身教授，自 2006 年以

---

① 刘宏、贾丽华、范昕：《新加坡高校人才战略的理念建构和实践运作——以南洋理工大学为例》，《公共管理与政策评论》2017 年第 4 期。

② 引自南洋理工大学陈嘉庚讲座教授、社会科学院院长、南洋公共管理研究生院院长刘宏教授 2018 年 3 月 6 日上午在南洋理工大学举行的"陈振传基金会—南洋理工大学高级领导力提升研讨会——'一带一路'与国际化人才培养"所作报告《高端人才的引进、培育、管理机制——以南洋理工大学为例》。

来，主要考察其学术发展的国际影响力，宁缺勿滥。申请终身教授人员的成功率一般在70%左右。实行终身教授制度的目的在于，一是教师队伍的更新；二是确保优秀的人才能留下来。[①]

3. 绩效考核

一是对教研人员的评价。在绩效考核方面，采取从系到学院再到学校的自下而上的方式进行。在评估指标方面，对教研人员的教学、科研和服务三个方面实行分类评价，且根据岗位不同设置不同比例（见表2—3）。教学业绩指标主要包括近1—3年的教学指数、指导研究生数、教学奖、教学创新等；科研业绩指标主要包括发表论著数、被引数与H指数、近1—3年专利数、学术期刊任职、研究经费、研究获奖及影响等；服务及其他贡献指标主要包括学术服务、行政工作量、外部组织和社区服务、服务奖等。

表2—3　　　　　　　　　NTU不同类型教职人员绩效考核比例

类别	教学:科研:服务
（1）教授、副教授、助理教授	5:5:2
（2）双肩挑人员	2:2:8
（3）高级讲师与讲师系列	8:2:2

根据一定的考核流程（见图2—4），汇总形成每位教师的最终评价。考核结果及使用方面，考核结果分为A、B、C、D、E五个等级，A等级为超过职级要求，达到卓越水平；B等级为超过职级要求，达到优秀水平；C等级为超过职级要求，达到良好水平；D等级为符合职级要求；E等级为未达到职级要求。连续三次结果为E等的人员，会被学院领导约谈并提出警告直至解雇。各学院根据教师人数确定各等级所占比例分别是：A等级占12%，B等级占30%，C等级占45%，D等级占10%，E等级占3%。

---

① 终身教授工作5年就会有8个月的休假，学校提供机票、海外津贴等费用。

绩效评价结果为 A 等级者，年终可获得其月工资 3 倍的奖金，B 等级者为其月工资 2 倍的奖金，C 等级者为其月工资 1 倍的奖金，D 等级无奖金，E 者没有奖金且连续三次评鉴为 E 等级的人员有可能被解聘。考核评价结果将严格执行，而且没有任何弹性空间。

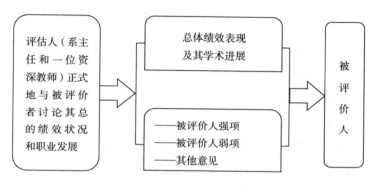

图 2—4　教师评价流程

二是对行政人员的评价。行政人员分为三等 12 级：M1—M6 等级为高级管理人员，相当于经理级；M3、M4 相当于助理教授待遇，可获一个月工资数额的奖励。E4—E6 为中级管理人员，其中 E1 – E3 为初级管理人员。

在绩效管理流程上，NTU 行政管理人员的绩效管理流程包括计划、辅导和评估三个环节，即个人制订年度工作目标，其分管领导在工作过程中按照员工手册进行指导，最后是年度评估。行政管理人员的绩效评估指标包括个人素质、绩效评估和工作产出三个部分。绩效评估等级均划分有完全超出预期（FE）、超出预期（EE）、达到标准（ME）、基本达到标准（BE）、不满意（UN）五个级别；并设定最高级的 FE 占比不超过 12%、EE 和 ME 合计占比约为 75%、BE 和 UN 合计占比不低于 13%。绩效评估结果是个人年终奖金发放、职务升迁及培训实施的依据。[①]

---

① 尹虔顺、陈菲、黎红中等：《我国高校行政管理队伍建设机制构建——以新加坡南洋理工大学为例》，《江淮论坛》2017 年第 6 期。

第三节 结论与启示

一 美国高校办学特色制度

从制度和机制两个层面对美国高校办学特色形成的分析与讨论，形成以下结论：

第一，一个合理的制度对高校办学特色的形成有着十分重要的作用。高校办学实际上是一种集体行为，要使集体行为转化成具有独特性、高价值、竞争优势的办学特色，而且保持其历史传统，离不开规则的约束、制度的限制。这种制度包括内在制度和外在制度。

第二，在一个合理的制度下只是有可能形成高校的办学特色，这种可能性转化成现实性，还需要一套成熟完善的大学运行机制。从上文介绍美国高校来看，校长的办学理念、高校的学术自治、学术自由与学术责任并举、课程的及时调整、保持优秀的资质、权力约束与利益平衡的治理都是其办学特色形成的重要因素。

第三，高校办学特色是一个系统性概念，它是多种因素共同作用的结果，如政府、社会、高校、市场、高等教育的消费者等都是极其重要的影响因素，我们必须看到其形成的复杂性。

二 南洋理工大学绩效管理制度

一所不到三十年历史的高校，发展成为世界一流高校，虽然其传统文化、现实背景及社会资源有所不同，但作为高校组织，有着共同的基因及行为选择方式。我国倡导的"双一流"建设，必将整体上推进高等教育内涵式发展，也是倒逼高校创新发展，致力于办人民满意的高等教育的重要举措。我们认为，NTU 的发展对我国高校的"双一流"建设具有以下四个方面的借鉴意义：

高：顶层设计高远。从 2010—2015 年及 2016—2020 年两个五年发展规划的战略定位看，其顶层设计既有前瞻性，又有现实性；既着力解决重大的现实问题，也试图作出卓越的理论贡献；既关注国内重大需求，也回应世界性难题。由此可以看出，NTU 的战略谋划打破了传统路径依赖，将高站位、深思考与宽视野融于一体，为其铸就世界一流大学绘制了一张宏伟蓝图。

全：制度规范健全。无论是学校层面的董事会、校长管理团队、学术委员会，还是基层教学科研组织的设置，这种组织架构仍然属于管理学所谓的"直线—职能制"。NTU 的特点在于：制度清晰地确认了各自的行为边界而且责任明确。教师聘任、绩效考核等涉及教职员工切身利益的具体操作流程规范健全，形成自下而上和自上而下的双向封闭式管理回路，既照章办事，又充分发挥民主。

实：奖惩分明实在。奖惩制度实施的主要目的，从经济学视角看是防止"搭便车"行为的发生，降低交易成本；从组织行为学视角看是为了提高组织成员的积极性、主动性和创造性。在绩效管理制度设计方面，NTU 根据正态分布规律设定不同贡献人数比例，将"动机人""决策人""知识人""理性人"等多角色的有机结合，避免了单角色人定位的局限性，最大限度地提高了大学组织的管理绩效。

严：规则执行严格。组织规则质量高低与运行的有效性具有一定的相关性。一般认为，低质量的制度一定不会有高效的结果；但诸多事实也表明，高质量的制度未必会有好的效果，因为制度执行过程的松、宽、软必然导致制度低效甚至无效，而且容易产生"制度内卷化"，无法实现组织目标。NTU 管理的高效性极为重要的一点在于其执行没有可变空间，看似没人情味，但实则维护了组织整体利益。

第 三 章

我国大学组织绩效管理制度审视

伯恩鲍姆认为，规章制度既无所谓好，也无所谓坏。它既具有保护作用，又具有限制作用；既具有协调作用，又具有阻碍作用；既具有激发努力的作用，又具有标榜制度面前人人平等，某种程度上为不称职者提供庇护的消极作用；既具有保持稳定的作用，又具有阻碍变革的作用；既允许多样化，又限制多样化。它们构成组织的储存器和变革的手段。① 他的这一观点，反映出制度对所关涉主体的行为既具有正面作用也具有负面影响的双重功能。绩效管理制度也不例外，就大学组织而言，其绩效管理制度设计的依据源于并受制于学校章程。由此，本章首先探讨我国大学章程这一根本制度建设的所为与能为，在此基础上，选择人才培养制度和导师与研究生关系规则两个具体方面，分别从分类视域和博弈论视角予以分析，最后对大学组织评价体系予以反思。

第一节　大学章程建设的所为与能为

1998 年《中华人民共和国高等教育法》颁布后，教育部于 1999年下发了《关于加强教育法制建设的意见》，要求高等学校"依据法律、法规的规定，尽快制定、完善学校章程，经主管教育行政部门审

---

① ［美］罗伯特·伯恩鲍姆：《大学运行模式——大学组织与领导的控制系统》，别敦荣主译，中国海洋大学出版社 2003 年版，第 106 页。

核后，按章程依法自主办学"。《中华人民共和国高等教育法》颁布后的 20 年，特别是 2011 年教育部《高等学校章程制定暂行办法》（以下简称《办法》）颁布实施后，大学章程建设的理论与实践进展如何？当前高校章程执行与落实存在哪些问题，如何推进解决这些问题？这是进一步深化高校综合改革、提升高校治理能力、加快现代大学制度建设的必答题，也为大学组织绩效管理制度设计提供参考。

一　理论之思：高校章程的本质与价值

（一）何为高校章程？

对于高校章程本质的探究与分析，大致有历史性、合法性、精神性与利益性四个维度。

1. 历史由来之根

大学章程的源头可追溯到欧洲中世纪，除了学界公认的中世纪欧洲的教权与皇权所颁发的特许状、诏书及谕旨外，中世纪大学诞生前的学者行会章程，作为地方权力当局颁布的法令，以及大学诞生后其内部的学院、同乡会等组织的章程，都是大学章程之滥觞。从中世纪大学章程最初出现到逐渐实现制度化，这一过程中始终贯穿着学术性因素，中世纪大学章程的生发逻辑反映了大学作为一个学术共同体的组织逻辑，即学术本位的逻辑。① 在我国，学校章程也是古而有之。《教育大辞典》将其解释为：古代学校、书院为实施教育而制订的各种规章制度。《浏东洞溪书院志·目录》记载，章程分为原定章程、借书章程、补定章程、补定斋规等。② 因此，有学者认为，我国古代书院的院规或训示被视为我国最早的大学章程③；但也有学者认为，1898 年开办的京师大学堂作为我国近代第一所新式的国立大学，所订立的《京师大学堂章程》是我国近代意义上大学章程之肇始。④ 无论

---

① 张继明：《论中世纪大学章程的源起与生发逻辑》，《高校教育管理》2014 年第 3 期。
② 顾明远：《教育大辞典》（增订合编本），上海教育出版社 1998 年版，第 2017 页。
③ 季玲燕等：《大学章程的历史生长逻辑与价值预期》，《教育学术月刊》2009 年第 7 期。
④ 米俊魁：《大学章程价值研究》，中国海洋大学出版社 2006 年版，第 119 页。

是欧洲的中世纪大学，还是我国的古代书院、近代的京师大学堂，从历史根源看，大学订立的章程都体现了办学的规制意识，得到了外部权力的支持，反映了学术共同体的学术追求。

2. 合法存在之基

首先，章程解决高校存立的身份问题。大学章程是根据大学组织属性所制定的关于大学组织体系及其运行规范的基本制度。从一般意义上看，制定大学章程应当解决大学的身份认同、职能定位、体制机制、利益相关者权利保障以及大学自身的合法性与章程的适应性等问题。① 其次，章程界定高校与外部的关系。大学章程就是大学举办者或其委托人根据大学组织的社会功能和自然属性制定的关于组织保障及其规范运行的基本制度。② 大学章程是大学治理所依据的核心文本，是大学与其外部关系以及内部各要素之间关系和运行的制度性"规范"③。最后，章程规范高校自身的办学行为。大学章程是指为了保证学校正常运行，就办学宗旨、主要任务、内部管理体制及财务活动等重大、基本问题作出规范的自律性或规范性文件。④ 我们看到，高校的存在、与其他利益相关者之间关系以及行为的合法性始于章程，没有章程的高校如同无根的浮萍，不仅其身份受到质疑，而且难以厘清其与他者之间的关系。

3. 精神引领之本

第一，章程是对高校品性的定位。大学章程是一所大学精神品格与品质的外在隐喻，是外部对一所大学认知的最高图式和对其实践理解最彻底性的抽象，它的内涵旨趣在于成为大学教育制度"形而上"的"道"之所指和"形而下"的"器"之所托。⑤ 第二，章程是对高

---

① 别敦荣：《我国大学章程应当或能够解决问题的理性透视》，《中国高教研究》2014 年第 3 期。

② 刘远、陈万明：《大学章程视域下大学治理问题的若干思考》，《南京社会科学》2016 年第 11 期。

③ 马洪正：《我国近代大学章程的历史存在及其价值目标》，《江苏高教》2017 年第 11 期。

④ 陆俊杰：《论大学章程的形式合法性》，《现代教育管理》2009 年第 9 期。

⑤ 陈理：《抓住内部设计核心 推进大学章程建设》，《中国高等教育》2014 年第 1 期。

校德性的确认。"在大学章程的实施和后续建设中，对大学章程内在精神的思考、凝练、建构和倡导不可忽视，它将对大学章程完善乃至现代大学制度建设起到重要的价值导向、目标整合、凝聚力量和思想动员作用；大学章程的精神建构必须置于现代大学治理体系的背景中去加以认识，其中，学术自由精神是现代大学治理的核心，民主共治精神是现代大学治理的实质，依法治校精神是现代大学治理的基础，责任伦理精神是现代大学治理的归宿。"[1] 第三，章程是对高校个性的彰显。大学章程是大学精神的缩影和集中体现，它应当以其引导性积极维护大学固有的传统和永恒的价值，激发全体师生从事高深学问研究的热情，提供自下而上的内在情理需求，遵循维护大学内生发展的客观法则，承担坚守大学理想的责任和使命。[2] 高校的品性、德性与个性，构筑起高校章程的精神之魂，它是高校坚守传统、担当使命、开拓创新的精神力量。

4. 利益平衡之器

章程作为高校平衡各种利益的手段或工具，大致有三种基本观点：首先是共识论。从某种意义上而言，大学章程就是一种学术场域的"游戏规则"。如果大学内部和外部的权力集团尚未对新"游戏规则"达成共识，那么，纵使这个"游戏规则"再美好，再怎么符合大学的理念，也只是"空中楼阁"。[3] 其次是边界论。大学章程的实质就是要对大学治理中利益主体的权力进行重新调整和分配，明晰不同权力主体的权力边界。[4] 也有人认为，在大学组织内部，大学章程是通过民主协商达成的"契约"，代表组织团体的公共意志，传递各利益主体所要实现的利益，以维护大学秩序的正常运行。[5] 最后是自觉论。认为大学各利益相关主体应该积极参与到大学章程建设的全过程，使大

---

[1]　董雅华：《大学章程的精神建构》，《复旦教育论坛》2017 年第 1 期。

[2]　史秋衡、李玲玲：《大学章程的使命在于提高内生发展质量》，《教育研究》2014 年第 7 期。

[3]　毛金德：《大学立宪：问题与出路》，《高教探索》2013 年第 2 期。

[4]　王丽坤：《大学章程建设中的权力关系研究》，《高教探索》2012 年第 3 期。

[5]　王海莹：《以章程为载体的现代大学治理》，《江苏高教》2016 年第 5 期。

学章程最终内化为大学各利益主体的自觉行动，更好地约束彼此的行为，促进高校的和谐统一。提高大学管理者照章办事的自觉性；增强师生员工对大学章程的认同感和参与意识。[①] 利益是人们行为选择的一个基本出发点，高校章程从"根"上解决各种利益的分配与调适，无疑为高校顺畅运行提供了基本的制度保证。

（二）高校章程何为？

高校章程的价值具体体现在哪些方面？各人看法不一，归纳起来主要有法的约束价值、行为的规范价值、保护学术自由的价值等。

1. 从法律法规层面看，高校章程具有法的约束价值

在法律地位方面，大学章程作为大学自治的总纲领，是大学内部制定规章制度所依据的"宪法"或"母法"[②]；同时大学章程又是国家法律法规的下位法，是国家法律在大学的具体化。[③] 大学章程对现代大学法人治理的保障作用主要体现在以下四个方面：它是现代大学法人制度建立的标志、现代大学法人设立的法律要求、现代大学法人自治的核心构建、现代大学学术自由的重要保障。[④] 对大学外部而言，大学章程是国家法制的组成部分，是大学成立的要件。[⑤]

2. 从规制规约层面看，高校章程具有行为的规范价值

大学章程已经成为现代大学制度的基础、高等学校依法治校的重要依据、推动高校科学发展的基本保障。[⑥] 米俊魁指出，大学章程对大学的举办者、办学者都具有规范作用，它既规范了学校中重大、基本问题，又是政府、社会及学校依法治校的重要依据，因此，大学章

---

① 潘艺林、林惠莲：《大学章程：构建和谐高校的制度保障》，《大学教育科学》2010 年第 1 期。

② 陈立鹏：《关于我国大学章程几个重要问题的探讨》，《中国高教研究》2008 年第 7 期。

③ 周光礼等：《大学章程的法律透视》，《高教探索》2004 年第 3 期。

④ 湛中乐、高俊杰：《大学章程：现代大学法人治理的制度保障》，《国家教育行政学院学报》2011 年第 11 期。

⑤ 张国有：《大学章程》（第 1 卷），北京大学出版社 2011 年版，第 1 页。

⑥ 孙霄兵：《推进高校章程建设 完善中国特色现代大学制度》，《中国高等教育》2012 年第 5 期。

程还具有他律性。① 有人认为，大学章程主要是大学及大学成员权利的保障，如大学办学自主权、教师权利、学生权利保障等。还有人认为，大学章程主要是有关大学内外部权力关系的制度化规定。大学章程要以"程序之治"切实保障高校主体权利和约束权力主体的"恣意妄为"，从而实现"将权力关进牢笼里，将权利交还师生员工手中"的目的。要充分发挥大学章程在高校依法治校中的作用，就必须彰显现代法治的"程序正义"精神。②

3. 从组织属性层面看，高校章程具有保护学术自由的价值

劳凯声认为，在实践上，大学章程既有可能成为保障大学自治的手段，也有可能成为一种摆设，甚至成为行政干预的工具。他认为，对于高校而言，增进学术自由、保障学术权力、形成学术秩序、以"看得见的方式"实现正义等是章程实施体现的重要方面。③ 有研究者从知识—权力关系视角认为，大学章程的制定与执行，务必以发挥学者的文化知识创新与传承的功能为中心目标，使之能代表知识发展的先进性；并使大学知识的创新以法权的形式获得维护，防止大学知识传承与创新的行政化、庸俗化、商业化的倾向。④

对高校章程的本质与价值的分析，无疑对高校章程实施的理念、方法与路径的选择奠定了基础。本质的历史性、合法性、精神性与利益性四个维度，既有传统的根基（历史性），也有现实的动力（利益性）；既有宏观的显在（合法性），也有微观的"隐身"（精神性）。四个层面的价值考察表明，高校章程的价值是高校价值的具体描述与体现，着重反映高校组织的公共价值，通过高校在行动中履行其人才培养、科学研究、社会服务和文化传承创新的职能来实现其价值。这

① 米俊魁：《大学章程价值研究》，中国海洋大学出版社 2006 年版，第 35 页。

② 刘强、王洪才：《程序正义在大学章程建设中的缺失与建构》，《山东高等教育》2016 年第 5 期。

③ 劳凯声：《创新治理机制、尊重学术自由与高等学校改革》，《教育研究》2015 年第 10 期。

④ 尹建锋、吕晓燕：《变迁中的大学知识范式和权力：西方大学章程的历史演变及其启示》，《高等教育研究》2016 年第 8 期。

是高校章程在理论层面的应然定位，本质与价值的澄清对于考察其在实践层面现状、问题及原因具有方向引领作用。

二 实践之惑：高校章程实施中的问题及其成因

相关资料显示，吉林大学是《中华人民共和国高等教育法》颁布施行后较早公布实施章程的高校（2005 年 12 月中共吉林大学委员会第十二次代表大会通过《吉林大学章程》）。[①] 可以说，这是自新中国成立以来，通过国家层面以法的形式规定高校须有自己的章程而且有实质性启动。《办法》自 2011 年 11 月 28 日颁布、2012 年 1 月 1 日正式实施以来，各高校纷纷启动制定或修订大学章程工作，人们将此称之为"大学立宪运动"。从 2013 年 11 月教育部首批核准中国人民大学、东南大学、东华大学、上海外国语大学、武汉理工大学和华中师范大学六所高校章程开始，到 2015 年 6 月，我国 112 所"211 工程"高校（军事院校除外）章程已经全部核准发布。[②] 其他高校于 2016 年基本完成章程的制定工作并进入实施阶段。自此，我国高校进入"有章程时代"。

（一）政策引导

高校有了章程并非万事大吉，章程到底是"影子"还是"戒尺"？人们看法不一。持消极态度者认为，它仅为一纸文本而已，制定完成即使命终结；持积极态度者认为，它是高校学术生命的保障基石，对侵犯学术事务和高校自治的行为予以约束。如何保证章程有"戒尺"之威，而不落入"影子"之阱呢？其实，《办法》第三十条已经作出规定："高等学校应当指定专门机构监督章程的执行情况，依据章程审查学校内部规章制度、规范性文件，受理对违反章程的管理行为、办学活动的举报和投诉。"《教育部办公厅关于加快推进高等学校章程制定、核准与实施工作的通知》也指出："章程的生命力在于执行。

---

① 马陆亭、范文曜：《大学章程要素的国际比较》，教育科学出版社 2010 年版，第 27 页。
② 《全部"211 工程"高校章程全部核准发布》，2018 年 4 月，教育部网站（http：//www. moe. edu. cn/jyb_xwfb/gzdt_gzdt/s5987/201506/t20150630_191785. Html，2019 年 5 月 10 日）。

各地、各高校要高度重视章程核准后的执行机制建设，保障章程在高校管理和办学实践中真正发挥作用"①。2016 年 1 月，教育部发布的《依法治教实施纲要（2016—2020 年)》再次强调："健全章程核准后的执行和监督评价机制建设，督促学校以章程为统领，完善内部治理结构和规章制度。"②

政府层面之所以连续出台相关规定强调章程核准后的执行与实施，我们可以从历史和政策两个视角找到其原因。从历史的视角看，"天下之事，不难于立法，而难于法之必行"。法律的权威在于必行，章程的生命力在于实践。③ "徒法不足以自行"，章程制定完毕后，关键在于实施：一方面，高校要强化依照章程办事的意识，要根据章程进一步完善学校内部各种规章制度，对大学章程的原则性规定予以细化，使其具有可操作性。另一方面，高校应当指定专门工作机构依据章程审核学校内部规章制度，监督章程的执行情况，受理对违反章程管理行为的举报和投诉，保障章程有效实施。④ 从公共政策的视角看，公共政策的价值能否实现或其能够实现的程度，在很大程度上取决于执行。大学章程实施本质上是一种具体的公共政策实施，而公共政策是一个因变量，其实施"要受到各种执行资源包括政治、经济、技术等条件的可获得性，执行者的价值、利益关系与能力，政策受众的认可程度等在内的多种变量的影响制约"⑤。政府层面的政策引导无疑起到

---

① 《关于加快推进高等学校章程制定、核准与实施工作的通知》，2018 年 4 月，教育部网站（http：//www. moe. gov. cn/srcsite/A02/s5911/moe_621/201405/t20140529_170122. html，2018 年 5 月 10 日）。

② 《关于印发〈依法治教实施纲要（2016—2020 年)〉的通知》，2018 年 4 月，教育部网站（http：//www. moe. edu. cn/srcsite/A02/s5913/s5933/201605/t20160510_242813. html，2018 年 5 月 11 日）。

③ 唐景莉：《对话六所大学校长：大学章程，究竟意味着什么》，《中国教育报》2014 年 3 月 17 日第 9 版。

④ 湛中乐、高俊杰：《大学章程：现代大学法人治理的制度保障》，《国家教育行政学院学报》2011 年第 11 期。

⑤ 黄健荣：《公共政策执行应当承受之重》，《四川大学学报》（哲学社会科学版）2008 年第 6 期。

了一定的推动作用，但具体到实践本身还存在诸多困境。

（二）现实困境

自章程核准后，有两项关于高校章程实施的调查研究具有代表性。首先，复旦大学的李威、熊庆年课题组于 2016 年 7 月至 8 月面向全国 32 个省（含直辖市、自治区）公立大学开展的"大学章程实施情况调查"。调查对象为各高校的教职工（包括教学科研人员和行政人员），题目总数 29 道，主要内容包括背景信息、章程认知、章程参与、章程认同、章程实施、意见建议六大方面，共回收有效问卷 1635 份。他们的调查结果是：现阶段我国公立高校的大学章程实施整体效果不理想，遇到一系列的困难和阻力，其中最大的阻力是来自大学内部的权力惯性。基于此，作者提出如下建议：一是落实高校办学自主权，破除外部权力路径依赖；二是加强制度体系的法治化建设，对权力进行规范；三是加强基层组织民主建设，破除权力惯性的生长空间；四是加强章程的宣传学习力度，破除"人治"的思维惯性；五是加强章程实施监督体系建设，对权力惯性进行有效制约。[①]该调查主要围绕落实权力、规范权力和监督权力，强调打破惯性的权力运行机制，对于权力主体建立规矩意识、法治意识。

其次，华中师范大学的陶光胜、付卫东课题组为弄清高校章程的执行情况，于 2015 年 6 月至 2016 年 12 月，通过逐校拜访、召开研讨会等方式，发放调查问卷 70 份，回收有效问卷 64 份；并进行了 58 人次的一对一访谈。64 份有效问卷填写者中，校领导 23 人，中层干部 35 人，普通职员和教师 6 人。其中，直接参与大学章程制定的有 55 人；调查涉及高校有近 85% 为"985、211 工程"大学。调查访谈结果是：章程文本的先天不足、利益群体的获得感弱、监督制约的机制不健全、法治文化的建设乏力、政策传播的力度不够是我国大学章程执行"肠梗阻"的五大阻滞要素。进一步解剖其致病机理发现，无章运行的思维惯性、章程制定的程序缺失、权力配置的不尽合理是五大阻

---

① 李威、熊庆年：《大学章程实施中的权力惯性》，《复旦教育论坛》2016 年第 6 期。

滞要素产生的深层次原因。① 总之，该调查发现高校章程执行难的症结在于：章程意识弱的传统惯性强、相关利益群体对章程的认同感低、章程执行的体系软三个方面。

尽管两项调查研究的样本选取对象与容量有所不同，研究方法各异，审视角度（一个是从权力视角，另一个则从要素视角）有别，但调查结果均认为，章程在执行过程存在监督不力、知晓不够、法治意识不强等方面的共同问题。这些问题的发现对于进一步反思高校章程执行与落实具有一定的参考价值。

（三）原因分析

高校章程实施中所暴露的问题并非偶然，理想中的高校章程在现实的权力与利益、规则与自由、惯性与变革的纠结中必然会出现执行与落实中的打折扣、推责任、拖时间等，形成高校制度"内卷化"：制度越来越多、制度之间矛盾突出以及制度不能在实践中体现等现象。所以，厘清高校章程执行与落实难的原因，对于找到解决办法具有启示作用。

首先，高校章程的非强制性属性导致执行缺少外部约束性。大学章程体现出多主体适用，共同体各成员主体共同参与并平等协商制定，不存在国家强制等而是由相关主体内心认可、自我约束、互相监督的软法法律特征，其执行效果不明显与其软法性质有关。② 另外，在目前我国颁布的大学章程文本中，在权力规范和权利保护方面存在着明显的程序缺失，导致了大学章程难以落实和地位虚化，阻碍了其大学治理功能的发挥。③ 高校章程的软法性质在一定程度上反映出章程执行难的内在原因，即外部约束性不够，从而使得章程执行和落实的有效性不强。

其次，高校章程的外生性特点导致执行者动力不足。我国大学章

---

① 陶光胜、付卫东：《我国大学章程执行"肠梗阻"的病理解剖——基于 64 所高校的数据分析》，《理论月刊》2017 年第 10 期。

② 潘静：《软法视角下我国大学章程实施的困境与完善》，《江苏高教》2015 年第 5 期。

③ 朱家德：《大学章程实施比制定更重要》，《中国高教研究》2016 年第 6 期。

程不是各个大学在发展过程中因为客观需要而自发产生的，而是带有浓厚的行政色彩、统一运动式的产物。① 从利益博弈视角看，在我国大学章程执行过程中，章程实施主体的行为从根本上受利益驱动，主体利益矛盾或冲突的客观必然性导致章程执行不力。② 政策执行中的"中梗阻"现象表现为组织中的中层干部不认真履行自身职责而导致现有的方针政策不能得到有效贯彻落实的情况。③ 从权力场域视角看，权力惯性④是当前我国大学章程实施过程中的最大阻力，其缘由在于，我国大学章程实施由行政外推力主导，制度的传统路径依赖严重；资源稀缺导致大学组织内部对于行政权力的资源依赖严重，缺乏内生性改革动力；公共选择的博弈产生集体"搭便车"心理，放纵了权力惯性的生存空间，使得权力场域不断被固化。⑤

最后，高校章程意识薄弱导致大学治理中的章程缺位。高校章程意识不强形成所谓的"大学章程幻象"，即各大学章程趋同以及章程在大学治理过程中被束之高阁的现象。从微观政治的视角来看，章程的建设过程实际上是利益协商的结果，是大学内部政治互动的产物。为什么章程在大学的实际运行过程中会被"冷落"？从制度学派的合法性机制看，我国大学治理在传统上并不依赖章程，大多数高校在无章程情况下保持着大学的有序运行。因此，对大学而言，章程的最初目的是为了大学的合法化，而不是为了大学的运行而制定。其实，章程建设的过程，就是大学治理形成法治习惯的过程。围绕"章程习惯"，以"章程是什么？为什么制定？""章程如何运行？""如何提升章程的运行意愿？"三类问题构建解决实现大学章程有效运行的模型

---

① 周颖：《公共政策执行中的"中梗阻"难题及破解对策》，《领导科学》2015 年 1 月下。

② 陈立鹏、赵燕燕：《我国大学章程建设的环境阻力分析》，《高校教育管理》2014 年第 1 期。

③ 刘益东、周作宇、张建锋：《论"大学章程现象"》，《中国高教研究》2017 年第 3 期。

④ "权力惯性"是指当权者的一些权力行为方式在较大的空间范围内扩张、较长的时间范围内延续，并且在频率上不断重复，从而形成了较为稳固、难以打破的权力形态。参见李威、熊庆年《大学章程实施中的权力惯性》，《复旦教育论坛》2016 年第 6 期。

⑤ 李威、熊庆年：《大学章程实施中的权力惯性》，《复旦教育论坛》2016 年第 6 期。

应当受到重视。①"幻象说"反映了高校在章程的制定与实施过程中的被动性。

三　未来之路：推进高校章程执行与落实之策

从已有研究与实施情况来看，无论是理论还是实践、宏观还是微观，高校章程执行与落实在理论方面尚未系统化，在实践方面呈碎片化特点，目前也还没有相关典型经验或案例的总结和提炼。总之，高校章程从无到有、从有到用，尚未给高校治理带来根本性变化，也没有给人们多深的印象。这可能与高校综合改革推进、内涵式发展要求与资源竞争加剧等多维叠加，而处于不稳定状态有着较为紧密的关系，也与章程实施时间不长还处于摸索阶段有关。可以说，各方对高校章程的执行与落实依然缺乏深度关注。但从趋势上看，高校章程执行与落实对于章程的生根开花结果、学校制度体系的健全完善以及依法治校的推进，从而建立高校治理的制度自信具有重要的作用。

（一）植入依法治教的理念以推动章程执行的自觉性

首先，以法治思维为范式，健全高校内部治理结构。为确保大学章程落到实处，必须将依法治教作为根本出发点，并以基于章程认同的多方共识为基本前提，明确将学术自治作为章程落实的首要任务，将校内外的执行监督放到章程落实的重要位置。② 通过高校综合改革对学校治理结构和内部机构设置进行规范，划清各种权力边界，完善重大决策程序性规范，提升大学治理法治化水平。③ 其次，以章程为根本制度，建立健全高校规章制度体系。章程界定了高校组织的权责及其与外部相关利益群体的关系，从根本上规定了高校自身的责权利，规范和约束高校内部不同主体的规章制度体系须以章程为依据，具有内在的自洽性。最后，以法治为导向机制，形成高校自上而下的规矩

---

①　高杭：《大学章程的法律效力及其发挥》，《国家教育行政学院学报》2014 年第 12 期。

②　薛传会：《论大学章程从文本到实践的理念和路径探析》，《高等理科教育》2015 年第 6 期。

③　高杭：《大学章程的法律效力及其发挥》，《国家教育行政学院学报》2014 年第 12 期。

意识。高校领导要具备充分的章程践行意识和行动，从而避免章程成为"一纸空文"；只有书记校长带头践行章程，把学校的各项内部治理工作带进法治化、规范化、问责化的轨道，才能打开全校师生员工知晓、了解、遵守章程的一面窗，让更多人加入到践行章程之中来。①

（二）协调不同要素的关系以平衡章程执行的冲突性

一是以章程为准绳，协调权力、资本与学术之间的关系。现代大学制度是一个独立的内生自治系统，其内在构造模式呈现出一种"软法"意义上的规则系统；现代大学制度的构建需要妥善处理好权力（政治）、资本（市场）与学术（知识）之间的逻辑关系；应该探索从高校党委会改革、构建大学理事会、重构基层学术组织、改革大学学位制度等方面实现权力、资本与知识逻辑的制度化叙事。② 二是以问责为鞭策，协调制度与行为之间的关系。新制度主义流派强调制度对行为作用的二重性，既强调制度具有制约选择与行动的作用，也认为制度会赋予行动者权力，对行动者具有使能作用。所以，建立起包括权责体系、问责内容、问责主体、问责对象、问责程序、问责后果等要素在内的问责机制，才能使高校问责与大学章程实施高度契合，形成良性互动，从而保证大学章程的有效实施。③ 三是以发展为要旨，协调行动、规则与文化之间的关系。从国外大学章程及其实施的经验来看，其多元化的执行主体、明晰的权责分配、法制化的执行程序、完善的监督制度、良好的执行文化所构成的完善的运行机制保证了大学的可持续发展。因此，提升我国大学章程执行力须处理好大学治理与权力的关系以及制度规约与文化塑造的关系。④

---

① 符琼霖、陈立鹏：《论大学校长在我国大学章程建设中的角色》，《国家教育行政学院学报》2015 年第 7 期。

② 王振、李昱：《软法之治：现代大学制度构建之路径》，《教育学术月刊》2012 年第 5 期。

③ 张磊、周湘林：《问责：大学章程制定实施的制度保障》，《河南社会科学》2013 年第 6 期。

④ 石连海：《国外大学章程执行力的模式、运行机制与启示》，《教育研究》2014 年第 1 期。

（三）推进相关主体的协同以确保章程执行的有效性

第一，推动管办评三位一体协同机制的建立。一是教育主管部门要积极作出转变；二是高等学校领导要通过章程建立学校的权力协调机制，使政治权力、行政权力和学术权力能够协调工作，高效运转；三是引入第三方监督机制，形成全方位、多层次、立体化的监督体系。[①] 可以说，管办评三方主体的协同是高校章程执行与落实的稳定器。第二，促进校内外章程实施与监督机制的落实。从校内系统看，明确章程实施与监督的主体和形式，构建章程实施与监督的运行机制，如成立由学生代表、教师代表、行政职员代表等组成的大学章程建设监督委员会，具体负责章程执行的日常检查与监督工作；从校内外系统看，充分发挥教代会、学代会、新闻媒体、政府部门等多元主体的监督作用，同时将高校章程执行情况纳入学校工作考核范围，充分发挥高校的自我约束与自我管理的作用，对违反章程行为、章程落实不力的组织或个人予以相应的惩罚或处分。[②] 校内外双层监督是形成高校章程执行与落实自觉行为的重要保障。

第二节　分类视域下的我国高校人才培养制度

我国高校人才培养在众多学者的研究中往往被置于"模式"之下，一般认为，模式是解决某一类问题的方法论，即把解决某类问题的方法总结归纳到理论高度。它是从生产、生活经验中经过抽象和升华提炼出来的核心知识体系。根据诺思的理解，制度是社会的游戏规则，更规范的讲，它们是为人们的相互关系而人为设定的一些制约，即制度是实现某种功能和特定目标的社会组织乃至整个社会的一系列规范体系。一种制度可以由多种模式去实现，可以说，"模式"是在

① 陈立鹏、赵燕燕：《我国大学章程建设的环境阻力分析》，《高校教育管理》2014 年第 1 期。

② 刘强、王洪才：《程序正义在大学章程建设中的缺失与建构》，《山东高等教育》2016 年第 5 期。

"制度"框架内发挥作用。我国高校人才分类培养是高校人才培养的一种表现形式。目前，国内许多高校在探索人才分类培养模式，但对其制度的讨论相对较弱。那么，什么是高校人才分类培养制度、高校人才分类培养制度是如何生成的、其实现路径又是什么等问题需要进行探讨，以厘清高校人才分类培养的内在机理。

一 高校人才分类培养制度

"制度"有着丰富的内涵，政治学、社会学、经济学等学科对其有着各自不同的解释，甚至同一学科的不同学者也有不同的定义。但目前比较普遍的说法是"制度是一系列规范社会中人和组织的正式或非正式的行为准则或规则"，"制度是在一定时期和一定社会环境中人类行为的价值折射"①。高校人才分类培养制度是指高等学校从培养目标的多元化出发，对不同类型、不同特点、不同兴趣的学生进行差异化培养的一种规定或规划。具体包括宏观和微观两个方面：宏观方面主要体现在高等教育结构的分层上，"985 工程"高校、"211 工程"高校、一般本科院校、高职院校形成了我国高等教育金字塔，该金字塔将大众化的高等教育进行了初次的分类；微观方面是在各不同类型的高校内部采取的二次分类培养制度，如卓培班、基地班、书院等。本研究主要关注后者，即高校内部的人才分类培养制度。梳理我国本科高校的人才培养，几乎都可以找到分类培养的踪影，虽然大多仅仅只是培养目标分类的不同和实现模式的差异。可见，分类培养正成为影响和规范高校培养人才的一种行为准则，成为一种人才培养的制度，是当下人才培养理念的价值折射。与其它人才培养制度相比，分类培养制度有着自身的特点和内涵。

（一）聚焦人才培养目标

相比"学院制""导师制""学分制"这些众所周知的经典人才

---

① 林荣日：《制度变迁中的权力博弈——以转型期中国高等教育制度为研究重点》，复旦大学出版社 2007 年版，第 33 页。

培养制度，分类培养制度似乎显得有点"稚嫩"，但是人才培养制度并不是单一的某一种制度，而是涉及人才培养过程的一系列的制度链。如果说"学院制"是以基于高校人才培养组织管理的培养制度，"导师制""学分制"是基于高校人才培养教学管理的培养制度，那么"分类培养制度"则是基于高校人才培养目标的培养制度，即从"培养什么样的人才"出发，具化人才培养规则。

　　"培养什么样的人才"是高校人才培养最根本的问题，不仅涉及"社会需要什么样的人才"，也涉及"学生希望成为什么样的人才"。一方面，高校所培养的人与社会所需的人是否一致是衡量高校人才培养质量的重要标准之一，高校必须为社会提供服务以获得资源；另一方面，"随着后现代主义思潮的兴起，关注人的主体性，以人为本的大学理念再次回归到人们的视野中"①，学生的个性化发展和需求逐渐被高校所重视。多元化的理念、多样性的需求使得高校积极推行人才分类培养，从目标着手进行人才培养的顶层设计。

　　（二）重塑人才培养行为

　　放眼我国众多高校的人才培养活动，传统的"班级授课制""学年制""统一考试评价制度"依旧是高校人才培养的主流。学生的能力、个性、兴趣在学校同一化的"生产线"上一点点被打磨，直至其成为一个"标准产品"输入社会。这种工业生产线的培养方式无法适应社会需要，也无法满足学生个体发展需求，改变人才培养方式的现状变得迫切。制度的"规约"本质表明其对行为具有控制力量，面对人才培养这一具有系统性的教育活动，高校人才分类培养制度抓住人才培养活动的核心——培养目标，以一持万，带动其他培养环节进行逐渐变迁。"更为重要的是，制度在对行动产生禁止和制约作用的同时，也会对行动者及其活动产生支持和促进作用，因为制度可以为行动提供引导与资源"②，这就进一步保证了人才培养行为变革的可持续

---

　　①　胡建华等：《大学制度改革论》，南京师范大学出版社2006年版，第75页。
　　②　［美］W. 理查德·斯科特：《制度与组织——思想观念与物质利益》，姚伟、王黎芳译，中国人民大学出版社2010年版，第129页。

性。制度不断强化，人才培养行为得以重塑。

（三）建立基于差异的人才培养筛选机制

高等教育大众化最直接的体现是精英教育向大众教育的转变，虽然目前高等教育金字塔对学生进行了一定的筛选分类和相对应的培养，但高校同质化人才培养问题依旧存在。分类培养制度即为了解决高校普遍存在的个性化、差异化培养的缺乏，试图探究更微观范围的人才筛选和培养。加德纳的多元智能理论阐述了个体智力的多元化，现代社会需要各种人才，这就要求高等教育必须尊重个体的差异性，促进每个人各种智力的全面发展，让个性得到充分的发展和完善。当然，差异性不仅体现在学生个体上，还体现在学科专业领域上。不同学科专业要求培养的类型是不同的，比如马克思主义理论专业可能就更加侧重研究型人才而非其他类型人才的培养，而市场营销专业需要的是实践应用型人才而非研究型人才。分类培养制度立足个体差异和学科差异，通过制度机制解决高校内部的同质化培养，发挥人才筛选功能。

二 高校人才分类培养制度的生成机制

"制度为什么会发生？是如何发生的？要回答这些问题，就必须研究制度的各种产生和维持机制"[1]。制度生成机制大体包括合法性机制、强制性机制和竞争性机制。

（一）合法性机制

"合法性机制"是诱使或迫使组织采纳在外部环境中具有合法性的组织机构或做法的这样一种制度力量。[2] 分类培养制度是高校不断寻求和确保合法性采取的做法，以获得利益相关者认可，从而获得资源支持，维持其合法性地位。通常合法性机制可以分为外部合法性和内部合法性。

---

① ［美］W. 理查德·斯科特：《制度与组织——思想观念与物质利益》，姚伟、王黎芳译，中国人民大学出版社 2010 年版，第 134 页。

② 郭毅等：《管理学的批判力》，中国人民大学出版社 2006 年版，第 47 页。

1. 外部合法性：符合社会的需求与发展

布鲁贝克论述了两种高等教育哲学，即认识论和政治论。两者在不断的价值冲突中支撑着不同时期高等教育的合法性。而如今，作为早已摆脱"象牙塔"而处于社会中心地位的当代大学，无疑要符合国家和社会的需求与发展："如果大学拥有大量的为社会服务的知识，但是缺乏把这些知识用于实践的决心和责任感，那么公众就会认为大学是无用的，失去了存在的根据，因此就不会为大学提供经费了"①。作为直接为国家和社会提供人力资源的高校，人才培养的质量成为影响高校声誉甚至其合法性的一个重要因素，"高等教育的声誉和影响都应归功于为其买单的主流社会"②。处处体现着功能主义的现代社会，往往倾向于"从更广大的社会价值和目标来理解高等教育，以及从证明高等教育对社会创造财富所能产生的影响大小方面来评判其效益的趋势"。③ 而目前招工难与就业难的对立冲突反映出我国高校当下人才培养的不适应性，更直接体现出社会对于高校人才培养质量的疑虑和不满。虽然这种现象的发生有当代学生就业观的影响，但人才培养的同质化问题不得不为这样的结果"买单"。在高校面临合法性危机时，"对症下药"是其最直接最有效的生存之道。虽然现在还不能判断"分类培养制度"是否会成为一剂良药，但无疑是解决目前危机的"缓痛"之药。

2. 内部合法性：遵循大学内部规律

"只要高等教育仍然是正规的组织，它就是控制高深知识和方法的社会机构"④。自大学产生以来，处理各门高深知识是其主要任务。

---

① ［美］约翰·S.布鲁贝克：《高等教育哲学》，王承绪等译，浙江教育出版社2001年版，第22页。

② ［英］罗纳德·巴尼特：《高等教育理念》，蓝劲松主译，北京大学出版社2012年版，第9页。

③ ［英］罗纳德·巴尼特：《高等教育理念》，蓝劲松主译，北京大学出版社2012年版，第9页。

④ ［美］伯顿·R.克拉克：《高等教育系统——学术组织的跨国研究》，王承绪等译，杭州大学出版社1994年版，第11页。

近代高深知识具有更为广泛的含义，并呈现出"日益专门化、数量越来越多、知识密集性、知识广博性和自主性程度越来越高"的特点。①学科是高等教育系统内知识的单位，但随着知识特点的变化，学科再也不是中世纪大学纯粹的知识体系，新的学科不断出现，层出不穷。如伯顿·克拉克所言："当学科发展扩大到把汽车修理、发型技术、肚皮舞跳法也包括在内时，人们并不感到吃惊"②。基础性学科、应用型学科等不同的学科体系共同出现在大学成为其发展的必然。作为高等教育职能之一的人才培养，毫无疑问须遵循大学内部规律的发展，研究型、应用型等各类人才理应成为学科以及知识体系不断发展的产物。

（二）强制性机制

强制性机制，顾名思义即通过采取强制力的手段与措施产生的制度，更多体现的是国家政府的强制性意志，如组织必须遵守的法律、纲领性文件等。分类培养制度正是在这种强制性机制之下不断形成的。例如《国家中长期教育改革和发展纲要（2010—2020年）》指出，要"树立人人成才观念，面向全体学生，促进学生成长成才。树立多样化人才观念，尊重个人选择，鼓励个性发展，不拘一格培养人才……注重因材施教。关注学生不同特点和个性差异，发展每一个学生的优势潜能"。《教育部关于全面提高高等教育质量的若干意见》中也明确提出："要加大应用型、复合型、技能型人才培养力度；实施基础学科拔尖学生培养试验计划，建设一批国家青年英才培养基地，探索拔尖创新人才培养模式；实施卓越工程师、卓越农林人才、卓越法律人才等教育培养计划，实施卓越医生教育培养计划，实施卓越教师教育培养计划；提升高职学校服务产业发展能力，探索高端技能型人才系统培养模式。"这些相关规定反映出国家对人才分类培养的重视，希

---

① ［美］伯顿·R. 克拉克：《高等教育系统——学术组织的跨国研究》，王承绪等译，杭州大学出版社1994年版，第11页。

② ［美］伯顿·R. 克拉克：《高等教育新论——多学科的研究》，王承绪等译，浙江教育出版社2001年版，第112页。

望通过改变传统的同质化人才培养模式来提高人才培养质量，也是对高校人才培养的基本要求和价值导向。同时，也给高校分类培养制度的形成创造了良好的外部环境。

（三）竞争性机制

随着高等教育规模的扩展以及高等教育财政日益紧张，高等教育市场化理念正在为人们所接受。"高等教育市场是指以市场的方式配置高等教育资源，其基本特点是注重竞争，生产者和消费者之间存在的交换关系"[①]。在市场配置资源起决定性作用的现实背景下，积极参与竞争成为当今高校无法逃避的生存之道。克拉克（Burton R. Clark）将高等教育的市场分为消费者市场、劳动力市场和院校市场。[②] 消费者市场是人们用金钱交换所需要的物品和服务的场所，其中学生为接受高等教育而缴纳学费，就形成了一个消费者市场即学生市场。在高等教育大众化背景下学生用"脚"投票，高等学校已经在学生市场展开了激烈竞争，怎样才能满足消费者的需求是各高校不得不考虑的问题，分类培养制度正是这种消费者市场下的产物。劳动力市场是高校人才培养最终"产品"竞争的市场，如何获得高就业率赢得市场份额，直接关系到高校的利益与发展。不难看出，在竞争激烈的劳动力市场面前，实施人才分类培养制度对于高校具有重要的作用。

院校市场的竞争同样激烈，"院校市场是各院校彼此之间相互影响的场所"。高等教育的成本不断提高，而政府投入的相对比例却在下降，高校经费短缺成为共同难题，如何更多地争取资源自然成为高校决策者不得不面对的问题。近年来，我国为了提升高等教育的整体质量、建设高等教育强国，积极推动培养拔尖创新人才，并提出一系列的培养项目与计划。如教育部在 2009 年启动"基础学科拔尖学生培养试验计划"简称"珠峰计划"，这是为回应"钱学森之问"而出台的一项人才培养计划，旨在培养中国自己的学术大师。已经选择清华、

---

① 蒋凯：《高等教育市场及其形成的基础》，《高等教育研究》2012 年第 3 期。

② ［美］伯顿·R. 克拉克：《高等教育系统——学术组织的跨国研究》，王承绪等译，杭州大学出版社 1994 年版，第 16 页。

北大、复旦、浙大、南大、中科大等 20 所中国顶尖大学的数、理、化、信、生五个学科率先进行试点，力求在人才培养方面有所突破。还有"卓越人才"系列的培养计划——卓越工程师、卓越教师……面对这些丰富的资源，高校无疑竞相角逐，"卓越班""校长班"等相应人才培养组织形式在各高校普遍开花，它们希望培养出优秀人才从而获得更多的资源，并期望能够在同层次高校中脱颖而出，获得政府、社会以及消费者认可。这种院校之间的资源竞争进一步推动了我国高校人才分类培养制度不断完善。

综上所述，高校在应对政府社会对人才培养质量问责时，不断地寻求人才培养制度改革和突破，在培养理念的指引下，在政府保障机制和市场激励机制作用下，高校人才分类培养制度被广泛接受。高校逐渐对这种分类培养价值达成了共识并采纳这种制度（见图3—1）。

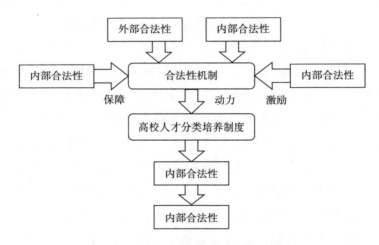

图3—1　高校人才分类培养制度生成模型

三　高校人才分类培养制度的实现路径

如果说生成机制是制度形成的齿轮，那么实现路径就是制度的落实与践行。制度是一种处理各种不确定关系的规则系统，说明其具有的是一种工具器物的属性，制度的实现需要主体的作为。随着社会的发展和大学理念的重构，我国高等教育的管理主体普遍呈现"去中心、自治和市场化"的特点，高等教育不再是唯一权力中心的权威管理，而是寻求政府、高校、市场的多元治理。在多主体的共同作用下，高校人才分类培养制度是通过政府、高校、市场三角各自发挥作用才得以实现的。

（一）政府以政策引导高校办学行为

与国家的政治体制相同，我国的高等教育管理体制是中央集权制，政府不仅是高等教育的主要投资者，而且是高等教育的办学者和直接管理者。在计划经济时代，政府拥有绝对的权威，这也体现在该时期的高等教育各项制度中，如"专才教育"等。随着社会发展，政府的"绝对影响"逐渐有所减弱，分权成为一种趋势。但是不可否认，"分权"是建立在国家允许和决定的前提之下，"国家对于大学还是有着严格的控制，并且当国家机构改变游戏规则时，学校也不得不接受。改变国家与大学之间的关系似乎依赖于国家的意愿"①。因此，政府对高等教育的现实实践和长远发展仍具有重大深远影响。政府通过政策文本及相关规章制度可以规范和引导大学的办学行为。前文所述的拔尖创新人才培养、卓越人才培养等相关政策出台，推动了高校办学实践转向，以满足国家对各类人才的需要。

（二）高校以需求改变培养人才方式

面对社会对人才的多样化需求和大学学科知识体系的迅速发展，"因需培养"是高校在高等教育改革时期必须要作出的抉择。我国《高等教育法》指出："高等学校应当面向社会，依法自主办学，实现民主管理。"政府所赋予高校的自主权给予了高校在人才培养上更多的可能性。高校应合理利用招生权、学科和专业设置与调整权、教学权等多项自主权，找准自身定位，在高等教育金字塔的相应层级上积极发挥自身特色和优势，在实践中探索完善人才分类培养机制，确立适合自身的分类培养制度。

---

① ［英］玛丽亨克尔、布瑞达里特：《国家、高等教育与市场》，谷贤林等译，教育科学出版社 2005 年版，第 58 页。

（三）市场以质量配置高等教育资源

在市场领域，竞争是一个行之有效的调控工具。提到竞争，或许"适者生存"这样的生物进化定律更能体现出其背后的本质。投射到高等教育市场上，谁能够满足市场需求，获得市场肯定，便可以获得其生存发展所需要的资源。"大学现在不是、过去也从来不是自我支持的机构"，资源对于高校而言，用"命脉"来形容一点也不过分。随着市场化的深入，原来用于生产和服务行业的"质量"这个概念自然被引入到高等教育领域内，成为衡量高校是否满足市场需求的标准。在高等教育的消费者市场、劳动力市场和院校市场中，学生根据高校人才培养的质量来决定是否就读，社会根据高校人才培养的质量决定"产品"的录用，而政府根据高校人才培养的质量决定资金的投入。基于此，市场通过质量进行资源配置，从而发挥其指挥棒的作用，引导高校人才培养行为。而高等教育消费者的需求是多样化的，市场以质量配置资源的方式无疑推动高校实施人才分类培养以满足不同需求。

四　结语

从上面的分析中，我们可以看出高校人才分类培养制度是在合法性机制、强制性机制、竞争性机制的相互作用下产生的。高校寻求自身合法性给分类培养制度的生成提供了动力，政府的强制性机制给分类培养制度创设了良好的外部生成环境，而市场化的各种资源竞争则为制度的生成提供了激励机制。

作为聚焦高校人才培养目标、重塑人才培养行为和立足差异化培养的人才培养制度，高校人才分类培养制度是"以人为本""因材施教"等理念的价值体现，同时，也是政府、市场、高校三大主体在高等教育改革步入深水区时期，其人才培养制度的新选择。在其实现路径上，应充分发挥多主体的作用：政府层面应加强政策引导，市场层面以质量配置资源，而高校自身则根据需求培养人才，最终保证高校人才分类培养制度的实现。

第三节　导师与研究生关系的博弈规则

"一个研究生教育的场所，最重要的是一个科研的场所"[①]，高校导师与研究生的关系，以科研为纽带，"科研使教授（导师）和学生（研究生）定向，把教学和学习合拢来成为促进知识的一个无缝的承诺之网，铸成了一个紧密的科研—教学—学习联结体"[②]。无论是科研、教学抑或学习，它们共同作用的对象是"高深学问"，即研究高深学问、授受高深学问与学习高深学问。然而"今天的高深学问在价值自由，即不受价值影响的客观性方面，已大不如前了，正在日甚一日地身不由己地卷入市场和政治舞台"[③]。在社会发展的外在力量的驱动下，高校已难觅"象牙塔"的踪迹，在高校教授们身上也难以寻见"超然物外"的学者特质。高校导师与研究生的关系，也不再是以洪堡初创柏林大学时所推崇的"纯粹科学的研究"为单一价值取向的关系，而是掺杂了市场、政治、学术等多元价值取向的复杂关系。这种多元价值取向的关系，使导师与研究生关系变得复杂，甚至出现了异化。如何理解和认识当下导生之间的关系？又如何克服被异化的导生关系以提高研究生培养质量？本研究以已有研究为基础，在博弈论视角下探讨高校导生关系。

一　导师与研究生关系研究述评

导师与研究生之间的关系，是研究生教育中最核心的关系，是导生在相互交往中产生的心理上的联系，它反映了导生心理上的距离及两者相互影响、相互作用的具体状态。人们从不同的视角对高校导生

---

① ［美］伯顿·R. 克拉克：《探究的场所——现代大学的科研和研究生教育》，王承绪译，浙江教育出版社 2001 年版，第 2 页。

② ［美］伯顿·R. 克拉克：《探究的场所——现代大学的科研和研究生教育》，王承绪译，浙江教育出版社 2001 年版，第 1 页。

③ ［美］约翰·S. 布鲁贝克：《高等教育哲学》，王承绪等译，浙江教育出版社 2001 年版，第 37 页。

关系进行了研究，有学者从人际交往的视角，根据导师与研究生交往的密切程度和影响程度，总结出权威型、和谐型、松散型、功利型及冷漠型五种导生关系①；从角色伦理的视角，将导生关系分为师徒关系、家长子女关系、普通师生关系、老板员工关系、朋友关系等②；从分工合作的角度，认为导生之间还穿插了课题组负责人和课题组成员之间的关系。③ 在导生关系研究方面，就笔者所及资料，目前在学界占主流的并被普遍认同的说法主要可以归为导学说、功利说、放羊说三种。

"导学说"。洪堡认为，师生之间传统的权威关系必须为不同认识水平的学生之间的非命令式的、自由的合作的观念所代替："大学教师不再只是教师，学生不再只是学习，而是学生自己进行科研，教师只指导和支持他的科研"④。在唐纳德·肯尼迪看来："当学生进入高年级，当学习场所从教室转到实验室、图书馆和办公室，师生关系变成为更单独更私人性时，教师的职责也从教学相应地转变为指导"⑤。目前学理界比较一致的观点认为"导学关系"是导生关系的核心，然而，在不同文化传统的国家，导学关系的表现形式不尽相同。在德国与英国表现为亲密的师徒关系，尤其是在英国，受"工业行会"传统的影响，导生关系中建立起一种"学徒的模式"，在这种模式中，"学生通过依附在工匠师傅，看着他或她工作，学习他们的学科是怎么回事，而不是通过标准化的程序接受训练"⑥。在美国，导生之间的导学关系更多地在"以科研为基础的工作关系"中展现出来，在这种关系

---

① 许克毅、叶城：《当代研究生透视》，陕西人民出版社 2002 年版，第 106—112 页。

② 蔡茂华：《大众化教育下研究生与导师关系的调查与分析》，《教育与职业》2013 年第 14 期。

③ 陈桂生：《导师与研究生关系的事态述评》，《江苏大学学报》2004 年第 3 期。

④ ［美］伯顿·R. 克拉克：《研究生教育的科学研究基础》，王承绪译，浙江教育出版社 2001 年版，第 6 页。

⑤ ［美］唐纳德·肯尼迪：《学术责任》，阎凤桥等译，新华出版社 2002 年版，第 119 页。

⑥ ［美］伯顿·克拉克：《探究的场所——现代大学的科研和研究生教育》，王承绪译，浙江教育出版社 2001 年版，第 92 页。

模式中，"教授的科研活动成为一种教学的模式，而学生的科研活动成为一种学习的模式"①。在我国，由于传统师道尊严与西方民主平等思想的交锋，导生之间的导学关系，既是师承关系、长晚辈关系，又带有平等关系的某些特质。

"功利说"。高等教育与市场的联姻，赋予了高等教育某种程度上的工具性及多元价值取向，使高校导师与研究生的关系也不可避免地沾染了功利性的色彩。唐纳德·肯尼迪认为："导师与研究生之间在分享共同旨趣和高度能力的同时，也面临各种各样的问题与困难——知识产权和作者名誉、身份上的冲突，在合作中的争吵，被剥削的感觉等"②。这些繁杂的问题与困难长期存在，无法克服使导生之间的交互关系趋于复杂而紧张，充斥着利益、冲突、竞争与合作，变得更加复杂。美国密西根大学前校长詹姆斯·杜德斯达也对充满功利性的导生关系进行了批判，他认为"有些教师采取的几乎是一种封建态度，把研究生首先看作是为他们科研项目工作的奴隶，而不是接受教育和攻读学位的学生"③。有学者认为带有功利性质的雇佣关系是导生导学关系异化、弱化的表现之一："在这种雇佣关系中，师生之间在与之相关的工作量、署名权和利益分配等方面往往容易产生矛盾和分歧"④。也有学者认为："由于市场经济的冲击，更多的导师直接参与高新产业的经济活动、自己开设公司，在这种功利风气影响下，有的导师更多地把研究生看作纯粹的科研劳动力甚至是实现自己某种目标或者商业利润的工具⑤。"

"放羊说"。从沟通互动的频率来看，人与人之间疏远、不频繁联

---

① ［美］伯顿·R. 克拉克：《探究的场所——现代大学的科研和研究生教育》，王承绪译，浙江教育出版社 2001 年版，第 183 页。

② ［美］唐纳德·肯尼迪：《学术责任》，阎凤桥等译，新华出版社 2002 年版，第 120 页。

③ ［美］詹姆斯·杜德斯达：《21 世纪的大学》，刘彤主译，北京大学出版社 2005 年版，第 78 页。

④ 许迈进、郑英蓓：《三重反思：重构研究生培养中的师生导学关系》，《教育发展研究》2007 年第 4 期。

⑤ 许克毅、叶城：《当代研究生透视》，陕西人民出版社 2002 年版，第 111 页。

系的关系状态可称为松散关系。松散关系下的导师对研究生的管理是一种漠然置之的"放羊型"的方式。伯顿·克拉克指出："社会科学的研究生可能有时有几个月和教授很少或者没有接触，论文科研可能在远地的图书馆或住处进行，也许偶尔有几章邮寄给教授，或者在一段长时间工作以后提交整个论文的文稿……这种没有很好组织的研究生科研模式，完成的时间要延长，退学和不可能完成也更有可能"①。亨利·罗索夫斯基告诫研究生应该非常慎重地去选择一位导师，并认为这是研究生应该作出的一个最重要的决定，他建议最好的选择是不要去找那些最走红的教授，放羊式的指导性质可能压倒其他一切的考虑。② 还有学者通过对研究生进行访谈发现，有41.1%的研究生认为自己与导师的关系属于"放羊型"关系。③ 而高校中相对能力较弱又缺乏关系的导师，课题和科研经费稀缺，成为高校中的"弱势群体"，这一类导师对研究生的管理因能力较弱及课题、经费支撑不足容易"放羊"④。

从以上三种观点可以看出，导生关系已不再只是传统的教与学或导与学的关系，而是富有多元价值取向的复杂关系。高等教育大众化及研究生扩招、研究生生均教育资源不足、网络时代的人际关系疏离、市场经济的负效应等一系列影响因素致使导师与研究生之间关系淡漠、情感缺失。同时，由于导师与研究生的利益诉求与价值目标不一致，存在导生之间的冲突与矛盾。然而，导生双方均是研究生教育收益的获得者，对于研究生教育收益的共同追求，又成为导生双方依存的基础。可见，导师与研究生之间，既有自身利益最大化的私人追求，又

① ［美］伯顿·R. 克拉克：《探究的场所——现代大学的科研和研究生教育》，王承绪译，浙江教育出版社2001年版，第169页。

② ［美］亨利·罗索夫斯基：《美国校园文化——学生·教授·管理》，谢宗仙、周灵芝、马宝兰译，山东人民出版社1996年版，第132—133页。

③ 吴露：《大众化教育背景下导师与研究生关系研究》，硕士学位论文，中南民族大学，2012年。

④ 林伟连、吴克象：《研究生教育中师生关系建设要突出"导学关系"》，《学位与研究生教育》2003年第5期。

有考虑对方利益的义务与责任，在利己与利他之间存在诸多冲突，从而使两者之间产生一种博弈关系。

二　导师与研究生博弈关系的探讨

（一）导生博弈关系的形成

博弈本质上是人类的决策选择，特别是人们相互之间存在互动关系、策略对抗情况下的决策选择。[①] 博弈论就是研究博弈者互动中的策略选择的理论。在一个双方或多方参与的博弈对局中，博弈者通过分析对手的策略同时变换自身的对抗策略来取得自身优势，从而获得更大收益。博弈者即在同一事件上的利益相关者，导师与研究生是研究生培养这一事件中的核心利益相关者，两者既居于包括高校、政府、企业、社会公益组织等众多利益相关者构成的多方博弈局势中，又因二者主体地位的特殊性而居于导生二人博弈对局之中。

表述导生博弈的基本要素有三个：一是局中人或参与人（导师—研究生）；二是导生双方可选择的行动或策略；三是双方每种行动或策略所获得的收益。局中人、策略和收益合起来称为博弈规则，导生双方依据博弈规则，试图作出使自己收益最大化的策略选择。

（二）导生博弈关系模型初探

局中人（参与人）：导师与研究生，分别以 S（Supervisor）和 P（Postgraduate）表示。

A. 策略集。导师的策略集用 S_S 表示，研究生的策略集用 S_P 表示。一般，$S_S = (S_{S1}, S_{S2})$，S_{S1} 表示导师选择合作的策略，S_{S2} 表示导师选择不合作的策略；$S_P = (S_{P1}, S_{P2})$，S_{P1} 表示研究生选择合作的策略，S_{P1} 表示研究生选择不合作的策略。

B. 收益。假设：导生双方有各自的私人成本：导师的私人成本为 a，研究生的私人成本为 b。当导师选择合作策略时，需付出私人成本 a，同时产生一个私人收益 a_1（只对自身有利）和一个公共收益 a_2

---

① 谢识予：《经济博弈论》，复旦大学出版社 2002 年版，第 372 页。

（对双方都有利）；当研究生选择合作策略时，需付出私人成本 b，同时产生一个私人收益 b_1 和一个公共收益 b_2。导生选择不合作策略时，既不需要付出成本，也无任何收益。那么将会出现以下四种情况：

（1）当导师选择 S_{S1}（合作），研究生选择 S_{P1}（合作）时，导生都付出各自的私人成本，并分别产生私人收益和公共收益。此种情况下，导师的最终收益 $a_1 + a_2 + b_2 - a$，研究生的最终收益为 $b_1 + b_2 + a_2 - b$。

（2）当导师选择 S_{S1}（合作），研究生选择 S_{P2}（不合作）时，导师付出私人成本 a，产生一个私人收益 a_1 与一个公共收益 a_2，同时获得一个公共收益 a，那么导师最终获得的私人收益为 $a - b$；研究生不合作，不付出私人成本，也不产生任何收益。此时，导师最终获得的收益为 $a_1 + a_2 - a$，研究生通过搭便车的方式获得收益 a_2。

（3）当导师选择 S_{S2}（不合作），研究生选择 S_{P1}（合作）时，研究生付出私人成本 b，产生一个私人收益 b_1 与一个公共收益 b_2；导师不合作，不付出私人成本，也不产生任何收益。此时，研究生最终获得的收益为 $b_1 + b_2 - b$；导师通过搭便车的方式获得收益 b_2。

（4）当导师选择 S_{S2}（不合作），研究生选择 S_{P2}（不合作）时，导生双方都既不付出私人成本，也无任何收益，均为0。

导师与研究生之间博弈的收益矩阵可如表3—1表示：

表3—1 导师与研究生博弈的收益矩阵

P / S	S_{P1}	S_{P2}
S_{S1}	$a_1 + a_2 + b_2 - a$, $b_1 + b_2 + a_2 - b$	$a_1 + a_2 - a$, a_2
S_{S2}	b_2, $b_1 + b_2 - b$	0, 0

分析表3—1的收益矩阵，我们可以看出，在不同条件下，导生双方的占优策略不同。

（1）对于导师而言，当满足 $a_1 + a_2 + b_2 - a > b_2$ 且 $a_1 + a_2 - a > 0$ 时，无论研究生选择合作或不合作策略，导师选择合作策略都能获得最大收益，此时合作是的占优策略，解不等式组得出 $a_1 + a_2 > a$。反之，当满足 $a_1 + a_2 + b_2 - a < b_2$ 且 $a_1 + a_2 - a < 0$ 时，无论研究生选择哪种策略，导师选择不合作策略都能获得最大收益，此时不合作是导师的占优策略，解不等式组得出 $a_1 + a_2 < a$。

（2）同理，对于研究生而言，当满足 $b_1 + b_2 > b$ 时，选择合作是研究生的占优策略。反之，当满足 $b_1 + b_2 < b$ 时，不合作是研究生的占优策略。

综上得出，对于导师和研究生个人来说，当自身合作产生的收益大于其付出的私人成本时，会选择合作；反之，当自身合作产生的收益小于其付出的私人成本时，则选择不合作。

三　基于博弈模型的导生策略分析

从上述导生关系博弈模型分析结果，我们可以看出，导生收益与成本的关系决定了两者的策略选择。那么，导生在现实交往中，成本—收益关系的影响因素有哪些？导生双方基于什么原因而作出不同的策略选择？通过对研究生部分导师的访谈调查发现，原因有多个层面，既受经济环境、文化价值因素的影响，又受导生个人因素的制约。基于导生博弈关系的四种策略组合，试作如下分析：

（一）导师—研究生（合作，合作）

导生双方的收益均大于成本时，双方会不约而同地作出合作的策略选择。互相合作使导生双方收益累加，从而产生叠加效应，也反过来促使双方作出合作策略选择，互相合作的导生关系是多维关系的共同建构与协调发展，其中任何一种单一关系的执拗发展都有可能导致导生关系异化。从传统意义上说，导师与研究生的关系是师徒关系；从教育制度来讲，是师生关系；从组织视角来看，是合作关系。高等教育发展至今，其专业化和世俗化并存已是不争的事实，导生之间的相互合作折射出高等教育工具理性与价值理性张力之间的平衡。导生观念中的功利性、实用性、价值性、理想性之间的妥协与成全使得导师与研究生之间相互尊重、相互认可、相互合作，形成良性互动的和谐导生关系。

（二）导师—研究生（合作，不合作）

当导师收益大于成本，研究生收益小于成本时，导师选择合作，研究生则选择不合作。研究生态度与能力两个方面构成影响研究生成本—收益关系的主要因素。造成研究生单方面不合作在于：第一，研究生读研动机不纯是研究生态度方面的问题，态度因素致使研究生不愿合作。如果把研究生的读研动机比作一架天平，那么一端是学术，另一端则是就业，研究生对学术的追求在市场经济负效应的影响下不断受到就业现实的冲击，学生的读研动机中愈发凸显的功利性因素不断给天平的就业一端增加砝码，使得读研动机的天平逐渐向就业取向一端倾斜。贴上高学历的标签被研究生视为好工作的"敲门砖"，因为学历受到当下社会主流的普遍重视，浮躁的社会风气将高学历与高素质画上等号。第二，专业素质不足是研究生能力方面的问题，能力因素导致研究生不能合作。招生规模的扩大致使研究生生源质量参差不齐，特别是一些盲目跨学科考研的学生，存在专业知识不系统、基础理论不扎实等问题，这种专业素质的先天不足使研究生在后期科研中困难重重，甚至步履维艰，造成研究生因客观上的能力不足而无法合作。

（三）导师—研究生（不合作，合作）

当导师收益小于成本，研究生收益大于成本时，导师选择不合作，研究生则选择合作。导师制度的纰漏与导师个人能力、态度上的问题影响了导师的成本—收益关系，致使导师单方面不合作。我国的研究生导师遴选制度带有一定的行政色彩，"导师"在一定程度上成为荣誉与地位的代言，正是这种"身份的象征"使学者们对导师头衔趋之若鹜。实际上，有些导师政务缠身，时间精力不够，根本无暇指导研究生；抑或有些导师确实学术能力不济，根本无法指导研究生；又或者有些导师只是追求一种"身份的象征"，根本无意指导研究生；再加上导师终身制一时还难以破解。所以，导师在其位却不履其责的还不少。如若研究生得不到导师的指导，学术上不得解惑、情感上不得关怀，长此以往，会逐渐减少研究生的收益，直至其收益小于成本，这时，研究生也将作出不合作的策略选择。

（四）导师—研究生（不合作，不合作）

当导生双方的收益均小于成本时，两者都会选择不合作。

价值观念不统一与经济利益相冲突严重影响双方成本—收益关系，是两者互相不合作的主要原因。第一，价值观念不统一。在家庭和社会的影响下，个人价值观从出生开始就逐步形成，且一旦确立，便具有相对稳定性。导师与研究生在时代背景、年龄、性格、教育经历、阅历等方面的差异致使两者在处理普遍性价值的问题上，观点、态度与立场无法达成共识，使导生无法互相认同，导致双方互不合作。第二，经济利益冲突。健康的导生关系应该是主体与主体间的关系，而经济利益的介入，使导生关系逐渐异化为主客体的二元对立关系，包括雇佣关系、金钱关系、命令关系等。特别是随着大学与企事业单位合作界限的模糊，导生之间关于经费分配、知识产权上的争执逐渐加剧，最终使双方陷入互不合作的紧张状态。

四　导师与研究生关系困境的突破

研究生教育是在和谐导生关系维系下，导生双方良性互动的活动过程。导师与研究生之间的关系陷入困境，对研究生培养工作的顺利开展带来极大的消极影响。因此，如何帮助导生关系走出困境、构建和谐导生关系是当下研究生教育所面临的重要课题。基于导生博弈关系分析，着重从三个维度提出导生关系走出困境的对策。

（一）导师：以非权力性影响力引导研究健康成长

端正研究生读研动机、鼓励研究生提升专业能力，从而引导研究生健康成长是改善研究生单方面不合作态度的关键。导师是研究生培养过程中的第一责任人，对研究生的影响举足轻重，特别是导师的非权力性影响力，相比制度导向的权力性影响力更为重要。正如雅斯贝尔斯所提及的，在学徒式的教育模式中，"师傅的人格以一种不可思议的力量对学徒施加着绝对的影响"①，导师自身人格魅力中的诸如价值观念、道德品质、学术修养、治学态度等因素都会对研究生产生隐性影响，这些因素都属于导师的非权力性影响力范畴。当下研究生求学动机的趋利性在一定程度上反映了研究生对学术精神的漠视与对学术价值观的游离，同时折射出研究生教育质量的式微与社会市场经济规范的缺失。因此，在导生交往中，导师要充分利用自身非权力性影响的作用。一方面，要矫正研究生的认识偏差，"有用性不是学生最大财富，有用性，即使是重要的话，也不过是一种副产品"②，学生真正的最大财富应是学术研究中思维品质的"训练"和"装备"，使研究生懂得"高学历与高素质之间的等号是要靠研究生在学术研究领域刻苦钻研来实现的"③，学术规训中研究生心智能力的培养与可迁移技能的训练才是研究生高素质的必要条件。另一方面，要鼓励研究生潜心学习，打牢理论基础，整合知识系统，提升专业素质；对于研究生的困惑，及时给予教育与引导，以培养研究生勤奋、坚韧、乐观、积极等学习与科研所需的良好品质。

（二）高校：以导师制度完善督促导师履行职责

制度抑制着人际交往中可能出现的任意行为和机会主义行为④，完善的研究生导师制度对于导师的不规范行为发挥重要的约束作用。导师单方面不合作的主要原因之一就在于制度问题，制度的纰漏与供给不足使一部分能力不足、态度不端的教师被纳入导师队伍。导师制度的缺失需从导师遴选和评价两个方面着手完善。第一，完善导师遴选制度，破除导师终身制。研究生导师队伍必须由一些最具责任心和

---

① ［德］卡尔·雅斯贝尔斯：《大学之理念》，邱立波译，上海人民出版社 2005 年版，第80 页。

② ［美］约翰·S. 布鲁贝克：《高等教育哲学》，王承绪等译，浙江教育出版社 2001 年版，第80—81 页。

③ 姚计海：《反思研究生培养：学术取向与就业取向》，《国家教育行政学院学报》2013 年第10 期。

④ 柯武刚、史漫飞：《制度经济学：社会秩序与公共政策》，韩朝华译，商务印书馆 2000 年版，第 32 页。

使命感的学者组成，这些学者必须真正对研究、教学及研究生指导工作有强烈的价值偏好，因此，导师遴选制度应突破现有体制藩篱，不应以职称为导师聘任的唯一标准，对于那些师德良好、科研突出的青年教师，也可以遴选为导师；对于那些身兼数职、"形同虚设"的导师则应按制度要求其退出导师队伍，使导师真正脱掉象征荣誉与身份的"外衣"，回归其只作为一种岗位的初衷。第二，完善导师评价制度，将导师的隐性投入纳入评价范围。导师教学与科研之外的成果，如对研究生的人文关怀、精神指引等隐性投入因无法量化而难以评估，所以，导师评价制度亟须将其列为考核评价范围。在评价导师显性成果的同时，更加注重隐性投入的评价。同时，给予研究生充分的发言权，将来自研究生的评价纳入导师评价制度：形式上采用谈话、问卷调查、意见信箱、网络监督等方式；内容上包括导教学、指导以及师生交流等方面。完善导师制度以提高对导师的监督与管理力度，督促导师认真履行自身职责，同时能增加导生双方的收益，促使导师由不合作转变为合作，激励研究生更加积极地合作，从而使异化了的导生关系得以真正回归。

（三）导生：以平等对话机制促进双方互信合作

导师和研究生之间应是一种"对话关系"（Dialogic Relationship），命令式教学关系和被动吸收知识这两种情形都无容身之地。[①] 导生之间要构建平等对话机制，扬弃"教师中心主义"和"学生中心主义"，形成彼此的对话意识。对话意识是导生双方在交往过程中自然形成的，本质上平等，导师享有导师的权威，学生同样享有学生的权利，而导师的权威在某种程度上是学生授予的。这就是说，尽管一个导师作为一个学者而言是某一专业领域的权威，如若得不到学生的认可，那么他也就谈不上拥有所谓"导师的权威"。而学生享有的权利中，既有学术自由的权利，也有对导师表示赞同或不赞同的权利。可见，和谐

---

① ［英］罗纳德·巴尼特：《高等教育理念》，蓝劲松主译，北京大学出版社 2012 年版，第 197—198 页。

的导生关系需要双方在平等对话的基础上，相互包容、尊重与合作。第一，在导生价值观不统一的情况下，双方要正确认识人们价值观念的多元性、差异性特征及其可能带来的积极影响。面对价值观上的差异，导生要充分尊重对方的个性及思想，学会互相包容、互相学习、换位思考。第二，在经济利益相冲突的局势中，导师要树立正确的学生观，研究生则应该树立正确的学习观，避免知识商品化造成导生间的教育主体与学习主体间的关系被扭曲成主客体的二元对立关系。导生双方"在知识中共在""在研究中共存"，在互信的基础上共同维系良好的导生学术共同体关系。因此，导生之间只有通过平等对话建立充分的信任，才能保证"合作"在导生博弈中同时成为双方的占优策略，使导生之间重构和谐导生关系。

第四节　大学组织评价体系的理性反思

一　背景与现实

2010 年，《国家中长期教育改革和发展规划纲要（2010—2020年）》提出开展特色评价、绩效评价和独立评价的要求，即克服高校同质化倾向，"形成各自的办学理念和风格，在不同层次、不同领域办出特色"，"改进管理模式，引入竞争机制，实行绩效评估，进行动态管理"，"鼓励专门机构和社会中介机构对高校办学水平和质量进行评估"。特色评价、绩效评价、独立评价的三维度导向，为高校评价体系改革提供了基本思路。

2015 年，国务院发布的"双一流"建设总体方案强调构建完善中国特色的世界一流大学和一流学科评价体系来激发高校办学动力与活力。2017 年，教育部等部门发布的"双一流"建设实施办法提出，确定"双一流"建设高校的认定标准，既要坚持中国特色，又要借鉴国际评价经验。同年，中办、国办印发的《关于深化教育体制机制改革的意见》提出建立"立体式"教育质量监测评估体系，健全第三方评价机制。政府相关政策文件的出台，为实践者结合实际设计高校评价体系奠定了重要基础。

　　"双一流"建设背景下高校评价体系的建立与完善，被置于政府实施管办评分离的制度要求、社会各界对于高等教育质量的利益诉求、高校自身发展的价值追求"三合一"的现实处境之中。探索高等教育利益相关者利益诉求的契合点、政府提高高等教育质量的发力点、高校追求自身发展的着力点，是高校评价体系构建的根本目的。这在实质上要解决的是高校人才培养与社会需求之间的契合度、科学研究在世界范围内的领先度、社会服务在社会发展中的贡献度、文化传承创新的影响度等关键性问题。在高质量发展的新时代要求之下，重新评估我国高校评价体系存在的问题并提出新的构建思路具有重要的现实意义。

二　基于文献的问题审视

　　高校评价体系的价值何在？2006 年第 2 届大学排名国际专家组会议提出"高等教育机构排名的柏林原则"：排名既为不同利益相关者提供选择需要，也可为政府、认证和评价机构有关评估工作提供补充。[①] 评价活动首先是源于社会公众对大学了解的需要，源于社会监督的需要，进而言之成为教育管理部门的管理依据。[②] 万冬根认为，高校评价体系的意义在于为高考考生提供了解高校实力水平的一个量化依据、为高校发展提供一个标尺。[③] 这些判断和认识，总体上反映出高校评价体系满足"公共利益需求"的价值取向，但我国高校评价体系中存在着评价主体单一、评价标准缺乏弹性以及评价指标的重学术倾向等问题[④]；教书育人功能的评价突出得不够。[⑤] 综合相关研究文

---

① 高飞、汪群龙：《高等教育排名：比较与趋势》，《高教探索》2012 年第 5 期。

② 邱均平、赵蓉英、殷之明：《"大学诊断"的理论与实践》，《评价与管理》2005 年第 1 期。

③ 万冬根：《当前高校评价体系分析与研究》，《高等教育研究学报》2006 年第 4 期。

④ 张文晋、张彦通：《高校评价体系对行业特色型大学发展的影响及对策》，《江苏高教》2010 年第 6 期。

⑤ 陈宝泉：《高校评价体系应突出育人功能》，《中国教育报》2009 年 5 月 30 日第 3 版。

献，我国高校评价体系的主要问题表现为客体被主体忽略、目的被方法代替、内涵被外延置换等。

（一）客体被主体忽略

评价首先是一种价值判断，并在此基础上构建人的价值观。在评价活动中，评价者与被评价者之间的互动、沟通与交流应当被置于重要地位。评价的主客体之间的价值认同是评价活动的前提和基础。对于高等教育而言，评价活动中主客体之间互动的缺失主要表现为：

首先，评价样式无法反映人的价值诉求。有研究者认为，评价样式的不足主要体现为：一是对高等教育本质和规律认识和把握不足；二是评价标准无法得到各利益相关者的认同。[1] 更为重要的是，学生作为重要主体，应参加到评价过程中，"但实际操作中大部分却被隔离在评价体系之外"[2]。在现实中，高校教学督导对教师的评价具有硬约束作用（许多高校作出了一票否决的规定），而学生对教师的评价却因受到多方面的制约并未产生多大影响。

其次，强行政评价难以彰显高校个性。在我国传统教育管理体制中，评价成为教育行政机构实施管理控制的工具。[3] 因此，"行政主导的一体评审、评价标准缺乏分类指导、缺乏长效机制的突击应付"[4]，如果高校仅仅迎合行政主管部门的评估，势必导致对高等教育发展多样化要求的忽略，还会抑制高校的个性发展。[5] 典型的如本科教学工作水平评估，尽管有所改进，"评价标准化"依然存在，对高校特色的反映并不充分。

---

① 周廷勇、李庆丰：《高等教育评价的价值问题探究》，《国家教育行政学院学报》2011 年第 2 期。

② 苏昕、侯鹏生：《高等教育评价体系的结构多元化和价值冲突》，《教育研究》2009 年第 10 期。

③ 沈玉顺：《高等教育评价方法技术的误用、滥用及其矫正》，《复旦教育论坛》2010 年第 5 期。

④ 李芳、袁连生：《高校问责制的国际比较及对我国高校评价模式改革的启示》，《湖南师范大学教育科学学报》2013 年第 4 期。

⑤ 贺祖斌：《高等教育大众化与质量保障：高等学校教学质量保障体系的建构与实践》，广西师范大学出版社 2004 年版，第 145 页。

（二）目的被方法代替

方法具有工具性特点，它以实现目的为基本准则；为了实现某种目的，工具的选择以适用、有效为前提。张红伟等认为，我国高等教育评估存在"工具理性驱逐价值理性""鉴定功能排斥其他功能"和"评估手段置换评估目的"三大陷阱，需要"重视高等教育评估的特殊性""正视不同评估的效用"和"回归评估是手段而不是目的"[1]。方法与目的的倒置主要表现为鉴定性评价的限制、量化评价方法的限度和形成性评价的限阈。

一是鉴定性评价的限制。有研究者认为，我国高校评价传统上以测量、描述为主的鉴定性评价，它通过不同的观测点或指标的确认与判断，抽离了高校所依存的社会情境。[2] 从具体情景中提取出来的指标，经过评价者的现场考察并用一种"规范"语言进行描述形成的判断，本身已经远离事实，因为任何评价者都处于"信息不完备"之中，也就难逃西蒙的"有限理性"之眼，因此，其鉴定结果无法达至评价目的。

二是量化评价方法的限度。量化评价方法是以结果为导向的评价，即按照事先预设的教育计划、方案或活动，事后对其最终结果进行的评价，以评估其总体效益，并作出"优劣"之分，价值"高低"之判断。[3] 这种评价方法无疑方便管理者的管理，但高等教育的丰富价值难以用抽象的数字来精确表达。[4] 所以，量化评价只能在局部范围内使用，如果将其用于高等教育的整体性评价，必将误导高等教育活动本身。

三是形成性评价的限阈。形成性评价的目的是增进高等教育价值，

---

① 张红伟、章建石：《透视高等教育评估"热"》，《大学·研究与评价》2007年第6期。

② 罗燕：《中国高校评价的制度分析——兼论"双一流"建设高校评价》，《清华大学教育研究》2017年第6期。

③ 沈玉顺：《高等教育评价方法技术的误用、滥用及其矫正》，《复旦教育论坛》2010年第5期。

④ 沈玉顺：《高等教育评价方法技术的误用、滥用及其矫正》，《复旦教育论坛》2010年第5期。

主要通过教育活动相关信息的收集、整理与分析来发现问题并提出建议，调整事先预定的计划、方案或项目等。在形成性评价中，对评价对象打分或进行优劣分等排队并非必须，有时甚至可能是有悖评价目的。① 因此，人们更加重视表现性评价，因为它更能反映实践的真实状态，并以此弥补形成性评价运用不当造成的损失。

鉴定性评价、量化评价和形成性评价是人们在实践中探索形成的评价方法，它们对于改进高等教育活动、增进高等教育质量具有一定的作用，并在实践中得到广泛应用。但它们均有自己的使用范围和条件，如果不准确把握这些评价方法的优势与不足，方法与目的的倒置将会使大学组织等相关主体的行为选择发生偏离。人们对于高校评价的质疑，源于管理者、评价者的"排队评价""数值评价"和"优劣评价"等外在目的，由此，高校会通过夸大事实、包装结果、游说政府、与评价方合谋等方式争取"好的评价"，这与高等教育高质量发展目标相去甚远。

（三）内涵被外延置换

促进大学履行组织职能并彰显其理性价值、文化个性显然是对大学进行评价的重要内容。但看似合理的量化评价，事实上"不符合完整的大学理性和中庸之道"②。大学组织在科学主义评价的裹挟下，其文化存在被遮蔽、象征价值被悬置。

一是大学组织的文化存在被遮蔽。在"重科研轻教学的大学分类定位问题、评价的逻辑起点及资料来源的科学性问题、指标体系及权重设定仅能反映数量而难以反映质量"的影响下，大学热衷于排名、升格、专业扩张、硕博点增设等，误解科学评价的内涵，引发人们对大学组织文化缺失的担忧。关于大学发展合理性、有效性和责任性的评价，有研究者认为，好的大学评价既要符合大学未来发展的需要，

① 沈玉顺：《高等教育评价方法技术的误用、滥用及其矫正》，《复旦教育论坛》2010 年第 5 期。

② 任增元：《量化评价、知识生产与理性大学的追寻——兼评〈大学理性研究〉》，《清华大学教育研究》2014 年第 4 期。

更应尊重不同文化背景中的大学历史与内涵，充分彰显大学组织的文化存在的属性。[①] 作为一种文化存在的大学组织，文化元素是其内生"基因"。政府、社会与家庭对大学的重视和崇敬，是因为大学组织具有社会精神灯塔指引的重要价值。

二是大学组织的象征价值被悬置。大学组织的象征价值往往以一种抽象的符号资本来体现，根据布尔迪厄的认识，符号资本可以被理解为得到社会认可的，能生产、再生产和长期积累的荣誉、声名、精神、特殊性或神圣性等以符号化方式存在的稀缺性资源。[②] 对于高校而言，符号资本具有象征性，它能提升一所高校的认可度和可信度。在布尔迪厄的四大资本（经济资本、社会资本、文化资本和符号资本）中，最具转换能力的资本就是符号资本。[③] 在以追求数字优势为目标的评价过程中，人们忽略了"可感受、可理解、可欣赏"等维度，使得大学所累积的声誉、历史、文化和精神等符号资本被悬置。符号资本在高校评价中的缺位会给人们的判断带来偏差。求学者选择一所高校就读，更多倾心于其象征价值。

从问题的检视看，我国高校评价体系缺陷的根源在于：第一，评价范式落后。高校评价体系涉及理论基础、基本要素、价值取向、现实背景等诸方面，一个有效的评价体系应是在全景式、多维度综合考量基础上，形成事实依据、价值判断与工具选择的有机整体。因此，转换评价范式是我国高校评价体系重建之要。第二，理论准备不足。高校评价体系相关理论源于实践又高于实践，其价值和意义在于理性指导实践，它要解决"谁评价、评价什么、如何评价"的合理性、合目的性和合规律性问题；在多元主体、多种类型、多维价值诉求的背景下，理论体系的建立健全是我国高校评价体系重建之基。第三，现实观照欠缺。高校评价体系落实在操作层面，关键是在价值判断和事

---

① 廖敏、黄仕军：《国内外大学评价的文化个性比较》，《评价与管理》2010 年第 4 期。

② 王屯、闫广芬：《符号资本在大学社会评价中的作用》，《理工高教研究》2010 年第 2 期。

③ 侯钧生：《西方社会学理论教程》，南开大学出版社 2001 年版，第 363 页。

实判断的基础上，形成不同利益相关者满意的评价结果，从而为他们作出合理选择提供指导，以追求高等教育活动的增值效应。我国高校评价中的"计件"量化指标"一刀切"明显难以显示其客观性，因此，观照现实是我国高校评价体系重建之需。

基于上述分析和高校组织价值与功能的特殊性，我们认为，高校评价体系是建立在公共价值理念之上，以增值论、利益相关者理论、博弈论、治理理论等为基础，制定评价规则、建立评价指标、规范评价流程，管办评各主体有效参与对高校组织的教学、科研、社会服务、文化传承创新等进行历时与共时、价值与事实、定性与定量的综合考量，促进高校内涵式发展的有机整体。

三　高校评价体系重构设想

高校评价体系如何重构？见仁见智。在评价理念上，阎光才认为，双一流建设成效在评价理念上至少应坚持服务国家实效与贡献。① 黄宝印等人提出要构建学科评价体系的中国标准、建立评估方法的中国模式和评估结果发布的中国方式。② 在评价指标上，史静寰认为可通过设计"基于高等教育综合功能的多维、多层评价指标体系"，并从院校"人才培养指数""学术生产指数""社会贡献指数""院校发展指数"等维度改进高校评价体系。③ 罗燕提出"实现高校分类评价、提炼关键性综合指标、在评价模式上逐步实现鉴定性评价与建构性评价模式的融合"的"双一流"高校评价改进思路。④ 在评价方法上，黄岚认为，教育评价的价值取向趋于相互借鉴以不断完善评价路径；投入、产出、效益相结合的综合评估思想逐渐显现；以关键指标评价

① 黄宝印、林梦泉、任超等：《努力构建中国特色国际影响的学科评估体系》，《中国高等教育》2018 年第 1 期。

② 阎光才：《"双一流"建设愿景与突破》，《探索与争鸣》2018 年第 2 期。

③ 史静寰：《"形"与"神"：兼谈中国特色世界一流大学建设之路》，《中国高教研究》2018 年第 3 期。

④ 罗燕：《中国高校评价的制度分析——兼论"双一流"建设高校评价》，《清华大学教育研究》2017 年第 6 期。

大学发展特色，应结合教育诉求和文化背景进行。①

基于上述认识，我们认为，"双一流"建设背景下我国高校评价体系构建应在宏观的范式转换、中观的理论重构、微观的实践关注等三个层面着力。

（一）范式转换

一是建立基于公共价值理论的评价视角。首先，以公共价值治理理论作为指导，将公共价值的实现作为最高目标。政府无论采取何种形式获取（举办、购买等）高等教育，都应当在效率与公平之间寻求平衡点，而不是以效率作为唯一准则和终极目标；政府作为公共价值实现的代理人，伍德罗·威尔逊（Woodrow Wilson）从公共行政学的视角认为，政府是否"通过适当和成功的方式并以尽可能高的效率和尽可能少的成本"来履行其代理人职责，是评价其工作质量的依据。②"适当与成功"、"效率与成本"本身包含公平与效率兼顾的价值取向，政府的首要职责是保证公共价值的实现。其次，将新公共管理的治理理念、制度、机制融入高校评价体系之中。管理范式转向治理范式，更加注重多元性、开放性、回应性，在管、办、评三方主体之间建立起对话沟通的平等互动机制，使"评"成为管理主体和办学主体各自规范行为的基本依据。

二是确立管办评各主体的角色定位。第一，政府应充当公共价值保护者。公共治理蕴含公共利益至上的基本理念，政府应以价值理性与工具理性、公平政府与效益效率的平衡为治理基础，理顺体制机制，确保公共利益最大化。第二，高校应充分发挥其公益性组织的功能。高校应以立德树人、追求学术自由、建好社会精神灯塔为价值旨归，办有特色、有品位的一流大学、一流学科。第三，评价机构应助推公共价值的实现。作为助力"双一流"建设的第三方评价者，应定位于非营利机构，其使命在于根据政府政策导向，引导、监督高校推进

①　黄岚：《国内外大学评价体系的发展比较与演进方向探析——第三方评价的视角》，《南京理工大学学报》（社会科学版）2016 年第 2 期。

②　俞晓波：《探寻公共治理中的价值旨归》，《社会科学报》2017 年 8 月 10 日第 3 版。

"双一流"建设。

三是形成基于公共利益的评价方法。第一，政府弱化对高校评价方式的干预将会降低高校对政府的依赖，阻止高校通过寻租的方式获得资源，同时也将促使高校利用评价结果走特色发展之路。第二，高校本身提供的是一种公共服务，"合身"的评价方法不仅能激发高校办学的积极性，也会使教育的公益性得到充分体现。第三，评价机构作为非营利组织，在评价方法设计上须坚持遵守公共价值，避开与被评价者的"合谋"所造成"评价失灵"，回归评价的本质。第四，其他利益相关者参与高校评价具有离散性，而且倾向于认可"权威"发布的信息，尽管事实上存在信息不对称，但也应理性判断各种评价方法和结果，履行维护公共利益之责。

四是培育公共精神的评价导向机制。首先，现代公共治理范式重在考察公共管理者行为与公共治理目标的一致性，但现代社会信息的共享性导致公私领域之间界限的模糊，加剧了公共行政人员公共角色与其公民角色的冲突，与此相关的潜在利益和责任容易干扰客观决策。所以，应当引导公共行政人员公共角色与公民角色的分离。其次，公共生活中的公共治理等同于政府行政的看法往往会限制社会公众参与公共事务的机会；在公共精神的引领下，公共领域中的人更能发挥批判和监督功能，进而倡导公利而非私利。基于上述两点认识，高校评价体系的构建需要分离相关公共管理的"公"与"私"的角色，并倡导公利优先。

宏观层面范式转换的目的在于通过评价视角、管办评主体角色、评价方法、评价导向的重新定位，改变传统高校评价体系中通过评价来"排队"、显示"数值"长处、判断"优劣"等工具性价值取向，确立高校评价的公共价值理念，形成公共利益优先的评价共识。政府应在范式转换中起主要作用；其他各相关利益方也需要转变观念，将群体利益、个体利益设定在合理范围内。

（二）理论重构

一是基本概念的新时代阐释。高校评价体系的基本概念包括高校评价本质、理念、价值与标准等。高校评价本质是高校评价体系重构的逻辑起点，我们需要进一步厘清其基本要素及要素之间的内在逻辑关系。基于治理视角的价值协商观，以互动、交流与沟通为基本方式的高校评价理念的建立，有助于解决高校评价涉及的相关利益群体的多元诉求。高校本身是具有公共价值的机构，以"公共利益"为根本的高校评价价值取向是重新厘清评价中各种关系的前提。"双一流"建设须有标准，但标准容易陷入用一把尺子测量不同目标定位高校的矛盾之中，所以，如何使不同机构和群体共同参与标准制定十分重要。

二是理论分析框架的重新建立。在"双一流"背景下，高校实施管办评分离制度的根本目的是办人民满意的高等教育，但就目前现状来看，分离机制并未彰显其优势。在"管的主体"上，政府各部门管理不到位或管控越位时有发生。在"办的主体"上，办学自主权没有真正落实到位。在"评的主体"上，第三方评价者的目的、动机明显受市场利益驱动，在一定程度上其评价的结果不能完全令人满意。管办评三方处于隔离状态，难以形成有效的合作机制。从历史与现实的角度，我们认为，以权力博弈论、公共价值治理论、利益相关者理论、场域论为基础，构建"双一流"背景下高校评价体系的理论分析框架将有助于对评价本身的客观认识。

三是生成机理的历时共时判断。由于高校不具备办学资源的自身再生能力，资源依附性特点使其在很大程度上会通过"合理"的方式获取资源。一般来说，办学中竞争性资源主要通过评价来获取。所以，无论外部评价主体是谁，或者无论是哪类评价，高校都将会以评价指标、评价结果作为办学行为的重要参考。从生成与发展的角度看，高校评价体系有一个从无到有、从局部到整体、从简单到复杂的过程，我们应从更长的历史镜头和更宽的现实视域中发现其生成机理，以更好引导当下高校评价体系的公共价值取向并预测其未来变化趋势。

中观层面理论重构的价值在于通过理性反思高校评价体系的既有问题，同时吸收中外评价先进经验，确认评价活动的理论基础，建立基于利益相关者利益平衡的价值协商评价观、高校增值的发展评价观。

这就需要政府合理引导、高校认同、社会评价价值观的转变，从而形成和谐共生的高校评价生态环境。

（三）实践关注

一是体系样态的梳理。高校评价本质上是一种管理手段，各国都有自己的高校评价体系，然而其成熟度、认同度、可行性等方面均存在差异，有值得借鉴之处。首先，从世界范围内来看，我们需要对行之有效的高校评价体系予以系统考察，运用比较研究法、历史分析法、个案分析法予以总结和提炼，发现高校评价体系特点，从而为构建具有促进"双一流"建设的中国特色高校评价体系提供参考与借鉴。其次，由于高等教育发展历史的不同、社会制度与环境的差异，世界各国高校评价体系各有千秋。这就需要从现实的维度考察发达国家高校评价体系的典型样态，把准其结构组成、制度环境、实施条件等，这将有助于推动我国高校评价体系的健全与完善。

二是体系图谱的勾勒。评价体系改革的目的是使"双一流"建设有成效，但由于第三方评价者本身就是高等教育发展到一定阶段的衍生物，可以说它是市场条件下生成的一类机构，难免会发生作为办学者的高校与第三方评价者的共谋从而使双方获利的行为。我们应根据高校评价的特点，借鉴不同国家或地区高校评价体系，细化高校评价体系的不同划分维度及其内容，并根据不同高校评价体系样态形成"高校评价体系图谱"，便于我们清晰认识到在什么条件下选择什么样的高校评价体系，防止评价被异化。

三是建构与运用本土模型。高校评价体系模型的本土建构着力点在于高校评价体系相关的权力主体之间的博弈、公共价值治理主体的行为选择、相关利益群体的利益诉求。首先，探索模型变量。评价体系应以理论基础、基本要素、现实背景等为基础，并由此形成合理有效的框架，便于从宏观上把握高校评价的各个方面，从微观上引导高校正确认识评价。其次，增强制度供给能力。从政府、高校两个方面完善评价体系的制度设计，厘清各自的权责利，促使评价方服务于政府对高等教育的决策与监管、高校发展。最后，提高运行成效。评价方通过科学合理的指标体系设计，形成值得采信的评价结果，这里涉及评价方法与技术、评价工具与策略。

　　微观层面实践关注的现实意义在于以多样性、丰富性、复杂性的具体实践为出发点，对长时段的历史变迁和现时段的实践样态、价值判断和事实判断、客观的定性描述与科学的定量计算予以综合考虑，建立适合我国高校"双一流"建设目标的高校评价体系图谱；坚持对被评价者的压力与能力平衡、激励与问责并行原则。政府一方面应加强顶层设计、完善相关规则体系和评价流程；另一方面应倡导局部实践探索并将成功经验上升到制度层面，在方法和技术上形成中国特色的高校评价体系。

第 四 章

大学组织绩效管理
制度设计要素

大学绩效管理制度设计的主体、依据与方法是大学绩效管理制度设计的三个重要问题。其中，主体要素回答谁来设计制度以及制度涉及谁的问题；依据要素回答大学绩效管理制度设计的基本逻辑问题；方法要素回答如何设计制度的问题，即制度设计的方法选择问题。大学绩效管理制度设计的主体、依据与方法对制度是否具有合理性、制度是否能够顺利执行以及将会带来什么样的制度效果具有决定性的影响。

第一节 制度设计主体的考察

大学绩效管理制度设计的主体问题是设计制度前首先要探讨的问题。大学绩效管理制度设计的主体包括绩效管理制度设计者以及制度所关涉的其他利益主体。大学绩效管理制度设计者的确定及其在制度设计中对相关者利益之间关系的处理与利益平衡问题的考量，对后续制度设计依据与设计方法的选择具有重要意义。

一 利益相关者视角下的制度设计主体

谁是大学绩效管理制度设计的主体？在回答这个问题之前，首先要思考：谁会关心大学的绩效管理制度将设计成什么样、包括哪些内容以及如何进行设计？他们为什么会关心这些？不难看出，这些"谁"所指的人、群体或组织与大学绩效之间存在密切的关系。他们之所以关心这些问题，是因为大学绩效的高低关系着他们的切身利益。那么，大学绩效的高低到底关乎谁的利益？如今的大学已远离"象牙塔"时代，步入"多元巨型大学"时代，大学愈加需要依靠外部的资助以支持其日益增多的开支，"一张庞大而复杂的关系网"把大学与其他外部组织连接得日趋紧密，使大学成为一个典型的利益相关者组织，大学取得怎样的绩效关系到所有利益相关者的利益。

"利益相关者"源于西方关于公司治理及企业社会责任的经济学理论，美国哈佛文理学院前院长亨利·罗索夫斯基较早提出大学利益相关者的理念，他在《美国校园文化——学生·教授·管理》中指出，有许多声称"拥有"大学的人，如教师、学生、行政主管人员、董事、校友、捐赠者、政府以及普通民众等众多群体，他们贴着各种特殊利益的标签[①]，不同群体的利益诉求不尽相同。大学利益相关者理论在此基础上不断丰富发展，前后历经了大学利益相关者"影响管理"到"参与管理"再到"共同治理"的发展阶段。大学绩效管理作为利益相关者"共同治理"时代的综合产物，其管理主体涉及众多利益相关者，每个利益相关者直接或间接地从大学绩效的提高中获益。大学绩效管理的利益相关者具有多元性与层次性特征，正如罗索夫斯基根据利益相关者与大学之间关系的重要性程度不同，将其划分为大学的"拥有者"与"部分拥有者"一样[②]，根据利益相关者在大学绩效管理中所扮演的角色和产生影响的程度不同，可将其划分为重要利益相关者和一般利益相关者（见表4—1）。

---

① ［美］亨利·罗索夫斯基：《美国校园文化——学生·教授·管理》，谢宗仙、周灵芝、马宝兰译，山东人民出版社1996年版，第222页。

② ［美］亨利·罗索夫斯基：《美国校园文化——学生·教授·管理》，谢宗仙、周灵芝、马宝兰译，山东人民出版社1996年版，第5—7页。

表 4—1　　　　　　　　　　**大学利益相关者划分**

重要利益相关者	一般利益相关者
政府	学生
大学管理者	校友
教师	捐赠者
—	企业
—	社区、媒体、社会公众等

　　第一，教师、大学管理者、政府对大学绩效产生影响的重要性程度较高，他们直接参与或影响大学的绩效管理活动，为重要利益相关者。早在中世纪的巴黎大学，教师是大学的主人，虽然今天教师的角色兼具雇员与主人的双重身份，但这并不意味着教师的主体地位应该受到威胁。在绩效管理方式下，大学组织仍然是"知识的生产者、批发商和零售商"①，掌握着"知识生产工具"的教师仍然应该拥有主体的话语权，同时"由于学术生产的专业性，没有教师的参与，大学管理者和行政人员未必能够正确评估教师绩效"②。教师话语权缺失及绩效不被正确评估的可能性将会抑制教师付出努力，为大学绩效管理带来运行上的阻滞及整体绩效降低的风险。大学管理者作为大学内部管理政策的制定者、执行者及管理活动过程的主导者，其主体地位的重要性，无论在传统管理还是绩效管理制度设计中，都一以贯之地被默认。政府虽然不处于大学内部，与大学的关系却极为密切，政府的主体地位主要通过对大学进行法令控制、财政支撑以及绩效问责等方式来实现。政府要求大学提高绩效，要求提供的资源能得到高效利用，同时要求大学最大限度地向社会提供服务。

　　第二，学生、校友、捐赠者、企业、社区、媒体以及社会公众等

---

　　①　［美］约翰·S. 布鲁贝克：《高等教育哲学》，王承绪等译，浙江教育出版社 2001 年版，第 18 页。

　　②　［德］尤塔·默沙伊恩：《大学治理与教师参与决策》，魏进平、马永良等译，知识产权出版社 2013 年版，第 41 页。

利益相关者是大学绩效管理的一般主体，他们对大学绩效管理的影响程度不及重要主体。学生的管理主体地位最早可追溯到中世纪意大利的博洛尼亚大学（又称"学生大学"），主要通过学生行会组织——同乡会来实现学生自治，学生有权决定教授选聘、学费定价、授课时间等诸多管理事务。在当下，虽不至于像博洛尼亚大学那样给予学生绝对的自治权，但仍然应该重视学生的利益诉求，特别是在推崇公共服务理念的绩效管理模式下，学生作为高等教育的消费者，有权对购买的"产品"作出评价。校友通常将自己视为大学的终身成员，主要通过校友会对大学的管理活动施加影响；捐赠者通过捐赠为大学提供重要教育经费来源，并间接参与大学管理活动；高等教育发展的市场趋势使大学的发展与企业休戚相关，企业主要通过校企合作途径对大学的绩效提出一定的要求。无论是通过经费等资源支持还是其他途径参与大学管理，尽管对大学的影响方式和程度不同，这些利益主体却具有共同的特征，即都希望能从大学的绩效提升中获得收益，如校友希望从大学的声望中获益，赞助者希望从合作项目的成果转化中获益。一般主体对大学绩效管理的影响虽不及重要主体，但作为高等教育的监督者与外部支持者，其主体利益诉求也应在大学绩效管理制度设计中加以体现。

二　利益相关者价值诉求及其委托代理关系分析

现代市场经济理论认为，凡是存在分权与授权的组织，其内部都存在委托代理关系。学术生产的专业化本质以及学术生产过程中教师的高度自主性、学术成员工作的稳定性使大学具备了高度分权和授权的特征[①]，大学中的利益相关者，既有办学者，又有需要服务的对象，它涉及多重委托代理关系，因此运用委托代理理论作为理论框架能够更好地解释与分析大学绩效管理各利益相关者之间的关系，以之为大

---

① ［德］尤塔·默沙伊恩：《大学治理与教师参与决策》，魏进平、马永良等译，知识产权出版社 2013 年版，第 25 页。

学绩效管理制度设计提供思路。

委托代理关系是在特定情况下形成的，从不同的角度看，任何大学绩效管理的利益相关者都有可能是委托人或代理人，因此大学绩效管理利益相关者之间存在着多种委托代理关系：其中，社区、媒体以及社会公众等与大学之间存在一种委托代理关系，大学在设计大学绩效管理的相关制度时须考虑社区、媒体及社会公众的利益；学生、家长作为高等教育的消费者与大学建立委托代理关系；另外，在政府、大学管理者（大学）、教师之间还存在着两种委托代理关系。大学绩效管理各利益相关者间的委托代理关系，如图4—1所示。

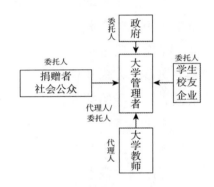

图4—1 大学绩效管理利益相关者间的委托代理关系

大学绩效管理制度设计的重要利益相关者相较一般利益相关者而言，其间的委托代理关系及代理问题能够对大学的绩效管理制度设计产生决定性的影响，鉴于此，本研究着重分析大学绩效管理制度设计重要（核心）利益相关者中的"政府—大学管理者"与"大学管理者—教师"两种委托代理关系。

（一）政府—大学管理者

现代企业中产权与经营权的分离导致了重大的公司治理问题，公司的产权所有者委托经理人来经营企业，然而经理人作为代理人，其个人动机与委托人的利益截然不同。在政府与大学管理者之间，委托代理问题也同样存在。政府将大学的日常管理授权给大学管理者，使大学管理者在大学内部管理中具有了一定的制度制定权及决策权，在两者之间形成了一种委托代理关系。在政府与大学管理者之间形成的委托代理关系中，政府是委托人，大学管理者为代理人，政府期望利用最少的教育资源获得大学的最高绩效，而大学管理者则希望通过最低成本获得政府的最大利益补偿，两者之间由此引发了代理问题。一方面，大学管理者努力产出的结果表现在大学绩效的提升上，而大学的绩效难以测评，因为大学的两个产品——教育与科研——很难被评估，因为它们既不能完全通过投入因素来测量（教授数量、电脑及书本数量等），也不能通过产出因素来评定（教学时间、授予学位数量、发表论文数等）①，因此，大学管理者的努力并不一定能够获得最好的结果，即使他们塑造了最好的大学声望却不一定能在政府的绩效评估中获得最高的分数，也不一定能够获取最多的资源。因此，大学管理者可能更加倾向于寻求自身利益的最大化而非严格按照政府利益行事。另一方面，由于政府无法直接观察到大学管理者所有的行为，更多时候，测评大学及大学管理者的绩效主要依靠大学自己提供的相关信息，这也使两者之间的代理问题更加复杂化。

（二）大学管理者—教师

大学管理者与教师之间，也是一种典型的委托代理关系。大学管理者作为委托人，通过聘任教师使其通过从事知识的生产与传播来实现大学目标，教师作为代理人，通过在大学工作获得物质利益、实现人生价值。大学管理者不像营利性企业的股东那样具有剩余价值索取权，大学的人力资源具有从事学术职业的特殊性，使大学管理者与大学教师之间的委托代理关系的分析与代理问题的解决不能完全照搬企业委托代理理论的经验，而是要以遵循高等教育发展的内在逻辑为基本前提。大学管理者与教师委托代理关系的特点主要表现在以下两个方面：

其一，大学管理具有多重委托代理关系，社会公众作为初始委托

---

① ［德］尤塔·默沙伊恩：《大学治理与教师参与决策》，魏进平、马永良等译，知识产权出版社 2013 年版，第 24 页。

人无法直接监督教师的行动，而是通过与政府、大学管理者之间的多重委托代理关系实现对大学教师活动的监督、管理。从社会公众、政府、大学管理者到大学教师，冗长的代理链降低了监督效率，同时大学管理者的代理人身份诱发其机会主义行为的发生，加之大学管理者并非大学剩余价值的索取人，作为中间委托人，大学管理者只拥有大学的管理权而不拥有大学的实际产权，因而他们与大学教师之间没有最直接的利益关系，以上种种，既增加了大学管理者与教师之间的代理成本，又弱化了监督效果。

其二，大学教师的劳动具有多重任务性特征，且劳动过程、产品质量、生产周期具有特殊性。首先，大学教师具有教学、科研、服务等多重任务，他们的学术生产过程是在多任务的环境下进行的，任务的多重性与可替代性增加了监督工作的成本与复杂程度，同时，大学难以控制教师多重任务完成的比例，因为大学几乎无法设计出一种能够对教师的任务偏好进行有效干涉的制度。其次，大学教师的劳动过程很难控制，"即使通过不断地监督也很难确认教师的努力水平，因为教师在凝望窗外时可能是偷懒，也可能是在思考"。① 再次，大学管理者通过定期考核教师的成果来判定教师的产品质量，但考核具有时限性，而好的研究成果往往不是一两年或三五年就可以完成的，其真实价值也往往需要更长时间才能够鉴别或证明，同时人才培养的绩效也具有时滞性，也不是通过毕业生数量、就业率等就可以简单判别的。

三 代理问题对大学绩效管理制度设计的影响

大学管理者②在进行制度设计时，要综合向上、向下以及横向三个方向的考虑。向上考虑，是指在设计制度时要考虑政府及政府出台的大学绩效管理的相关政策规定；向下考虑，是指制度设计者要考虑

---

① ［德］尤塔·默沙伊恩：《大学治理与教师参与决策》，魏进平、马永良等译，知识产权出版社 2013 年版，第 33 页。

② 大学绩效管理制度一般由大学的领导层主导，鉴于此，如无特殊说明，本研究所出现的大学领导层、大学管理者都是指同一个群体，他们代表的是大学的整体利益。

制度实施的具体对象的诉求，即大学的教师及普通管理、服务与保障人员；横向的考虑是指制度设计者还要考虑到学生（家长）、校友、捐赠者、企业、社区、媒体、其他赞助者以及社会公众等利益相关者的诉求。毫无疑问，大学组织利益相关者之间的多重委托代理关系及其所产生的代理问题加剧了大学绩效管理制度设计的难度。

首先，在制度设计开始之前，制度设计者需要对政府的相关政策规定进行解读与分析。由于大学与政府之间的信息不对称与利益上的冲突，使两者之间产生了代理问题，大学管理者在设计制度时，很可能为了维护自身的利益，秉承"对政策最低限度遵守"的原则，即在不违反政策规定的情况下，最大限度地谋取自身的利益。这样的制度设计虽然没有违反政府的政策规定，但与政府作为委托人所希望获得的最大利益之间形成差距。由于政府政策并没有对人才培养、科研或专业项目的绩效产出比例作出严格规定（实际上，作出任何具体规定都极为困难，甚至不可能），因此只要大学整体绩效得以提升，偏重任何一个方面都不算违反政策。基于此，大学可能已经偏离了政府的希冀，如大学人才培养质量下降、科研原始创新缺乏、服务社会动力不足等，但这些问题却被大学整体绩效持续提升的表象所遮蔽。

其次，在绩效管理制度设计过程中，大学管理者可能广泛征求大学教师的意见，这种向下征求意见的方式仅出于一种形式化的考虑，抑或就连这种出于形式化的流程都可能被简化甚至忽略。然而，不可否认的是，无论大学绩效制度设计过程中是否有大学教师的参与，大学教师与大学管理者之间的代理问题都会对制度设计产生消极的影响。第一，当大学教师参与大学绩效管理制度设计时，制度设计就可视为作为代理人的大学教师与作为委托人的大学管理者反复博弈的过程。由于代理人掌握更多的私人信息，他们会想方设法抑制"棘轮效应"①

---

① 在委托代理关系中，委托人往往存在这样一种倾向：试图根据代理人过去的业绩建议一个评价标准，代理人越努力，好业绩出现的可能性就越大，评价标准的设置也就越高；当代理人觉察到他的努力将提高评价的标准时，他努力的积极性就会下降，这种评价标准随代理人业绩上升而上升的趋势被称为"棘轮效应"。

的出现，他们可能会利用事前信息不对称做出败德行为，通过隐藏自己实际的绩效能力以使绩效指标降低，或者采取其他隐藏行动使制度设计向着有利于自己而不利于委托人利益的方向发展。第二，在大学教师不参与大学绩效管理制度设计情况下，教师作为代理人会利用事后信息不对称而作出逆向选择。代理人的逆向选择行为主要表现为利用制度的漏洞而谋取私人利益，如大学教师可能会出于个人利益或喜好而特别偏重科研或教学，更有甚者干脆偷懒搭团队的便车。由于大学管理者意识到代理人逆向选择行为的潜在性，在设计制度前需要对代理人可能作出的逆向选择作出种种预测，并尽量做到在制度设计中加以规避，这在无形中增加了制度设计的成本。

　　最后，大学管理者在设计大学的绩效管理制度时还要考虑到学生（家长）、校友、捐赠者、企业、社区、媒体、其他赞助者以及社会公众等其他外部利益相关者的利益诉求。与上面两种代理关系相比，大学管理者与大学外部利益相关者形成的委托代理关系的特别之处在于，大学管理者的角色同时扮演代理人与制度设计者，这种情况下的代理问题对制度设计产生更为特别的影响。关于大学管理者在进行大学绩效管理制度设计时是否会考虑外部利益相关者利益诉求的情况显然只有两种：是或否。前者情况下的制度设计包含大学管理者与外部利益相关者重复博弈的过程，但由于代理人不但掌握足够的私人信息，并且自己设计制度，他们不可能使自身利益受损。当双方利益产生冲突时，出于理性的选择，最终只能以牺牲外部利益相关者的利益作为代价。后者情况下，大学管理者完全不考虑外部利益相关者的利益而设计出的制度含有一系列看不见的短板，在实施过程中必然会遭遇种种障碍、引发管理危机甚至无法继续实施，制度设计者只能再次对制度进行折中性的修改，不但增加了制度设计的成本，还浪费了宝贵的时间资源。

　　大学作为一种典型的利益相关者组织，其高度分权与授权的特征使利益相关者之间存在多重委托—代理关系，利益相关者之间的代理问题对大学绩效管理及其制度设计带来了消极的影响，因此，如何把握利益相关者之间的多重委托代理关系、处理绩效管理中利益相关者间的利益冲突是大学提升绩效管理制度设计能力的一个突破口。

第二节　制度设计依据的探寻

大学在其内部实施绩效管理，一方面是为遵循政府及外部要求，另一方面更是为了满足提升大学自身绩效的内在需求，而大学提升绩效的目的则是为获得良好声誉以及获取更多的教育资源以使大学能够更好地发展。大学在制定内部绩效管理制度之前，需要了解外部对大学整体绩效的具体评价要求，根据外部要求制定具体的发展战略及绩效目标，再将目标层层分解至二级学院、具体部门直至个人层面。基于此，本部分从外部评价、战略选择、资源配置、个体特性四个层面来分析大学绩效管理制度设计的依据。

一　大学整体绩效：来自外部组织的评价

伴随着经济的发展及高等教育规模的扩张，特别是随着高等教育进入大众化阶段，人们越来越关注高等教育质量问题。新公共管理理论要求增加公共部门运行的透明度及健全公共部门问责机制，然而，对于作为公共部门重要组成部分的大学组织，如何了解其运行信息及发展情况，对大学进行评价是一条极为重要的途径。大学评价不仅反映了大学的绩效情况，还反映了大学自身的影响力，促进了大学之间的相互竞争。1983 年始，全球著名新闻周刊《美国新闻与世界报道》发布世界第一个大学排行榜，拉开大学评价的序幕，世界各国的大学评价机构逐步涌现，直至今天仍然层出不穷。

大学评价的机构既有国家教育行政组织机构也有民间第三方组织机构，在我国，大家较为熟知且认可的有中央教育科学研究院、中国管理科学研究院、武汉大学中国科学评价研究中心（RCCSE）、中国校友会网大学研究团队、中国网大公司等。虽然不同机构对大学进行评价的具体指标有所差异，但大致上都认同人才培养、科学研究以及社会服务是评价大学产出的重要指标，基本符合当下社会对大学组织的要求。

　　大学人才培养从办学指导思想（包括学校目标定位、办学思路）和办学条件（教师队伍、教学条件与利用、教学建设与改革），到教学管理、学风（教师风范和学生学习风气），直到教学效果和办学特色，反映了大学人才培养活动的全过程，也构成了评价大学人才培养绩效的主要内容。大学从诞生之日起就是"培养人智慧的机构"，人才培养是大学唯一的一个"先天性的职能"。正如纽曼所言，大学的存在是为了"传播和推广知识"，他辩称，"如果大学的目的是为了科学和哲学发现，我不明白为什么大学应该拥有学生"①。大学的根本任务和首要职责在于培养人才，其他一切的考虑都应服务于顺利实现人才培养的最终目标。② 人才培养在高等教育中占有核心地位，《高等教育法》明确规定："高等教育的任务是培养具有社会责任感、创新精神和实践能力的高级专门人才，发展科学技术文化，促进社会主义现代化建设"③，"高等学校的教师、管理人员和教学辅助人员及其他专业技术人员，应当以教学和培养人才为中心做好本职工作"④。因此，大学人才培养水平是考察大学整体绩效水平的核心内容。

　　大学的科学研究已经从象牙塔里的纯粹的、自由探索的科学研究转变为外部组织（特别是政府部门）参与下的效用导向与市场需求导向的科学研究。在政府对大学的绩效评价中，科研指标占较大比例，政府对大学的科研绩效进行评价并依此作为政府拨款的重要依据，这种政策的设计淡化了科研的高深知识属性，过分强化了科学研究的工具属性。为通过竞争获得更多的外部经费，应用研究被大学置于优先考虑的地位，因为这些科研成果具有潜在的商业效用和应用价值，与此同时，基础研究陷入边缘化境地。以绩效为依据的市场化的资源配置政策"有

---

　　① ［英］约翰·亨利·纽曼：《大学的理想（节本）》，徐辉、顾建新、何曙荣译，浙江教育出版社2001年版，第1页。

　　② 刘姗、胡仁东：《对我国高校绩效管理的反思》，《教育探索》2015年第10期。

　　③ 参见《中华人民共和国高等教育法》（2015年12月修订），第五条。

　　④ 参见《中华人民共和国高等教育法》（2015年12月修订），第五十二条。

利于促进科研资源的合理、高效配置和综合利用并最大限度地提高其利用率和增值效益，有利于给大学和科研人员带来创新动力和发展活力"①，同时，"市场化的资源配置政策在以市场为导向进行科研资源配置时更看重科研的经济价值，导致急功近利科研行为的出现，导致真正决定国家科技竞争力的基础性研究和自主创新被忽略"②。

大学是人类社会发展到一定阶段的产物，"一定阶段"意味着除去人类自身对自我延续的需要外，大学的产生要求有独立于人类意愿的物质、文化等客观资源的准备和支撑③，大学若要在社会历史的长河中长久存在下去，就必须为自身的存在挣得一个合理的理由，而服务于孕育它的社会就是大学存在价值最好的明证。在当前效率至上的社会环境影响下，政府等外部组织对大学的社会服务绩效当然也提出了要求，如中央教育科学研究院设置的大学绩效评价指标，就将 16 项产出指标的最后两项设为大学服务社会的指标，分别是"技术转让当年实际收入金额""专利出售当年实际收入金额"。大学的技术转让与专利出售通常以校企合作的方式来实现，确实为大学带来了一些积极作用，如"改善仪器设备、为才智出众的学生增加奖学金名额、帮助青年研究人员更快地启动研究项目、教师有机会更频繁地与有科研兴趣的公司交流、补充教师收入等"④；然而与此同时，更增添了大学的工具主义色彩。

二 大学层面：战略目标选择与定位

大学组织内部的绩效管理制度设计应该是从设定一个正确的组织战略目标开始的。大学的战略目标是大学在一定的时期内执行其愿景

① 李志峰、高慧：《后学院科学时代大学科学研究的政策选择》，《中国高教研究》2014 年第 8 期。

② 李志峰、高慧：《后学院科学时代大学科学研究的政策选择》，《中国高教研究》2014 年第 8 期。

③ 张兰兰：《从象牙塔到服务站——基于大学社会服务性历史演变的思考》，《当代教育科学》2010 年第 23 期。

④ ［美］德里克·博克：《走出象牙塔——现代大学的社会责任》，徐小洲、陈军译，浙江教育出版社 2001 年版，第 21 页。

和使命时所预期达到的成果，它预示着学校的发展方向，并将大学的办学理念与指导思想具体化为可操作的内容。大学战略目标的制定实际就是大学定位的过程，大学应该各居其位，凸显自身办学特色，因为"每一种类型、层次的大学，都有它各自的'生态位'，跃位、错位都不利于高等教育系统的稳定和发展，无序的竞争只能破坏高等教育生态系统，而不是促进其发展"①。

　　大学的定位包括学校类型、办学特色、学科布局以及人才培养类型的定位等内容。其一，大学类型包括类和型两个标准，"类"反映大学的学科特点，按教育部对学科门类的划分，现有知识体系被划分为综合类、文理类、理科类、文科类、理学类、工学类、农学类、医学类、法学类、文学类、管理类、体育类、艺术类13类。"型"表现大学的科研规模，按科研规模的大小，现有大学分为研究型、研究教学型、教学研究型、教学型4型。每所大学的类型由上述类和型两部分组成，类在前型在后。② 例如：按各学科门类，北京大学属于综合类，按科研规模，该大学又属于研究型，故北京大学的类型是综合类研究型，简称综合研究型大学。将大学的13类与4型进行组合，可以得到52种大学类型，在如此繁多的大学种类中，大学如何找准自己的位置不是一项简单的工作，但这项工作却又十分关键，因为大学的发展目标与一切内部管理规章制度（包括绩效管理制度在内）的设计都要依托于大学准确定位的基础之上。其二，大学在办学过程中，既需要遵循高等教育规律，同时也需要根据自身的资源、地域、文化、信息等优势创办自身的办学特色。办学特色是学校在长期教育实践中形成的独特的、优质的、稳定的教育风貌③，办学特色的形成过程是大学办学的主张与社会需求相适应的过程，也是大学优势由潜在转向显在的过程。把握自身特色是大学定位的关键，也是提升大学绩效与市场竞争力的重要表现，我国大学本科教学水平评估体系的一级指标之

---

① 胡仁东：《大学定位研究述评》，《中国高教研究》2006 年第 8 期。
② 武书连：《再探大学分类》，《中国高等教育评估》2002 年第 4 期。
③ 王宗敏：《对办学特色几个基本问题的理论思考》，《中国教育学刊》1995 年第 1 期。

中就设有"教学效果与特色"指标，足以显示"大学特色"在大学发展中的地位。其三，大学学科设置的科学性与合理性也对大学的绩效产生重要影响，大学学科的设置与调整需要根据高等教育多元化局势下社会各界对高等教育人才培养类型的个性化需求，需以大学的办学特色与个性发展为重要突破口，求精求专，而不是求多求全，否则将很难达到外部对高等教育资源利用的绩效要求。

三　学院层面：内部资源配置的审视

大学结构从横向上可划分为党群组织、行政组织、学术组织，纵向上则由校、院二级管理结构组成。校院二级管理是指大学按照一定的目标和原则，整合、优化学校教育教学资源，形成学校和学院两个管理层级，通过学校分权和管理重心下移，转变学校部门的管理职能，明确学校和学院的职责和权限，形成学校宏观决策、部门协调配合、学院实体运行的管理模式。① 大学资源的管理效能与大学管理的体制及运行机制有关，校院二级管理体制改革以大学组织变革为基础，调整后的学院在权力分布、人员构成、特别是资源配置方面都与改革之前有很大的不同。

大学对学院实施绩效管理，以考核结果作为学院之间资源分配的重要依据，以期提高学院对资源的管理、配置绩效，保证资源利用的合理性与结果产出的有效性。大学的绩效管理制度规定了学院之间的资源配置规则，如果在制度执行中遭遇因资源配置失衡造成的各种问题，则容易形成一系列的连锁反应，会反过来继续影响大学绩效管理的制度设计。例如，一些大学对二级学院的绩效考核实际上并不算严格意义上的绩效考核，只是将资源使用绩效作为教学工作、学生工作、学科建设、师资队伍建设、科研工作、成果转化等考核指标中的一项，而这些指标中的大部分是绝对产出指标，不能真正反映出学院的真实

---

① 都光珍：《高校校院两级管理体制改革的对策思考》，《国家教育行政学院学报》2011 年第 12 期。

绩效，因而出现资源配置中的"马太效应"。一方面，某些学院的考核排名越低，资源获取就越少，资源获取越少，进一步创造出高产出的可能性就越小，从而陷入恶性循环，最终影响了这些学院的信心与积极性，使其成为大学"绩效木桶"中的短板，拉低了整个大学的绩效水平；另一方面，一些学院的资源却可以不断地"自然获得"，大学的资源最终聚集到这些"强势学院"。资源配置的失衡严重危及"弱势学院"的发展甚至生存，易引发诸多学校内部矛盾，使制度设计者不得不重新审视现有大学绩效管理制度对二级学院资源配置的公平与效率问题，然后针对这些问题对制度进行修改与调整。但这个过程不是一蹴而就的，很可能要历经长时间的制度博弈，造成大学内部物质及能量的互相抑制、抵消，使大学功能失调甚至陷入混乱与无序的境地，最终的结果也必然是降低大学组织的绩效。

四　个体层面：基于大学学术职业特性的分析

"具有'以学术为生，以学术为业，学术的存在和发展使从业者得以生存和发展'特征的职业，为学术职业"[①]，它以高深知识为基础，围绕教学、科研、社会服务展开活动，伯顿·克拉克将之称为学术部落和学术领地的集合。鲍德里奇在《决策与有效领导》中对学术职业的特性进行了论述，他认为学术职业所从事的是一种专门化的学术活动，高度专门化的人支配着学术工作，这些专门化的人员具有一个重要特征：要求工作上的自主和不受监督；对学科的忠诚高于对所在组织的忠诚；在组织内部专业人员的价值标准与官僚主义的种种期待之间存在尖锐的矛盾，这常常加剧专业人员与管理者之间的冲突；专业人员要求同行评价他们的工作，拒绝非同行管理者的评价，同时高等学校的专业人员又被分割为各个专业领域，没有哪一个专业领域的人员能够占有支配地位。[②]

---

① 沈红：《论学术职业的独特性》，《北京大学教育评论》2011年第3期。
② 周光礼：《委托—代理视野中的学术职业管理——中国大学教师聘任制改革的理论依据与制度设计》，《现代大学教育》2009年第2期。

大学中的学术职业以学科为基础划分单位，而大学的学科具有高度分裂的专业化特性，每个学科都有自己的知识体系和范畴，这些学科中的每个从事学术职业的个体，也都有自己独特的思想和偏好。在美国，关于大学管理有一个众所周知的说法：管理由思想独立的大学教师所组成的机构就好似"牧猫"①，充分形容出大学学术职业者的多元化特性。那么，对这些多元个体实施绩效管理，到底应该采用什么样的理念与方式？采用定性管理还是定量管理？实施人本管理还是科学管理？这些问题成了影响当前大学绩效管理制度设计的重要因素。

定性，即对事物进行质的描述；定量，即对事物进行数的表达。定性管理和定量管理主要表现在对绩效考核评估指标的设定上。有人批驳当前绩效指标设计上存在的重数量轻质量现象，认为大学绩效管理应尊重学术生产规律，推崇定性管理方式；有人指责当前绩效指标存在重定性轻定量倾向，易导致考核时产生简便性有余、客观性不足问题，提倡定量管理方式，认为制定客观、清晰的量化考评标准更有利于实现管理的公平与效率；鉴于定性与定量管理各有侧重，也有人主张在管理方式的选择上应涵盖定性与定量。

人本管理主张以人的发展为本位，科学管理主张程序化、规范化与模式化的集合。人本管理主张大学绩效管理要充分尊重个体差异性、人性及人的行为发展规律，科学管理则坚称大学绩效管理必须有严格的刚性标准以保证程序的顺利开展，担心柔性管理会遗漏一些松散的空间，被那些习惯搭便车的懒散员工利用。然而，大学内部管理在顺应绩效管理潮流的同时，也必须尊重大学的目标与规律，正如苏珊尼·洛曼所言："有一点我们必须谨记，大学的首要目标不是去避免向那些什么都不做的教师支付薪水。大学的首要目标是使高深专业化成为可能，而高深知识专业化正是出现在学者拥有属于自己的、无人

---

① 猫这种动物生性机敏灵捷、灵巧疾行，秉性高傲而独立。"牧猫"是相对"牧羊"而言，企业家如同牧羊人，带领的是一个守纪律、"逐草而行"的团队，而大学管理者则是牧猫人，带领的是一个各有目标、东奔西跑的聪明的"散兵"。

监督和无需激励的松散空间之时"①。大学的绩效管理需要科学的管理，但不能衍生出高度异化的压力，同时也必须守持人性化与弹性化，"应当为有趣的探究和随意的发现保留一些自由开放的空间"②。

虽然，制度是组织得以运行的规则，但无论制度由谁设计、秉承什么原则、依托何种依据、使用何种方法，它始终都要围绕人来设计，大学的绩效管理制度也主要是围绕着大学教师进行设计的。基于前文大学教师"制度人"的假设，大学教师认同制度的合法性，愿意接受大学制度的规约，他们具有"制度人"的特征：首先，作为大学绩效管理制度设计的重要主体，大学教师参与设计制度，并根据政策、环境的变化与自身绩效的变化而提出进一步修正、完善制度的诉求，同时，大学教师又要受到绩效管理制度的规范与约束，追求制度效应使他们努力提升自身绩效能力；其次，大学教师的绩效行为方式容易受到大学惯例的影响，他们遵循正式制度的安排，也对潜在的非正式制度作出反应，大学近千年孜孜不倦探求高深知识与追求真理的传统成为大学的符号与标志，这种符号与标志使大学教师在接受新的管理方式时产生某种路径依赖。再次，大学教师有自己独特的偏好与禀赋，绩效管理制度需通过恰当的激励与约束来影响大学教师内心真正的需求与欲望，进而引导大学教师的行为选择。

第三节　制度设计方法的考证

"如何设计制度"既涉及方法论，也指向具体的方法选择。本部分着重考察理性主义思想和价值协商论在大学组织绩效管理制度设计中的运用，为制度设计方法选择奠定基础。

---

① ［美］罗纳德·G. 埃伦伯格：《美国的大学治理》，沈文钦、张婷姝、杨晓芳译，北京大学出版社 2010 年版，第 68 页。

② ［美］罗纳德·G. 埃伦伯格：《美国的大学治理》，沈文钦、张婷姝、杨晓芳译，北京大学出版社 2010 年版，第 68 页。

一　理性主义及其对绩效管理制度设计的影响

从古希腊到现代，理性主义有着悠久的历史，并一度成为人类精神的主宰："理性主义对现代科学管理发生的最直接的影响源于文艺复兴运动对中世纪宗教蒙昧主义的批判和对理性、推理、科学的推崇与倡导，以及由这种推崇与倡导衍生的科学主义文化。"[①] 理性主义影响下的管理科学理论，如泰勒的科学管理理论、法约尔的行政管理原理以及韦伯的科层制理论，都是以科学与效率为核心，认为人是追求最大经济效益的理性动物，可以用技术的标准方式加以控制。美国管理学家马克斯·阿伯特提出韦伯的科层理论同样适用于大学组织，自此，理性主义的管理理论在大学组织管理中逐渐受到重视。理性主义管理理论最重要的两个特性也被引入大学的管理实践——科层制的管理结构与管理的科学技术，科层制的管理结构使大学的管理权力集中在高级管理层，管理的科学技术使大学的管理充斥高度的工具理性与技术理性。

基于理性主义思想来设计大学的绩效管理制度，实际上就是要设计一种能够带来大学办学效益最大化的管理制度。这种设计假设制度设计者是理性的，他们了解大学员工与其他利益相关者的价值偏好并确定指标权重，假设大学员工及其他利益相关者的利益和价值偏好与大学组织是一致的，而大学组织的利益目标也是单一、明确、绝对的，大学管理层能够据此选择达到组织最大利益目标的、最优的绩效管理制度方案。

事实证明，基于理性主义方法所设计的绩效管理制度确实增加了人员产出的可度量性，激发了大学人的积极性，在一定程度上也确实提升了大学组织的管理效率。而与此同时也产生了各种问题，如制度变形——大学出台绩效管理制度本来是为了解决大学组织绩效低下的问题，但新制度的出台却附加引发了很多其他问题，而且这些问题解

①　赵敏：《大学管理文化的反思与创新》，《教育研究》2004 年第 7 期。

决的难度与迫切性并不低于大学组织的绩效问题。理性主义的大学绩效管理制度设计所引发问题的原因并不在于其逻辑体系存在缺陷，而恰恰在于它的前提假设并不成立，其理由在于：

首先，"典型的目标—手段理性主义方法常假设经济人完全了解可用的手段和将要达到的目标，因此能够在现在和未来作出使自身效用最大化的合理选择"①，而实际上，人并非绝对理性的动物，制度设计者也不例外。制度设计者的行为也会受到其个人的性格特征及价值偏好的影响，况且，人处理信息的能力是非常有限的。那么，如何保证大学高级管理层所选择的组织利益最大化的制度方案是最优方案呢？大学要做什么才能获得最高绩效，要设置哪些具体的考核指标才是最科学的制度设计呢？然而这些问题并没有标准的答案，因为科学本身不可能穷尽所有。

其次，大学员工及其他外部利益相关者，这些不同的群体有着不同的利益目标，就算是大学的内部员工，也不一定会将大学组织目标作为自己的目标。现代大学不再是"一个居住僧侣的村庄"，也不是"一座由知识分子垄断的工业城镇"，而是多元巨型化的大学，是"一座充满无穷变化的城市"，这座城市边界模糊，且价值取向多元、利益诉求各异，谁都无法将某一个单一、明确和绝对的目标定论为大学的唯一目标。

最后，基于理性主义的方法对大学绩效管理制度进行设计时，实际是作出了价值预设，而不同的大学利益相关者有不同的利益与价值诉求，最终如何平衡它们需要通过设计过程中共同的对话与协商才能够最终确定，预设的价值是一种垄断性的价值判断，容易引起各种矛盾冲突，最终将背离提升大学绩效的管理本意与初衷。

理性主义使大学绩效管理的制度设计在制度方案的选择上以目标为导向、在程式上秉承自上而下的单向度、在制度设计过程中缺乏民

---

① ［德］柯武刚、史漫飞：《制度经济学：社会秩序与公共政策》，韩朝华译，商务印书馆2000 年版，第 52 页。

主参与与沟通，制度设计的决策权集中在大学的高级管理层。好的制度都并不一定能够满足每个人的需求，"因为即使整个社会与好的制度十分和谐，但每项新的制度安排都会同时产生得益者和失益者，而且失益者必然会因此设法维护其自身利益"①，况且这种制度设计模式忽略了制度设计过程中的协商环节，制度一经实施，必然会使部分利益相关者的利益受到损害。利益受损者与制度设计者之间会形成典型的非合作博弈——囚徒困境，模型结构如表4—2所示。

表4—2　　　　　　　利益受损者与制度设计者之间的囚徒困境博弈

利益受损者 ＼ 制度设计者	修改	不修改
抵制	1，−1	−1，−1
不抵制	0，0	−1，1

在绩效管理制度中的利益受损者与制度设计者的博弈模型中，利益受损者有两种策略选择，对制度抵制或不抵制，制度设计者也有两种策略选择，对制度修改或不修改。表中每一格的数字分别代表双方的支付组合，当利益受损者选择抵制，制度设计者选择修改时，利益受损者支付为1，制度设计者的支付为−1；当利益受损者选择抵制，制度设计者选择修改时，双方支付均为0；当利益受损者选择抵制，制度设计者选择不修改时，双方支付均为−1；当利益受损者选择不抵制时，制度设计者选择不修改时，利益受损者支付为−1，制度设计者支付为1。因此，在这个博弈中，无论利益受损者选择抵制还是不抵制，不修改都是制度设计者的最优策略选择，而无论制度设计者选择修改还是不修改，抵制都是利益受损者的最优策略，该博弈的纳什均衡是：利益受损者抵制，制度设计者不修改。

---

① ［美］弗朗西斯·福山：《国家建构：21世纪的国家治理与世界秩序》，黄胜强、许铭原译，中国社会科学出版社2007年版，第32页。

不合理的绩效管理制度必然使利益相关者利益受到严重损害，如量化考核、计件制增加了教师的科研压力，改变了原有的职位晋升机制，如果教职工仍然保持原有的"自由学术式"的工作方式，很可能面临薪酬降低的风险；不合理的制度还有可能导致大学整体绩效的降低，使部分外部利益相关者从大学获得的利益也相应减少。利益受损者对绩效管理制度产生抵触情绪，当其抵制制度所受的惩罚大于接受制度所蒙受的损失时，利益受损者会违心选择接受制度，但抵制情绪并不会消减，或持续压抑直至达到承受的极限而做出不理性的抗争，或转化为其他隐性抵制行为，引发各种非伦理性的危害，如教师寻求更多社会兼职的机会，将更多时间、精力花在其本职工作之外，以敷衍塞责的态度对待教学科研工作。当抵制所受的惩罚小于接受制度所蒙受的损失甚至抵制制度不会受到惩罚时，利益受损者就会将抵制的情绪付诸实际行动，如教师罢课，职员游行、罢工，企业取消合作，政府及其他赞助者削减对大学的资金支持等。

二　价值协商论及其对绩效管理制度设计的影响

方法是大学绩效管理制度设计的基本手段，理性主义与价值协商是大学管理及其制度设计中的两种不一致的方法，其本质区别便在于权力的分布。理性主义以权力的集中为主要特征，是一种目标导向的方法，而价值协商的方法是把人、事、资源、行动放在一个整体的框架内来考虑，既关注学校发展整体目标，也关注个体价值的实现，其基本价值取向是"成事为人"[①]，因而鼓励大学人及其他外部利益相关者积极参与大学的管理。大学的利益主体各自代表着不同的利益，具有不同的利益诉求，他们都希望能通过参与管理来影响大学组织活动以实现自身的利益诉求，各利益主体间通过相互作用与影响形成了一张结构细密的价值冲突关系之网，基于价值协商的大学绩效管理制度

---

① 胡仁东：《人·关系·方法：大学组织内部治理的三个维度》，《大学教育科学》2015 年第 3 期。

设计过程实际上就是使各利益相关者通过对话与协商来打破冲突之网、达到共赢的利益平衡过程。

关于大学绩效管理中所遭遇的利益相关者冲突包括大学与政府的冲突，大学管理者与教师、行政人员的冲突以及大学与外部利益相关者之间的冲突。冲突对于组织绩效来讲，并不只是具有破坏性的影响，冲突可能提高组织的绩效水平，也可能降低组织的绩效水平，各利益相关者之间的冲突程度与制度决策绩效之间的关系如图4—2所示。

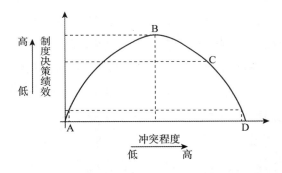

图4—2　利益相关者冲突程度与制度决策绩效之间的关系

图4—2描述了在三种不同程度的利益相关者冲突中，制度决策绩效引发的变化：

A点表示利益相关者之间有轻微冲突，假设这一冲突很小，趋向于零，则表示冲突的停滞状态会导致制度决策产生最低绩效。而利益相关者之间一团和气、不再有利益的争夺与价值诉求的差异情况，要么是一种空想的乌托邦状态，要么就意味着再无人关心大学组织的绩效、高等教育的质量以及大学的生存与发展。

A点沿着曲线向象限的右上方移动表示利益相关者之间的冲突程度有上升的趋势，到达B点表示冲突达到最佳程度，与之对应的决策绩效将达到最高值。这时需要通过对利益相关者之间的冲突进行充分协调，即通过价值协商使利益主体形成互相认同与合作，从而将冲突控制在适度的范围内。否则，冲突程度继续上升，利益相关者之间的矛盾被不断激化，管理制度决策绩效也会随之降低，如 C 点所示。冲突继续激化，利益相关者之间的价值诉求差异与利益矛盾达到无法调节的程度，此时组织的制度决策绩效达到最小，趋向于零，组织濒临崩溃。

　　大学绩效管理制度设计过程中的价值协商具有权利平等与利益整合两种特征。首先，权利平等是价值协商的前提，每一个利益相关个人或群体都有正当的理由去期待和要求大学组织满足他们的价值诉求。面对不同的价值诉求，大学的管理不能只重视关键利益相关者而忽略其他利益相关者，因为利益相关者的重要性会随着时间与大学组织的发展而变化，况且所有的相关者都有平等的权利来争取他们的应得利益。同时，大学应该尽量采用负责任的方式来满足利益相关主体的诉求，利益相关者不再是大学战略规划与管理制度设计过程中被忽视的场域主体，他们已经在大学管理中获得了更为积极、主动的角色，大学管理已经从利益相关者影响发展到了利益相关者参与共治。其次，利益整合是价值协商实现的保障，大学绩效管理由相互分离的人、事、活动、资源等要素共同构成，需要通过大学职能的实现将这些要素整合起来。大学有众多利益相关者，不管是大学内部的管理者、教师、行政人员与学生，还是外部的政府、企业、捐赠者与社会团体，无论他们具有什么价值诉求、从事什么具体事务活动、拥有哪些资源优势、企图从大学绩效的提升中获得哪些利益，这一切都要以实现大学的人才培养、科学研究以及社会服务的三大职能为逻辑起点。实现高等教育三大职能的目标是大学组织所追求的目标，是利益相关者多级目标的上层目标，利益相关者必须意识到没有大学职能目标的实现就没有他们个体目标的达成，大学制度设计过程可以将此作为利益整合的基础。

　　基于价值协商的方法所设计的绩效管理制度，由于观照到了不同利益主体的诉求，更容易得到各利益相关主体的理解与认同，在实践中也就更容易共同推进。基于价值协商原则进行制度设计的过程中所面临的大学利益相关者之间的博弈是合作性博弈，利益相关各方共同组成一个利益共同体，他们积极参与、共同商议、讨价还价，能够最大程度地降低信息的不对称性与不确定性，以促成最终合作的完满结局。利益相关者最终基于集体理性与共同利益共同作出决策，各方也较为愿意遵守依此所达成的协议或制定的各种具体制度。

第 五 章

大学绩效管理制度设计取向

　　面对治理的诸多困境，大学组织如何复归其本真功能与价值、切实履行"培养担当民族复兴大任的时代新人"的重要使命、努力成为"科技第一生产力和人力第一资源的重要结合点"？近年来，"双一流"建设的酝酿与推进为解决大学组织治理的复杂矛盾开启了新的通道。"双一流"建设是我国新时代高等教育发展的重要战略举措，为大学组织治理范式转换提供了新机遇。而大学组织绩效管理制度设计重点关注基层学术组织的学院，为此，本部分以学院为对象，从治理视角主要考察大学组织绩效管理制度的设计思路及其运用。

　　大学学院治理的反思与重构是推进现代大学制度建设的一个重要突破口。从学院人①、知识和权力三个维度审视学院治理，它是学院人以所承载学科专业知识的生产、传播与运用为目标，以权力配置和运行为重点，完善制度体系并有效开展学术活动的过程。学院治理应更多关注如何理解学院人及其之间的互动关系，如何对待学科专业发展，如何处理学术权力与科层权力的冲突等方面。治理者应通过探索制度治理、共享治理、和谐治理的路径，使学院治理向多重治理范式转换。

　　学院是学术权力和行政权力共存的组织，其内部存在多个治理主体。从样本考察、权力依赖、资源依赖和组织惯性四个维度看，党政

---

　　① "学院人"指大学中一个学院里的教职员工、学生。本书中的"学院人"均指此意。

联席会作为重要事项的决策机构在制度设计和实践导向上居于"权威地位"。在二级学院内部权力场域内，实现党政联席会与各子系统的协调发力，应廓清党政联席会权力边界，并围绕党政联席会权力行使建立学术本位、协同共治、尊崇法治和效率至上的行动准则，才能更好地保证学术权力与行政权力并行不悖、相互支撑。

第一节 大学组织治理范式转换

随着"双一流"建设高校名单的公布，多数省市已根据地域特点出台相关政策，加快推进实施进程。但从整体上看，人们更多关注一流大学、一流学科的遴选方式、经费投入以及建设机制等问题。事实上，"双一流"建设中的目标与路径、借鉴与创新、标准与评价、质量与效益、顶天与立地、整体与局部等关系的厘清，将有助于实现大学组织治理范式的转换，提高"双一流"建设成效。

一 制度设计的关系澄清

（一）目标与路径的关系

"双一流"的目标是铸就一批"中国特色、世界一流"的大学与学科。应该说，这个目标是为了实现中国的世界一流高等教育之梦。由现实走向梦想，其间的路径选择多种多样。回顾新中国成立以来的高等教育建设，从重点大学到"985、211"大学，我们一直在探寻建设一流高等教育之路。"双一流"建设不同于以往的大学身份排座，而是通过对高校、学科特色、优势与能力进行考量、采取竞争动态的方式进行建设。这种路径选择既能提高资源的利用效益，又能调动地方、高校的积极性。

（二）借鉴与创新的关系

"双一流"是世界范围内的双一流，所以，借鉴世界一流大学、一流学科的办学经验不失为一个有效办法。毕竟，一流大学、一流学科的铸就非一日之功，需要探索、积累和长期坚持。但在借鉴过程中，

"拿来主义"不宜提倡，因为不同国家和地区的传统与文化、经济发展水平等都存在较大差异，走具有中国特色的一流高等教育之路始终是我们的出发点。经验的本土化要求我们在"双一流"建设过程中结合国情创新建设理念、制度和机制，既要破除传统高等教育建设的体制机构障碍，又要站在时代的前沿，守正出新、坚志勇为，为我国全面建成小康社会提供人才和科技支撑。

（三）标准与评价的关系

"双一流"的标准是什么？不同主体其出发点各异：政府希望以此为基础提升中国高等教育在世界高等教育的话语权；高校则关注自身能否进入"双一流"建设序列，赢得资源、地位与声誉；社会期望更多的高等教育优质资源可以看得见、摸得着。所以，标准的讨论看似热闹，其实与利益相关。基于此，从大格局来看，以"面向世界科技前沿，面向国家重大需求，面向国民经济主战场"来做优、做强、做特中国的高等教育，使所有相关者受益。但是要达到这一目的并非易事，各方博弈的焦点转移到了评价，"谁来评、评什么、如何评"成为重点。笔者的思路是：通过第三方权威评价机构根据高校、学科的比较优势筛选建设高校和学科，同时，界定中央、地方政府和高校的责任，强化事中监管、事后综合评价，重视淘汰机制、强化风险控制流程，避免高等教育发展中的低水平重复。

（四）质量与效益的关系

"双一流"最终指向的是质量，它包括人才培养、科学研究、社会服务以及文化传承创新四个方面的综合质量。质量是生命线，它决定着国家提出"双一流"建设的成败得失。没有世界一流的高等教育质量，"双一流"建设得不到人民的认可。我国当下高等教育机会并不缺乏，但缺少优质的高等教育资源。而效益正是检验"双一流"建设成效的重要维度，没有高效益的高等教育肯定没有高质量的高等教育。效益的考量不仅仅是从"成本—收益"角度去测度，也要遵守高等教育的办学规律、符合办学方向，还要在培养适应社会主义建设发展需要的人才方面重点考察。

（五）顶天与立地的关系

"双一流"建设既要坚持顶天也要重视立地。在顶天方面，一流高校、一流学科应当培养国家急需的"高精尖"人才，同时注重基础研究、前沿研究，在世界科技、经济和文化等多领域占据优势，具有学术主导权。在立地方面，首先，应当培养一大批满足新时代中国各行各业急需的高级专门应用型人才，开展应用研究和开发研究，服务于地方经济社会需要，这是"双一流"建设主体的当然使命；其次，通过"双一流"建设，积累成功的办学经验，引领、示范、带动、辐射一大批高校、学科走向世界一流。只关注顶天而忽视立地，"双一流"建设只与少部分高校和学科有关，无法从根本上解决中国高等教育质量问题。

（六）整体与局部关系

"双一流"建设高校和学科要不要照顾、倾斜和均衡化也是人们关注的焦点，这就需要我们从整体与局部的关系来审视这个问题。一方面，从整体上看，我们需要全面提升中国高等教育质量，但在资源不足的条件限制下，全面开花势必稀释高等教育资源，所以，将资源投入到少部分大学和学科有利于形成学科高峰、有重要世界影响力的大学，然后再带动其他高校、学科的发展。从局部来看，中国的高等教育由于历史原因，发展不均衡是事实，而且不同地方的大学有其地方特色和需要，这就需要在重视整体上兼顾局部，使高等教育公平在一定程度上得到落实。另一方面，中央、地方两级政府须各自承担"双一流"建设的任务，形成上下联动机制、资源聚集效应。

上述关系是摆脱大学组织治理困境的宏观背景。在此基础上，我们必须坚持党的领导，"把握高等教育发展的中国'基因'，推动大学组织治理范式的转换，构建'双一流'建设的'中国模式'"①。

---

① 卢晓中：《"双一流"建设亟需探讨的若干问题》，《中国高等教育》2017 年第 21 期。

二　党的领导：大学组织治理坚强有力的保证

习近平总书记在全国高校思想政治工作会议上指出："办好我国高等教育，必须坚持党的领导，牢牢掌握党对高校工作的领导权，使高校成为坚持党的领导的坚强阵地。"这充分表明，党的领导是大学组织治理坚强有力的保证，它具有不可争辩的理由。

（一）合法地位

1998 年颁布的《中华人民共和国高等教育法》（以下简称《高教法》）明确规定："国家举办的高等学校实行中国共产党高等学校基层委员会领导下的校长负责制。"因此，党委领导下的校长负责制是我国法律确认的高等教育的基本制度，它的合法性不容置疑。坚持党委领导下的校长负责制不仅仅是政治要求，也是依法治校、依法行政的重要标志和必然要求。《高教法》第一次以法律的形式明确了高等学校的治理形式，也对党委领导下的校长负责制的科学性、合理性予以认可。① 党委领导下的校长负责制作为高校内部管理的一种制度安排，是保障高校正常运作的根本需要，在现有法律框架下着眼于结构的优化和功能的充分发挥，切实推进"依法治校"。

（二）领导核心

坚持党委领导的根本在于发挥党委对学校工作的领导核心作用，加强和改进党对高校的政治领导、思想领导和组织领导。在政治领导方面，要将党的路线、方针、政策自觉贯穿于高校教育教学管理、改革发展稳定的方方面面，确保高校各项事业发展的社会主义方向。在思想领导方面，要按照中央《关于进一步加强和改进新形势下高校宣传思想工作的意见》要求，坚持党性原则、强化政治责任和领导责任，把坚定理想信念放在首位，强化依法管理和制度建设，注重改革创新高校宣传思想工作理念和方法，开创高校宣传思想工作新局面。

---

① 刘庆东、毕宪顺：《不断完善党委领导下的校长负责制——基于部分省（区）和高校的比较与分析》，《黑龙江高教研究》2010 年第 2 期。

在组织领导方面，要坚持党管干部、党管人才的原则，加强基层组织建设，真正把政治立场坚定、思想理论素养好、组织领导能力强、熟悉新形势高校工作的干部选拔配备到相关领导岗位上来，充分发挥基层党组织的战斗堡垒作用和优秀党员的先锋模范作用。[①]

（三）体制优势

一是政治优势。高校党委不仅具有法律授权的合法地位，而且具有大学师生员工中党员所形成的强有力民意基础；它既能集中大学智慧服务于党的重大决策，又能通过对社会的贡献获取大学发展的资源。二是聚合优势。党委领导下的校长负责制，积累了有效的思想政治工作经验，创造了化解内部矛盾和增强凝聚力的有效方法；同时，也能接受上级党委和政府的指导，不断拓展社会合作机制。通过聚合内外资源，保证大学治理的有效性。三是执行优势。学校党委通过二级单位或部门党组织、院（系）党政联席会议制度以及师生员工中的党员，使学校党委的决策和校长及校长办公会议的决定得到更加切实有效的执行，同时也降低了学校改革风险。[②]

（四）党政协作

坚持和完善党委领导下的校长负责制对坚持社会主义办学方向、掌握高校意识形态工作领导权管理权话语权、构建中国特色现代大学制度、推动高等教育事业内涵式发展具有重要意义。为此应充分发挥党委的领导核心作用，依法保障校长独立行使职权，健全党政议事规则和沟通协调机制，提高高校领导干部自身素质，并积极推动实践创新。党委作为大学组织的领导核心，是学校治理的决策中心。党委领导既有对人的领导，也有对事的领导，对人的领导方面即管干部、管人才，对事的领导方面即负责重大事项和重要工作。校长的任务，主要是落实党委领导，执行党委决议，全面负责学校的教学、科研、学

---

① 杨晓慧：《党委领导下的校长负责制：重大意义、基本要求与实践创新》，《思想理论教育导刊》2015 年第 4 期。

② 文新华：《党委领导下的校长负责制应成为我国高校发展的体制优势》，《思想理论教育》2014 年第 3 期。

科建设、人才队伍建设、争取政府和社会资源以及其他行政管理工作。①

三 大学组织治理范式转换的逻辑

当下的大学组织治理以利益相关者的利益保证为根本，建立在多元共治的基础之上。无论是立德树人、学术创新还是管理服务，从历史探索、现实实践和未来走向视角审视，党的领导始终是大学组织治理的坚强核心，也是新时代中国大学组织治理范式转换的关键动力。

（一）历史探索

20 世纪 50 年代初期，我国借鉴苏联高校管理模式，实行"校（院）长负责制"，这种领导体制对于我国旧有教育制度的变革起到了促进作用，但忽视了党组织的领导地位，对行政领导缺乏必要的监督，容易形成校长个人集权和专断。1956 年，高校试行"党委领导下的校务委员会负责制"，这在一定程度上保证了党委在高校的领导地位和核心作用，但忽视了校长的职责与权力，导致校长的作用不能充分发挥。1961 年，颁布了《教育部直属高等学校暂行工作条例（草案）》（简称"高教六十条"），明确高校实行"党委领导下的以校长为首的校务委员会制"，由于受到"以阶级斗争为纲"的影响，其作用并未显现。1978 年，颁布了《全国重点高等学校暂行工作条例（试行草案)》，提出高校的领导体制是"党委领导下的校长分工负责制"，该体制在一定程度上推动了高等教育事业的发展，但在具体的实施过程中造成效率低下、运行不畅等一系列问题。1985 年《中共中央关于教育体制改革的决定》发布后，高校试行"校（院）长负责制"。1990年，党中央出台《关于加强高等学校党的建设的通知》，明确规定高校实行的党委领导下的校长负责制。1998 年通过的《中华人民共和国

---

① 王道红：《高校党委领导下的校长负责制：内涵、关系及完善》，《思想理论教育》2015年第 1 期。

高等教育法》，以法律形式规定公办高校实行"党委领导下的校长负责制"。由是观之，我国高校目前实行党委领导下的校长负责制，既是时代发展的客观需要，也是历史选择的必然结果。历史经验证明，我国高校实行党委领导下的校长负责制是通过实践探索和检验的体制机制。自新中国成立以来，近50年的实践探索（1949—1998），经历六次调整，最终大学领导体制定格在"党委领导下的校长负责制"，而且通过20年（1998—2018）的运行表明，这种体制是符合中国国情、高校发展实际的。

（二）现实实践

第一，党委管方向。党委坚持"把方向、管大局、做决策、保落实"，坚持管干部、管人才和党要管党、从严治党，认真履行党章等规定的各项职责，健全和完善党委领导的内容和途径；全面贯彻党的教育方针，坚持社会主义办学方向，扎实组织推进党建等工作，有力提升党建等工作科学化水平，推动各项改革不断深化和各项事业健康发展，确保为党和国家培养源源不断的合格建设者和可靠接班人。第二，校长抓执行。以校长为首的行政系统自觉服从和接受党委领导，主动维护党委领导的核心地位，把思想自觉落实到行动自觉，组织落实好党委决策部署，认真开展好教学、科研和行政管理工作。这既是领导体制方面的组织原则，也是具体工作的纪律规定，校长、行政以及基层党组织、中层班子和党员、干部、师生等各层级、各群体、个人都应自觉主动、坚定不移地执行到位。[①] 第三，教授治学术。根据《关于坚持和完善普通高等学校党委领导下的校长负责制的实施意见》等推进高校章程的执行与落实，"加强学术组织建设，健全以学术委员会为核心的学术管理体系与组织架构，合理确定学术组织人员构成，制定学术组织章程，保障学术组织依照章程行使职权，充分发挥其在学科建设、学术评价、学术发展和学风建设等方面的重要作用，积极探索教授治学的有效途径"；通过设立学术委员会、学位委员会等学

---

① 韩泽春：《规范执行高校党委领导下的校长负责制》，《理论视野》2017年第12期。

术性组织，使学术群体充分参与学术事务管理。第四，师生参与管理。积极拓展广大师生参与民主管理与监督的途径，制定落实领导班子深入基层调研制度、重大决策征求意见制度、重大事项公示和通报制度、党委常委会向全委会报告工作并接受监督制度、教职工代表大会制度、党员代表大会代表任期制和提案制度、党务公开和校务公开制度，健全师生参与民主管理和民主监督的工作机制，及时通报重大决策及实施情况，保障教职工的参与权、知情权、监督权，构建科学合理、运行高效的现代大学组织治理体系。

（三）未来走向

2014 年 10 月中共中央办公厅印发的《关于坚持和完善普通高等学校党委领导下的校长负责制的实施意见》指出："党委领导下的校长负责制是中国共产党对国家举办的普通高等学校领导的根本制度，是高等学校坚持社会主义办学方向的重要保证，必须毫不动摇、长期坚持并不断完善。"因此，新时代大学组织治理范式转换主要表现为：首先，优化治理结构。以"党委领导、校长负责、教授治学、民主管理"的内部治理结构为基本特征，在治理结构上向价值协商、多元共治发展。它们的基本架构表现为：党委领导是核心，校长负责是关键，教授治学是根本，民主管理是基础。党委的决策权、校长的行政权、教授的学术权以及师生员工的管理参与权形成独立、互补、共享样式，提高大学组织的政治领导力、教育引领力、学术影响力和管理生产力。其次，健全制度体系。以大学章程为学校根本制度，对学校的基本问题和重大事项作出原则性的规定；对学校范围内的某一方面重大问题如决策、评价、学科等作出规范性规定形成学校基本制度；对学校管理中具体工作执行及相关流程进行操作性规定产生学校具体制度。通过根本制度、基本制度和具体制度的建设与完善，构建一套规章制度系统，作为大学发展的制度保障。最后，完善运行机制。一是建立科学民主的决策机制。党委会作为学校的最高决策机构，在作出重大决策时，采取"专家论证与民主集中"的有机结合，保证决策的科学合理。二是建立顺畅高效的沟通机制。领导班子成员的沟通特别是党委书记和校长的定期沟通协商，有利于达成共识、提高效率并形成合力。三是建立有效制约的监督机制。坚持党务和校务等事关师生员工切身利益问题的公开，接受群众监督，从而约束权力。

第二节　大学学院治理的内在意蕴

一　问题的提出

大学治理体系和治理能力现代化是现代大学制度建设的重要内容，一般来说，现代大学制度建设应当体现"本体上的学术性、主体上的自主性、治理上的民主性、路径上的开放性"。① 但如何才能保证大学在传统固化的体制下与现实强烈的诉求中激发其内在的活力，提高治理的有效性，使其得以有序、可持续发展？ 在大学治理重心下沉、政府政策引导、试点学院探索的现实背景下，探讨大学基层学术组织（本研究统称学院）治理的本质、维度与路径显得尤为必要。

（一）大学治理重心下沉

周川教授以现代大学制度为论题，从历史、世界和制度等多维视角考察了现代大学制度的历史性、普遍性和规则性特点。他认为，"现代政府制度"、"现代大学制度"之路尚未真正建立，在此背景下，他提出通过建立"现代学院制度"来建立"现代大学制度"倒逼策略，即以大学二级机构——学院为突破口，从学院的治理结构改起，在强硬的行政化链条上实质性地断开一节，有效改善一线教师的生态小环境，形成一种自下而上的倒逼机制。② 宏观体制机制问题的解决确实需要一个过程，无论是路径依赖还是惯性思维，都反映出制度的稳定，正如《肖申克的救赎》中的台词："这些墙很有趣，刚入狱的时候，你痛恨周围的高墙，慢慢地，你习惯了生活在其中，最终你会发现自己不得不依靠它而生存。"从微观视角看，学院治理的反思与

---

① 黄悦华、黄首晶、唐波：《基于现代大学制度的试点学院改革探索——以 S 大学 D 学院为例》，《中国高教研究》2016 年第 4 期。

② 周川：《"现代大学制度"及其改革路径问题》，《江苏高教》2014 年第 6 期。

重构是推进现代大学制度建设的一个重要突破口，大学学院治理已经成为现代大学制度建设的重要议题。

（二）政府政策引导

《高等学校章程制定暂行办法》指出："章程根据学校实际，可以按照有利于推进教授治学、民主管理，有利于调动基层组织积极性的原则，设置并规范学院（学部、系）、其他内设机构以及教学、科研基层组织的领导体制、管理制度。"学院是大学组织的基层操作单位，它又是大学与学科专业的联结点，如何调动基层学术组织的积极性成为提高学院治理有效性的关键。在大学组织中，学院存在的理由是学科制度化、节约学术交往和人才培养的成本、应对管理收益递减的需要。① 更为重要的是，学院具有其自身的不可替代性：第一，教师的主要才能和专业身份基本上是与学科联系在一起的，而学科决定了在本学院之外他们的国内和国际的联系；第二，学院地位的基础是它在自己的学术领域拥有权威性的特点；第三，核心成员群体的特征对组织的所有其他重要方面都具有影响。② 无论是大学发展目标的实现，还是重要决策的落实，学院无疑发挥着重要的作用。

（三）试点学院探索

教育部于 2011 年启动了试点学院改革项目，以创新人才培养体制为核心、以学院为基本实施单位，在所选取的 17 所高校试点学院推行综合改革。在随后出台的《关于推进试点学院改革的指导意见》"完善学院内部治理结构"一项中，提出三条支持政策："第一，支持试点学院改革院长选拔任用制度，试行教授委员会选举提名院长的办法；第二，支持试点学院赋予学术委员会学科建设、学术评价、学术发展中的审议权，在学术成果评价等方面的评定权；第三，落实和扩大试点学院教学、科研和管理自主权，支持试点学院依照学院章程自主确定发展规划并组织实施，自主配置各类资源，自主确定内部收入分配，

---

① 王建华：《学院的性质及其治理》，《中国高教研究》2017 年第 1 期。

② ［美］伯顿·R. 克拉克：《高等教育系统——学术组织的跨国研究》，王承绪等译，杭州大学出版社 1994 年版，第 37—38 页。

自主设置和调整学科专业。"此次试点学院的推行重点强化的是建立健全制度规则体系、强化学院学术权力并扩大办学自主权等，为学院实行自主治理提出了指导性意见。

二　学院治理的本质

（一）什么是学院

对于学院的理解，大体上有以下三种主要观点：第一，机构论。陈晓剑认为，学院一般是指实施本科教育以上的高等教育机构。① 商筱辉等人认为，学院是人才培养、科学研究、社会服务、文化传承创新这些大学功能的具体组织实施机构，在学校授权范围内实行自主管理。② 戚业国认为，大学的学院是集教学、科研、行政管理等权力于一体的实体性机构。③ 第二，制度论。李泽彧等人认为，大学学院制的内涵包含三个方面：首先，从行政和学术权力的运作视角看，学院应当有较大的自主权、充分尊重教授的学术权力、在发展上维护大学的整体利益，促进学院间的协商与交流；其次，从学科群发展视角看，学科群是实施学院制的基础，它应按照学科分类体系、依托学科力量的逻辑内涵而建立；最后，从分权与集权的管理角度看，在学校与学院之间实行集权与分权相结合，有利于缩小管理跨度、分散校级领导的办学压力、调动基层办学的积极性和增强对外服务能力。④ 第三，功用论。学院出现之初主要功能是为贫寒学生提供食宿供应和代替家庭进行道德看护，后来学院功能得到扩展，教学活动开始进入学院，最后学院成为大学的中心单位，集教学、生活和住宿等功能为一体。⑤ 王海龙等人认为，学院是高校基层组织的主要形式，是高校实现教学、

---

① 陈晓剑：《从学院模式识别到学院的创新与调整》，《中国高教研究》1994 年第 5 期。
② 商筱辉、朱宁洁：《高校二级学院决策运行机制建设》，《首都经济贸易大学学报》2015 年第 5 期。
③ 戚业国：《论大学学院制度的形成、发展与改革》，《高等教育研究》1996 年第 5 期。
④ 李泽彧、曹迎霞：《试论我国大学学院制的科学内涵和实行学院制必须解决的几个问题》，《吉林教育科学·高教研究》1999 年第 2 期。
⑤ 任初明：《学院功能的历史嬗变》，《高教探索》2011 年第 4 期。

科研、服务等职能的载体。①

上述三种论说各自从不同角度阐释了学院是什么、遵守什么规则、干什么，对于我们认识和把握学院治理具有参考价值。通过进一步分析发现，无论是机构论、制度论还是功用论，尽管学院制改革的根本目的是通过改革、重组、调适完善大学内部组织结构，进一步强化大学的功能机制、提高管理效率和办学效益②，但都离不开"学院人""知识"和"权力"三个基本考察维度，因此，我们认为，学院是围绕学院人及其互动关系、知识领域展开、权力生成与分配，履行人才培养、科学研究、社会服务功能的基本学术性组织。

（二）治理的内在意蕴

1995 年，全球治理委员会将治理定义为："个人或组织、公共部门或私有部门管理其一般事务的多种方式的总和，它是一个使得冲突和多元利益得到妥协并采取合作行为的持续过程。它既包括有权迫使人们服从的正式制度和规则，也包括各种人们同意或以为符合其利益的非正式的制度安排"③。库伊曼（Kooiman）认为，社会政治治理是指："公共的和私人行动者的安排，其目标是解决问题和创造社会机会，以及关注治理活动中出现的社会规则。"④ 博德斯顿认为，治理一般是指在一个大型实体内的各单位之间进行权力与职能划分、各单位之间的沟通与控制方式及其与外部环境之间的关系处理。⑤ 也有研究者认为，治理主要指的是分配所有权和控制权，界定责任、权力和利

---

① 王海龙、杨秋波、曾周末：《高校二级学院综合改革的实施路径》，《中国高等教育》2014 年第 15、16 期。

② 陈伟：《学院制改革：大学内部结构重组与调适的途径》，《上海高教研究》1998 年第 7 期。

③ Commission on Global Governance, *Our Global Neighborhood*: *The Report of the Commission on Global Governance*, Oxford University Press, 1995, p. 2.

④ Kooiman J, "Socital Governance: Level, Models, and Orders of Social Political Interaction", In J. Pierre （ed.）, *Debating Governance*: *Authority*, *Steering and Democracy*, Oxford, UK. : Oxford University Press, 2000, p. 139.

⑤ ［美］弗雷德里克·E. 博德斯顿：《管理今日大学——为了活力、变革与卓越之战略》，王春春、赵炬明译，广西师范大学出版社 2006 年版，第 31 页。

益，确定组织目标、实现有效监督等，可以说治理是一种协调基础上的战略管理。[1]

无论是制度安排说、关系说还是战略管理说，治理必须正视治理对象、治理内容、治理方式与治理机制。所以，治理要着力解决四个方面的问题：一是一个组织内部如何构成与统治的？二是如何发展的策略与手段，并据以转化为行动？三是如何合法地融入其经营环境与运作系统？四是如何与其他外围团体合作？[2] 学院治理具有一般治理的特点，但也具有不同于政府治理、公司治理和其他独立法人机构治理的特殊性，这就需要厘清学院治理的内涵。

（三）学院治理的内涵

对于学院治理的把握，目前的研究主要以"治理"概念为基础予以阐释。一是利益相关者视角。如李立国认为，学院治理是学院的各利益相关者的博弈和互动，主要涉及院长、系主任、学院教授会等各方在学院决策过程中所起到的作用和影响，以及学院权力在各方的分配和彼此博弈等。[3] 朱国芳等认为，学院治理是院长为代表的学院领导团队、学院教师、学生、学院组织机构和团体等利益相关者作为治理主体，在一定的政府、高校、市场、社会关系互动的外部环境下，通过学校和学院一定的制度安排进行合作协调互动，共同管理学院人才培养、科学研究、社会服务、文化创新等教育公共事务的过程。[4] 二是权责划分的视角。王建华认为："学院的治理就是在学院内部进行权力和职能划分，对学院内部各单位之间的沟通与控制方式及其与大学之间的关系进行处理。一般而言，在学院内部进行权力与职能的

---

① 李立国、张翼：《美国研究型大学学院治理模式探析》，《清华大学教育研究》2016 年第6 期。

② Shattock, M., *Managing Good Governance in Higher Education*, Maidenhead, Berkshire: Open University Press, 2006, p. 2.

③ 李立国、张翼：《美国研究型大学学院治理模式探析》，《清华大学教育研究》2016 年第6 期。

④ 朱国芳、彭术连：《治理视阈下高校二级学院分权治理研究》，《江苏高教》2017 年第2 期。

划分，对学院内各单位之间的沟通与控制方式进行处理称之为学院的内部治理，而处理学院与外部环境（学院与大学、学院与学院）的关系则属于学院的外部治理。"①

上述两个视角着力于考察学院治理主体、客体、方法等，以及其相关关系。尽管有人认为，学院治理是在学院公共利益最大化目标下，治理主体通过一定的制度和程序结构安排进行的权力和利益分配、控制、协调、博弈均衡的过程。② 不得不承认，学院治理与大学治理具有相似性，犹如一棵大树的分支生长与大树本身生长一样。由于学院为大学组织的内设机构，不具有法人资格，它具有依附性；同时，具有一定的独立性和自主性，有自身的学科范式和发展方向。所以，对于学院治理而言，既要遵循大学的理念，更应有自身的学院理念，同时还应着重审视其目标、秩序与行动。笔者认为，学院治理是学院人以所承载学科专业知识的生产、传播与运用为目标，以权力配置和运行为重点，完善制度体系并有效开展学术活动的过程。

三　学院治理的三个维度

作为大学二级组织形式的学院，具有双重性：它既是一个专业学术组织，在专业上直接承担着大学的主要社会职能，具有专业性、学术性；同时它又是一个行政组织，是大学的基层行政实体，有行政级别，具有行政性、科层性。③ 伯顿·克拉克认为，高等教育组织由分工、信念和权力三个基本要素组成④，这三个要素是讨论大学治理的前提和基础。大学实施的是类似鲍勃·杰索普所谓的"元治理"，即"设计机构制度，提出远景设想，促进各个领域的自组织，使各式各样自组织安排的不同目标、空间和时间尺度、行动以及后果等相对

---

① 王建华：《学院的性质及其治理》，《中国高教研究》2017 年第 1 期。

② 朱国芳、彭术连：《治理视阈下高校二级学院分权治理研究》，《江苏高教》2017 年第 2 期。

③ 周川：《"现代大学制度"及其改革路径问题》，《江苏高教》2014 年第 6 期。

④ ［美］伯顿·R. 克拉克：《高等教育系统——学术组织的跨国研究》，王承绪等译，杭州大学出版社 1994 年版，第 6—7 页。

协调"①。而学院治理，应当更多关注的是：如何理解学院人及其之间的互动关系，如何对待学科专业发展，如何处理学术权力与科层权力的冲突等方面。相比较而言，大学治理侧重于协调与平衡，而其下的学院治理则侧重于学院人的发展、知识的生产传播与应用、权力的配置与运行等方面。

（一）学院人

这里的"学院人"是指学院内部的人，包括教师、专职管理人员和学生，他们具有不同的身份和角色。学院人具有异质性，不同个体和群体的目标、利益及价值取向存在差异。但他们又共同存在于一个学院组织内，学院理念、制度和集体行动制约着学院人相互之间的关系。从学科、场域、组织和文化等不同视角来看，学院人有着自身的习惯、价值观念和行为方式。

作为学科人，首先，他们具有精神自主性。"有三种职业是最有资格穿长袍以表示其身份的，这就是法官、牧师和学者。这种长袍象征着穿戴者思想的成熟和独立的判断力，并表示直接对自己的良心和上帝负责。它表明这三种相关职业教育在精神上的自主权：他们不应允许自己在威胁下行事并屈服于压力"②。其次，他们具有学术忠诚性。"要被接纳为学术职业特定部门的成员，不仅涉及足够的专业技能水平同时需要忠实于自己的学术群体"③。最后，他们具有学科认同性。"学科首先是一个以具有正当资格的研究者为中心的研究社群。各个体为了利于互相交流和对他们的研究工作设立一定程度不同的权威标准，组成了这个社群"④。学者被期望从事原创性的研究工作，他

---

① ［英］鲍勃·杰索普：《治理的兴起及其失败的风险：以经济发展为例》，漆燕译，《国际社会科学杂志》（中文版）2019 年第 3 期。

② ［美］亨利·罗索夫斯基：《美国校园文化——学生·教授·管理》，谢宗仙等译，山东人民出版社 1996 年版，第 143 页。

③ ［英］托尼·比彻、保罗·特罗勒尔：《学术部落及其领地》，唐路勤等译，北京大学出版社 2008 年版，第 50 页。

④ ［美］华勒斯坦等：《学科·知识·权力》，刘健芝等编译，生活·读书·新知三联书店 1999 年版，第 20 页。

自身努力成为公认的权威，接受匿名评审和同行的公开批评，争取研究经费以支持自己的研究工作，参加各种各样的学术活动等须具有一定的学术水准。①

　　作为场域人，他们既关心自己也关注他人在本学术领域做了什么、有什么地位，更关注与其自身利益与发展密切相关的学院决策程序和行动方式。在学院制的学术场域中，院长或主任是负责一群人的临时领导，他认识到他的当选是由于同行的赏识。② 学院院长的最大使命是"维系学术共同体和人的价值"。③ 所以，其权力的核心是同行，这就决定了学术群体在权力行使中的作用。在英国或美国的一所大学或一所学院，难以想象看不到由全体讲师参加的系务会议和只是由正教授或终身教授参加的会议，并在这些会议上讨论问题和投票作出决定。④ 学院式权力是学者共同体进行学院治理的基本保障，院长较少以个人的方式作出决策，而主要通过会议议决的方式来决定事项。这种学科学术自治、集体决策的场域特性决定了学院人独有的行为方式以及由此形成的相互关系。

　　作为组织人，无论有多少不满与抱怨，学院始终是他们获得生存与发展的载体。斯科特从理性、自然和开放的视角认为，组织是为追求特定目标的高度正式化集体、是受冲突或共识推进的自寻生存的社会系统、是根植于更大环境下的不同利益参与者之间的结盟活动。⑤ 学院组织中的教师在这里教书育人、开展科学研究和社会服务；行政管理与服务人员被安排在某个学院从而成为学院的一员，也在学院的

　　① ［英］约翰·齐曼：《真科学：它是什么，它指什么》，曾国屏等译，上海科技教育出版社 2002 年版，第 33—34 页。

　　② ［美］伯顿·R. 克拉克：《高等教育系统——学术组织的跨国研究》，王承绪等译，杭州大学出版社 1994 年版，第 125 页。

　　③ Frederick Rudolf, *The American College and University*: *A History*, Athens, GA: University of Georgia Press, 1990, pp. 434 – 435.

　　④ ［美］伯顿·R. 克拉克：《高等教育系统——学术组织的跨国研究》，王承绪等译，杭州大学出版社 1994 年版，第 125 页。

　　⑤ ［美］W. 理查德·斯科特、杰拉尔德·F. 戴维斯：《组织理论——理性、自然与开放系统的视角》，高俊山译，中国人民大学出版社 2011 年版，第 37 页。

组织环境下行事；学生通过自己的选择进入学院，这里成为其成就未来梦想的起点。不同身份和角色的人员汇聚于学院成为一个共同体，这恰如一个舞台，每个人都有自己的位置和职责；同时，作为组织，学院从整体上着重体现其学科专业性、资源统整性和学术创新性特点。

作为文化人，学院理念对学院人起着引领和导向作用；学院自身独特的知识符号系统无形地嵌入到每个人的观念之中；共同行为准则塑造了不同于其他文化系统中人的道德认知、行为规范与处事方式；学院结构使得大家各安其位、各尽其责。一般认为，组织文化的主要构成要素是观念形态、符号、规范与结构[①]，巴尼特认为，对于高等教育组织内部来说，学术文化和学生体验文化是两种主要文化[②]；对于学院这种"小组织"，则是以"三 A"（学术自由、学术自治、学术中立）原则为核心、科层文化为支持而形成其个性组织文化：无论是什么身份与角色，他们都承继着学院基因，用自己所在学科话语体系交往、诉说着自己学院的故事，学院之外的事他们并不怎么关注。

（二）知识

伯顿·克拉克认为，知识就是材料，研究和教学是主要的技术[③]，知识日益专门化且具有密集性、广博性、自主性越来越高的特点，学术工作是扎根于各学科和专业的发展之中，这些学科和专业各自拥有自己的思想体系、研究方式和确定未来工作方向的历史传统，而学院"在工作表演中一般都是独立自主、互不联结的，以至整个组织实际上就像拥有各知识群体的控股公司"。[④] 由此可见，由于知识的拓展、分化，不同的领域已经形成各自的工作范式，一个知识领域对另一个知识领域来说，其差异性、特殊性十分明显，这也就为学院自主治理

---

① 阎光才：《识读大学——组织文化的视角》，教育科学出版社 2002 年版，第 13—14 页。

② ［英］罗纳德·巴尼特：《高等教育理念》，蓝劲松主译，北京大学出版社 2012 年版，第 125 页。

③ ［美］伯顿·R. 克拉克：《高等教育系统——学术组织的跨国研究》，王承绪等译，杭州大学出版社 1994 年版，第 12 页。

④ ［美］伯顿·R. 克拉克：《高等教育系统——学术组织的跨国研究》，王承绪等译，杭州大学出版社 1994 年版，第 16—17 页。

提供了合法性基础。从知识维度看，对于一个学院而言，它所关注的是高深知识的发现、中间知识的传播、应用知识的服务。

1. 高深知识的发现

首先，坚守客观性。布鲁贝克认为，探讨深奥的实际知识是学术事业不证自明的目的，高深学问忠实于真理，不仅要求绝对忠实于客观事实，学术的客观性或独立性源于价值自由，教授们依据这一原则力求得出不受价值影响的结论，尽力排除所有的感情色彩。① 其次，保持共享性。一个学院的学科专业具有相近性，高深知识的发现更多体现出学院人之间的知识共享、方法互通、资源共用，而不是个体的独立性；学院人关注自身学科领域内的研究进展、在同一学科领域所处地位。最后，履行社会责任。学者受人敬重在于其对学科领域的贡献，学院发展水平在于学者们对真理不懈追求；高深知识是少数人的领地，在未知领域发现真理、开阔人类视野永远是学者们的职责所在。坚守客观性、保持共享性、履行社会责任的程度体现出学院对知识创新的努力程度。

2. 中间知识的传播

所谓中间知识，即已经为同行所认可的知识领域的基本范式，通过专业及其课程等载体来呈现，并以教学方式来传递。中间知识是人类探索未知领域的结晶，它在已知领域与未知领域之间搭起一座桥梁，也是把已有知识向应用领域拓展的必不可少的环节。学院在专门人才培养的过程中，通过中间知识的梳理并使之系统化，以"专业（类）"的方式对学生进行规训，将学生培养成"专业人"，以使其具备承担某个实践领域工作的能力和责任。学院的人才培养体系、人才培养方案、专业建设、课程设置、课程管理，教育质量监控等方面反映出学院知识传播制度安排的理念与价值取向、能力与水平，这决定着中间知识传播的有效性。中间知识涉及学术的"形而上"向"形而下"的

---

① ［美］约翰·S.布鲁贝克：《高等教育哲学》，王承绪等译，浙江教育出版社2001年版，第14页。

拓展和延伸，即上接原创知识、下启应用知识。

3. 应用知识的服务

运用知识为社会服务是现代学院面临的现实，游离于知识服务之外的学院组织将面临生存危机和发展困境。首先，社会力量的强力介入。典型的表征是对学术资本主义概念的认同。"教授们参与大学外的活动很大程度上也应该归因于社会对专门知识的需求，因为教授们向社会提供专门知识和技能可获得咨询费以及其他各种报酬和奖励"①。其次，知识产生模式的转型。基于"闲逸的好奇"追求普世价值、知识本身就是目的的传统理念在发生转变。在知识产生模式Ⅱ中，大学的知识生产强调科学的应用性和知识的情境化，这体现了该模式的社会性弥散特征，即知识在大范围的潜在知识生产场所之间和不同的应用环境之中进行传播，其本质首先是由人及其以社会性的组织形式进行互动的方式来体现的；同时，对知识的评价更多依赖于具体的目的指向和特定的社会情境。② 所以，学院中基于学科的科技开发机构、智库等将科研究成果转化作为知识应用与服务的主要任务，必将成为学院治理的主要方面。

（三）权力

大学组织内部权力划分、权力关系等问题近年来成为高等教育研究关注的重点，人们从不同视角对其来源、性质、配置和运行等做了大量的研究，也取得了重要的成果。就学院治理而言，权力意味着什么？权力能做什么？权力的重要性表现在哪些方面？这些问题在大学治理中也有过讨论和研究，但对于学院，无论是知识权力还是科层权力，更多地体现教书育人、发展学科专业、组织管理的责任。

1. 知识权力

首先，知识分类生成的权力。一门学科的分类和框架的制定从本

---

① ［美］德里克·博克：《走出象牙塔——现代大学的社会责任》，徐小洲、陈军译，浙江教育出版社 2001 年版，第 76 页。

② ［英］迈克尔·吉本斯等：《知识生产的新模式》，陈洪捷、沈文钦等译，北京大学出版社 2011 年版，第 17 页。

质上反映了权力关系；当一门学科分类清晰、框架明确而且拥有一个功能强大的累积制度时，该学科领域的学者就被赋予了权力；而且，权力原则与社会控制原则通过学科制度实现，并通过这些制度进入人们的意识，形成人们的意识……制度的改变会使知识分类和框架结构发生根本变化，进而引起权力结构和权力分布的改变，以及调节规则的改变。① 其次，学科制度赋予的权力。知识本身带有权力的意蕴，基于学科的知识领域的划分实际上使"学科构成了话语生产的一个控制体系，它通过统一性的作用来设置其边界。因此，学科制度的背后隐含着对于知识的自我理解和解释，包含着一种知识权力的形成，使之成为有权力的知识，学科制度的实质是'隐含知识霸权的制度'"②。最后，知识群体争取的权力。专业和学者的专门知识是一种至关重要的和独特的权力形式，它授予某些人以某种方式支配他人的权力。③与其说掌握知识的人是专业工作者，不如说他们是手握"知识权杖"的权威。也许是为了保住地盘，也许是为了争夺更大的空间，他们会不由自主地强化权力。对于学院治理来说，知识权力主要体现为个人控制和集体控制两种基本形式：

基于个人权力控制的讲座制。讲座制在大学组织内部是一种常见的形式，它是以学术的名义行使学术与管理权力，即形成一种一元化领导，"一元化的行政结构有助于使教授成为贵族"④。在纯粹的学术场域中，学者们有基于知识的专业权力，没有这种权力，高等教育系统就不能有效地运转，因为它保证个人在研究时的创造自由和个人的教学自由，它是把个别教学作为高级训练的基本方法的条件，如果个

---

① ［英］托尼·比彻、保罗·特罗勒尔：《学术部落及其领地》，唐路勤等译，北京大学出版社 2008 年版，第 39—40 页。

② ［美］华勒斯坦等：《开放社会科学——重建社会科学报告书》，刘锋译，生活·读书·新知三联书店 1997 年版，第 35 页。

③ ［美］伯顿·R.克拉克：《高等教育系统——学术组织的跨国研究》，王承绪等译，杭州大学出版社 1994 年版，第 121 页。

④ ［美］伯顿·R.克拉克：《高等教育系统——学术组织的跨国研究》，王承绪等译，杭州大学出版社 1994 年版，第 124 页。

人的权力并不存在，就必须制造出个人的权力。① 讲座教授是因为其学术权威被正式地任命的职位，一旦从纯粹的学者场域转入到有正式任命的带有资源控制权的场域，其身份就发生了变化，而这种变化也就把他带入到一个交叉场域中。我们所谓的学院"双肩挑"角色，就是把学术和管理的双重角色集于一身的混合体；"学科带头人"、"学位点负责人"等对所在学科与学位点经费的使用与分配具有较大的决定权。讲座制中的讲座教授实际上处于学术场域的中心，个人权力彰显特点明显。

基于学者共同体权力控制的学院制。学院组织实际上是一个交叉知识领域的组织体，其权力是由非个人的单位正式掌握，分散在许多的教授手中，虽然也有一个领导（如院长、系主任、所长等），他是从同行中选举出来的，是自下而上的"任命"，不是自上而下的任命，他是一群人的临时领导，因为同行的赏识才有这个"位"，所在单位的重大事务通过投票机制决定，"这种一人一票的权力鼓励某些公开的和隐蔽的政治活动"；学院式统治是教授们管理整个系或学部、学院、研究生院和大学等组织的最偏爱的方式②，它以会议程序的方式作出决策。学院教授委员会（学术委员会）对于学术事务的决策、审议、评定和咨询，就是通过对相关议题进行反复讨论而最终确定的。"在一个真正的科学场域里，你能无拘无束地参与自由讨论，因为你的位置并不依附于他，或者说，因为你可以在别处另谋他职"③。服从于真理而不屈从于权威是学院学术权力分权的重要理由，希尔斯在回顾美国大学20世纪30—40年代的学系情形时写道："系的行政人员和主任，尤其是在比较有名的大学，让每个教师自由地去做自己认为应该做的事情，研究中的想象力和主动性受到赞赏和奖励的程度，使得

---

① ［美］伯顿·R. 克拉克：《高等教育系统——学术组织的跨国研究》，王承绪等译，杭州大学出版社1994年版，第125页。

② ［美］伯顿·R. 克拉克：《高等教育系统——学术组织的跨国研究》，王承绪等译，杭州大学出版社1994年版，第125—126页。

③ ［法］皮埃尔·布迪厄等：《实践与反思：反思社会学导引》，李猛、李康译，中央编译出版社1998年版，第233页。

在资源有限的情况下也能做研究"①。

2. 科层权力

政治学视角下的各种权力论说，其核心思想是权力关系中的强制性，即权力的指向是单向度的，是一方的主观愿望拥有绝对的强制力，而另一方是绝对被动的，他的命运完全听命于权力的发出；经济学视角下的权力论，强调权力必须以占有可供支配的资源为前提，权力的目的指向是利益；社会学视角下的权力观强调，在人们之间的交互作用的主要表现形式是合作—服从和冲突—合作，服从是典型的相互依赖，冲突是相互依赖的特殊表现形式，是服从与反抗的胶着状态，是从一种依赖向另一种依赖转变的斗争过程。② 无论哪种视角下的科层权力，所强调的是主体依据一定资源，并在特定的场域，通过强制、支配、影响、权威、劝说、诱导等有目的对客体实施影响力，并达到实现利益的力量。③ 基于学术场域的大学学院科层权力，从源头上讲是一种衍生权，我们可以从遗传和变异两个方面来理解其特点：

首先，基于大学母体的遗传性。一是大学事务的复杂性传导到学院。与大学一样，随着学院规模的扩大、学科专业的拓展，学院内部事务也越来越复杂；就学院事务而言，可以分为教学与科研事务、学生事务、综合事务等几个方面，这些事务需要专门从事管理的机构与队伍来完成。以追求效率、强化管理为目标，具有科层制特点的学院行政组织及其权力体系为崇尚自由、追求独立的教师群体提供了基本保障。二是学院治理的目的与大学治理的目的具有相似性，即从根本上解决"培养什么样的人"和"如何培养人"两个基本问题，科层权力有利于坚持社会主义的办学方向，培养高素质的社会需要的高级专门人才。

---

① ［美］爱德华·希尔斯：《学术的秩序》，李家永译，商务印书馆 2007 年版，第 426 页。
② 王彦斌：《权力的逻辑——大学组织运行的社会学管窥》，博士学位论文，华中师范大学，2008 年。
③ 王彦斌：《权力的逻辑——大学组织运行的社会学管窥》，博士学位论文，华中师范大学，2008 年。

其次，基于层级差异的变异性。我国大学学院组织科层权力合法性来源于政治权力、行政权力在学校的下延。国家希望通过大学培养党和国家事业的建设者和接班人，并通过党、政两套系统的建立，将政治权力、行政权力嵌入大学，形成其科层权力体系，为大学组织自身运行提供合法性保障；这也从根本上规定了学院治理中科层权力的地位，同时，也为学院治理行动的展开创造了条件。但学院仅是大学的分支，大学党委领导下的校长负责制下延到学院，变成以党政联席会为载体的党政共同负责制。这种差异，虽然仍然有大学治理的影子，但学院治理仅仅关注自己所属学科专业范围内的事务，带有明显的学科专业痕迹。学院只是借助科层管理方式，使其组织的有序性得到加强，以便更有力地统筹学院资源，履行知识传承、知识创新和知识服务的职责。

四　学院治理的路径

学院治理源于学院模式，托尼·布什认为，学院模式是组织通过讨论的方式达到意见一致，并通过这样的过程进行决策；权力是由组织中的所有或部分成员共同分享的，他们对组织的目标都有共同的认识。① 我国大学学院党政共同负责制从理论上说应该是一种较为合理的制度设计。一方面，以学院党委（党总支）书记为首的党组织系统的人员，其岗位本质上属于管理岗，他们的优势如果得到充分发挥，对于学院治理中管理的有效性具有重要作用，从而弥补来自学术背景的、以学院院长为首的行政管理组织人员的管理知识、能力与方法等方面的短板。另一方面，学院这种组织建制本身意味着教育、学术与管理三重含义，因此，其治理逻辑须遵守教育逻辑、学科逻辑和组织逻辑，单一的学院治理范式应当向多重治理范式转换。我们认为，制度治理、共享治理、和谐治理是学院治理的路径选择：制度治理是前

---

① ［英］托尼·布什：《当代西方教育管理模式》，强海燕译，南京师范大学出版社1998年版，第75页。

提，共享治理是基础，和谐治理是目标。

（一）制度治理

克罗齐耶等人在讨论行动者与系统关系时指出，我们的意图、动机、目标，连同历史意识的超验性的关系，都不能成为我们的行动取得成功的保证和证明。① 也就是说，任何美好的愿望、想法与直觉，都不得不直面现实。学院问题解决方案既有事前基于经验的预设，也有事中突发的生成。生成的方案具有很强的情景性、针对性。但有组织的地方必然为秩序之场，"秩序的概念，意指在自然界与社会进程运转过程中存在着某种程序的一致性、连续性和确定性"②。秩序的产生依赖于制度体系的健全与执行，即使是事中生成的方案，也应建立在学院制度框架体系之上才具有合理性和合法性。因此，学院治理须以规则体系为基础，规约权力、化解冲突。

建立规则体系。"某种意义上，当前学院治理更多的是被大学的治理裹挟进去，学院的治理是为了满足大学治理的需要，很多时候学院自身对于治理可能并无迫切的需要，事实上也没有为内部治理做好制度准备，更没有建立起相应的学院治理准则"③。学院治理相对学校而言是一种微观治理，其规则体系的完善要求建立在主体多元、沟通充分、平等协商、价值共识、民主决策、正和博弈、相互理解、共同行动的基础之上。"组织行动基于规则。通过将注意力集中在现有和潜在的规则上，组织对问题作出反应。通过解决问题的组织、分配注意力以及追逐智识的学习过程，成文规则的历史得以形成"④。学院规则体系是学院人同向行动的基础。

规约学院权力。孟德斯鸠所说："一切有权力的人都容易滥用权力，这是万古不易的一条经验。有权力的人直到把权力用到极限方可

① ［法］米歇尔·克罗齐耶、埃哈尔·费埃德伯格：《行动者与系统——集体行动的政治学》，张月等译，上海人民出版社 2007 年版，第 3 页。

② 周辅成：《西方伦理学名著选辑》（下），商务印书馆 1964 年版，第 207 页。

③ 王建华：《学院的性质及其治理》，《中国高教研究》2017 年第 1 期。

④ ［美］詹姆斯·马奇、马丁·舒尔茨、周雪光：《规则的动态演变——成文组织规则的变化》，童根兴译，上海人民出版社 2005 年版，第 1 页。

休止。"① 马奇等人认为："管理者被认为既是实施自己计划的自利行动者，又是面对其他同样追求自身利益的行动时的特殊利益的代言人，也是寻求在竞争性利益之间达成有利于双方交换的经纪人。"② 而管理者在科层制轨道上掌握着一定的资源配置权，也决定了他们在权力使用上的自利倾向。因此，无论是哪一种权力，都需要通过制度规则明确其边界，控制权力引发的风险。

化解学院冲突。一方面，学院治理中有许多行政事务由专门的管理人员来处理更为有序有效；另一方面，在学术人员看来，不懂学术的学院"统治者"对学院事务的干预将带来某种不遵守学术规律的后果，不具有权威性和合法性："管理主义的办学方式把层级监视、标准化评判和对自我的审查等制度引用到学校日常运作之上，不单学习者受制于管理学的规训，教研工作者和学校本身亦被化为'一堆可以被描述、计算、并能互相比较的数据'，受到无形的规训权力的监控和裁决"③。这种学术与科层的矛盾需要以制度体系为依据，厘清各自的职责边界，在对话中化解认识上的差异，使冲突达到某种平衡，这会使学院治理更加合理、顺畅。

（二）共享治理

对于学院组织，传统的方式关注的是每个个体的立场，而不是所有各方的根本利益和利害关系，个体所坚持的立场相互对抗，并且不断地被强化；要使学院治理有效，就应当在学院人中"进行商讨确定可以满足所有当事人利益和相互利益的解决办法，以所有人都能够接受的方式平息争议"④。显然，弱化部分人"被治理"的感受体现出学

---

① ［法］孟德斯鸠：《论法的精神》（上册），孙立坚等译，陕西人民出版社 2001 年版，第183 页。

② ［美］詹姆斯·马奇、马丁·舒尔茨、周雪光：《规则的动态演变——成文组织规则的变化》，童根兴译，上海人民出版社 2005 年版，第11—12 页。

③ ［美］华勒斯坦等：《学科·知识·权力》，刘健芝等编译，生活·读书·新知三联书店1999 年版，第7 页。

④ ［美］唐纳德·吴尔夫、安·奥斯丁：《教授是怎样炼成的——未来大学教师培养的改进策略》，赵文译，北京大学出版社 2011 年版，第236 页。

院人要求共享治理的诉求。学院共享治理的基本路径在于知识场域的动员、治理结构的完善、治理权责的匹配。

知识场域的动员。"知识社会的权力抗争成为知识场域深化的内在张力，从而不断地推动知识进步的力量与阻碍知识进步的力量之间的此消彼长。从这个意义上说，要想实现知识场域的绝对独立性就成为一种理论上的不可能。"① 尽管理论上不可能，但在现实中知识场域中的人却在不断努力，这为哪般？一方面，布尔迪厄一语中的：争取自主的知识场域还有一个更深的目的：自主的知识场域将为知识分子观念提供机构化的基础。② 另一方面，帕森斯说，权力必须被分割或分配，但它也必须被制造，它有分散也有集合的功能，也是动员社会资源以实现某些目标——这些目标业已或能使其获得一般"公众"的承诺——的能力；最为主要的，权力是对个人和团体行动的动员，而这些个人和团队因其在社会中的地位而有义务服从。③ 无论是权力的博弈，还是权力的功能，对于学院这种知识场域来说，以共享方式动员知识领域中的人，才有可能激发其积极性、创新力。

治理结构的完善。学院治理中利益相关者以平等的身份参与决策与行动不失为一种有效治理机制，而其前提在于治理结构的合理性。宣勇提出，学院治理应当解决四个方面的问题：建立学院权力负面清单制度、完善二级教代会制度、整合和进一步发挥二级学术委员会的作用以及关注核心利益相关者—学生在学院治理中的作用。④ 天津大学精密仪器与光电子工程学院为"试点学院"之一，在学院治理结构方面主要着力于三个方面：第一，不断完善院级学术委员会，促进"教授治学"；第二，实行"首席科学家制"和"教学责任教授制"，

① 王国银：《知识政治学视域中权力的形相分析——从曼海姆、布迪厄到后现代》，《湖北社会科学》2010 年第 3 期。

② ［美］戴维·斯沃茨：《文化与权力——布尔迪厄的社会学》，陶东风译，上海译文出版社 2006 年版，第 291 页。

③ ［美］塞缪尔·P. 亨廷顿：《变化社会中的政治秩序》，王冠华、刘为等译，上海世纪出版集团 2016 年版，第 119 页。

④ 宣勇：《论大学的校院关系与二级学院治理》，《现代教育管理》2016 年第 7 期。

探索基层学术组织模式创新；第三，以服务学术为宗旨构建服务型、规范型、学习型、创新型的行政事务中心。① 事务与权力分明的学院治理结构为共享治理提供了保障。

治理权责的匹配。学院是大学组织内部集教育、科研、管理活动于一体的实体机构，须关注其人本性、发展性和效益性。陈洪捷认为："共同的语言有助于不同领地中的学者更好地理解自身以及他们对整个学术领域的评价，从而在抵御管理主义侵扰，抵抗不合理的强加的评价标准，在维护学术自治中，可以携手共同发挥作用。"② "二元权力论"认为，二级学院既是学科与事业的矩阵组织结构的交汇点，也是学术权力和行政权力二元权力结构的交汇点③；"三元权力论"认为，政治权力保证监督党和国家的方针政策及学校各项决定在本单位的贯彻执行，行政权力保障学院管理正常运行和目标的实现，学术权力确保教学科研的学科属性、保证学术标准得以贯彻。④ 无论是"二元权力论"还是"三元权力论"，它们重点回答权与责的对等，权大责小、权小责大都将会使学院难以有序运转。

（三）和谐治理

"有效的治理要求大学必须通过开放的治理结构充分包容利益相关者"，而且应当通过一种"伙伴关系的框架"推动各异质群体的积极参与⑤，即达到一种善治的状态。和谐治理强调打造高内聚力的学院共同体，提振学院士气。建立在一定知识领域基础上的学院组织，其和谐治理的实现在于选择善治理念、构建学院文化、强化信任机制。

---

① 王海龙、杨秋波、曾周末：《高校二级学院综合改革的实施路径》，《中国高等教育》2014 年第 15、16 期。

② ［英］托尼·比彻、保罗·特罗勒尔：《学术部落及其领地》，唐路勤等译，北京大学出版社 2008 年版，前言，第 6 页。

③ 张德祥、李洋帆：《二级学院治理：大学治理的重要课题》，《中国高教研究》2017 年第 3 期。

④ 毛玉兰：《大学学院制模式管理模式及运行机制探讨》，《学校党建及思想教育》2009 年第 8 期。

⑤ 王建华：《重思大学的治理》，《高等教育研究》2015 年第 10 期。

　　选择善治理念。俞可平认为，善治指的是公共利益最大化的治理过程和治理活动。① 也有人认为，善治是"所有利益相关者在某个公共政策结果已经改进或治理原则已取得共识的议题（或领域）中的谈判，其中不论是公共政策结果的改进或治理原则的共识都被每个利益相关者所执行或经常性地评估"②。善治的目标就是有效地降低各权力主体间的交易成本，实现公共利益最大化。③ 善治理念强调共识，其价值取向直指共同利益，善治行动以利益相关者合作参与为基础。有研究者认为，善治是我国推进高等教育治理体系和治理能力现代化的理想追求。④ 处于操作层的学院组织，这种理想追求的价值尤为重要。

　　构建学院文化。如果说制度治理是一种硬治理的话，以文化为纽带达至和谐治理可以说是一种软治理。"文化既是被制定的，又是建构的，一方面，根据结构所提供的脚本内容释放其能量；另一方面，在这一过程中也会发生改变，像所有其他社会活动参与者一样，学者并不是环境的牺牲品，不是完全受外部力量驱使的'社会同化者'，而是至少被部分地有意识或无意识地赋权去重建文化环境"⑤。"组织的生命力与该组织所治理的道德程度成正比，也就是说，远见卓识、长远目标、高尚理想是合作得以维持的基础"⑥。学院的理念共识、目标认同、行动一致等方面是构建学院文化的内在要素，学院人的相互信任、相互依赖、相互合作在于这些要素的不断强化，建成良好的学术氛围，形成独特的学院文化，应是通向和谐治理的有效途径。

　　强化信任机制。心理学认为信任是一种心理或者行为的"私人

---

　　① 俞可平：《法治与善治》，《西南政法大学学报》2016 年第 1 期。

　　② ［英］托尼·布瓦尔德、埃尔克·洛夫勒：《公共治理质量的评估：指标、模型与方法论》，郝诗楠编译，《探索》2016 年第 1 期。

　　③ 许长青：《制度文明、大学善治与现代大学制度创新》，《现代教育管理》2015 年第 7 期。

　　④ 宣勇：《治理视野中的我国大学校长管理专业化》，《中国高教研究》2015 年第 1 期。

　　⑤ ［英］托尼·比彻、保罗·特罗勒尔：《学术部落及其领地》，唐路勤等译，北京大学出版社 2008 年版，前言第 26 页。

　　⑥ ［美］盖瑞·J. 米勒：《管理困境——科层的政治经济学》，王勇等译，上海三联书店 2006 年版，第 3 页。

性"的反应；社会学指出信任是一种重要的社会力量，调节着人与人之间的关系；生物学从利他性角度考察信任，现代神经生物学则揭示出了信任产生的生理机制；经济学更加偏重基于个人功利理性的"计算型"的信任。① 无论是哪种学科视角审视信任，揭示的都是人与人之间的一种非强制性交往互动行为，因为信任是"建立在对另一方意图和行为的正向估计基础之上的不设防的心理状态"②。通常的治理易于采用工具理性模式，而忽视交往理性模式，而交往是强化信任的一种重要机制。"信任在社会行动的框架中产生，既受心理影响，也受社会系统影响"③。费孝通先生提出的"差序格局"范式认为，"熟人社会"的中国社会关系由私人关系网络构成，并起着维系社会道德、家族关系的作用。它揭示了人际关系中信任的价值与意义。深植于"学院单位"中的人，有着起码的人际信任、群体信任以及组织信任，但这并不代表"强信任"的自然存在。学院治理需要以知识为共同基点，搭建交往沟通平台，消除在教学、科研和社会服务中的相互防备心理，建立学院人行为可预期机制，形成和谐共处的学院环境。

第三节　学院党政联席会规则

建设中国特色社会主义现代大学，一方面要借鉴世界名校的治理经验，更重要的是建立符合中国国情、体现中国特色的现代大学治理结构。学界关于大学内部治理结构的研究方兴未艾，这些研究成果主要观照学校层面，从微观研究二级学院治理（这里的"二级学院"主要是指高校内部承担人才培养和科研任务的二级学院或二级学系），特别是聚焦在二级学院党政联席会的研究成果不多。而无论是从理论还是从实践角度阐释二级学院治理结构都无法绕开对二级学院党政联

---

① 洪名勇、钱龙：《多学科视角下的信任及信任机制研究》，《江西社会科学》2013 年第 1 期。

② 赵建国：《中国式关系批判》，新华出版社 2013 年版，第 59 页。

③ 赵建国：《中国式关系批判》，新华出版社 2013 年版，第 59 页。

席会的研究。学院党政联席会是高校中承担人才培养任务的二级教学或科研单位的党政领导班子成员和相关人员讨论、研究和决定本层级单位重大事项的组织。由于在大学章程下，二级学院治理一直没有指导性的顶层设计，党政联席会作为一个具有中国政治特色的组织，其在二级学院治理中的定位、权力边界与行动准则都值得探讨。

一 党政联席会"权威地位"的四重理解

恩格斯在《论权威》中深刻分析了"权威"在社会经济社会生活中存在的长期性和普遍性。高校二级学院中存在党政联席会、党委会（党总支）、学术委员会、教（工）代会、学生（研究生）会等多个治理主体，党政联席会在这些治理主体中居于"权威"地位，这可以从样本考察、权力依赖、资源依赖和组织惯性等四个维度进行分析和理解。

（一）样本考察：制度的理性审视

我们通过梳理教育部网站公布的 112 所高校的大学章程后发现，由于治理方式、校情和历史沿革等方面的原因，对二级学院党政联席会的定位不尽相同，归纳后主要有以下三种：一是重大问题和重要事项的决策机构。112 所高校中绝大多数高校把二级学院党政联席会作为内部重大问题和重要事项的决策机构，如《清华大学章程》第三十条规定："院系依照有关规定实行党政联席会议制度，研究决定本单位教学、研究、人事、财务等重要事项。"① 二是学院党政共同负责制下议事决策的主要机构。112 所高校的"大学章程"中有 11 所高校明确在二级学院实行党政共同负责制，如《上海海关学院章程》第二十条规定："系（部）实行党政分工、共同负责的领导体制"②。此外，通过考察江苏省教育厅网站公布的 82 所省属高校大学章程发现，所有

---

① 《清华大学章程》，2018 年 8 月，教育部网站（http：//www.moe.gov.cn/srcsite/A02/zfs_gdxxzc/201409/t20140905_182102.html）。

② 《上海海关学院章程》，2018 年 8 月，教育部网站（http：//www.moe.gov.cn/srcsite/A02/zfs_gdxxzc/201702/t20170207_295850.html）。

高校在二级学院全部实行党政共同负责制，并明确党政联席会是二级学院领导体制的一种主要决策机构。三是最高决策机构。112 所高校的大学章程中有 14 所高校把二级学院党政联席会表述为"最高决策机构"。从以上分析可以看出，虽然各高校对二级学院党政联席会的定位不同，但都有强调其"权威地位"的共同意蕴。

这里需要指出的是，关于"最高决策机构"表述的严谨性值得商榷。从法理、实践和常识的角度分析，最高决策意味着最重要事情的最终决定权，或是争议事项的最终决定权。由于二级学院内部治理对象不同，决策主体也就不同。例如党务工作应由党委会（党总支）研究决定，而不能由党政联席会决定。《上海外国语大学章程》第三十条规定："学院（系、部）重要事项由学院（系、部）党政联席会议决定。重要事项包括……党务、政务的重大问题"[①]。由非党员行政干部参加的党政联席会来决定党务工作事项，从党的组织原则上讲不合法。因此，此种说法忽略了院（系）内部治理主体和治理内容的组织属性。

（二）权力依赖：主体的场域互动

为了保证知识生产活动顺利开展，二级学院配套建立了一套行政系统，它表现出一定的科层机构属性。这种科层属性是一定官僚制的体现。官僚制本身并没有对错之分，正如马克斯·韦伯（Max Weber）所言："官僚制具有在分工合作基础上的技术优势：准确性、迅捷性、明确性、严肃性、连续性、统一性、对文书的精通、严密的服从关系、减少摩擦和节约费用"[②]。二级学院建立"官僚制"的行政机构保证内部各系统高效运转体现出两个必要性。一是防止行动无序而建立权力中心的必要性。恩格斯在批评无政府主义时指出："联合活动就是组织起来，而没有权威能够组织起来吗？"[③] 在学院场域中，其内部存在

---

① 《上海外国语大学章程》，2018 年 8 月，教育部网站（http：//www.moe.cn/srcsite/A02/zfs_gdxxzc/201311/t20131128_182123.html）。

② ［德］马克斯·韦伯：《经济与社会》（下），林荣远译，商务印书馆1997 年版，第296 页。

③ 《马克思恩格斯选集》（第 3 卷），人民出版社 2012 年版，第 275 页。

多个治理主体，除党委会（党总支）外，其他治理主体之间如果不能形成一个权力中心，很容易导致各治理主体追求"纯粹民主"，最终无法避免各项工作久拖不决、久议不定。二是组织任务倒逼建立权力中心提高组织效率的必要性。当前，高校面临人才培养、科学研究、社会服务、文化传承与创新、国际合作与交流、安全稳定以及各种评估等多重任务，校领导班子作为第一层级、各行政部门作为第二层级机构进行组织动员和落实，但从行动组织和权力行使的角度看，上述两个层级机构不可能单独完成所有任务，为了保证发展目标的顺利完成，学校及所属各部门往往依靠行政命令的方式进行推进，沿着管理层级链条下延，二级学院的行政系统没有任何回旋余地成为落实上述任务的最后一级组织承担者，而二级学院组织中最主要的决策机构是党政联席会。因此，党政联席会决策效率也就成为二级学院行动效果的重要影响因素。

（三）资源配置：利益的博弈平衡

二级学院治理体系是一个完整的系统，所有的治理主体共同组成一个相互依赖的共生环境，任何一个治理主体在缺少资源供给的情况下想要独立行动几乎是不可能的，它的生存、发展都要依赖于环境提供的资源，包括有形的和无形的资源。为了寻求生存和发展的空间，一个组织必须与外界交换资源，这种资源交换是双向的，只是换取的要素不同。如二级学院党政联席会的一些决策需要教授委员会提供咨询依据，而教授委员会独立行使学术权力时，有党政联席会的支持才会发挥得更加充分。但不是所有的资源要素交换都是平等的，资源交换中的不平等便产生了资源分配话语权问题。1996 年第十四届中央纪委第六次全会公报指出，"三重一大"（重大事项决策、重要干部任免、重要项目安排、大额度资金使用）必须由集体研究讨论并作出决策。通过如前所述的样本考察，从各高校大学章程的制度设计和实践来看，这里所说的"集体"在二级学院层面主要指向党政联席会讨论。这一规定就决定了二级学院内部党政联席会在资源分配上的话语权。"由于组织生存和发展所需的关键资源依赖于环境的某些要素，而环境中的这些要素往往会对组织提出要求，因此就产生了组织的外部控制。"① "外部控制"不是统治，是治理主体间博弈的秩序遵守。如二级学院内部日常行政事务的处理，特别是涉及其他治理主体参与决策的权力边界时，党政联席会往往需要充当协调、裁定的角色。在资源、利益分配时，当其他治理主体所需的资源都要流经党政联席会时，资源依赖的惯性也就无形之中成就了党政联席会的"权威"地位。虽然高等教育改革不断推动基层管理工作的细分更加精致，但只要这种治理主体之间关系形成的较为固定的体系格局依然能够满足知识生产的需要时，其他治理主体就不会轻易选择新的、更有利于资源配置的组织关系，党政联席会便会继续发挥更大主导作用，其"权威"地位就不会被动摇。

（四）组织惯性：治理的传统沿袭

经典力学将物体保持静止状态或匀速直线运动状态的性质称为惯性。希尔特（Richard. Cyert）、马奇（James. March）于 1963 年将物理学中惯性概念引至管理学领域，提出了组织行为和组织结构同样存在惯性。"组织内部有着依循过去决策与执行的模式，尤其是成功的模式，而保持不变或抵制变革，将这种现象同物理学中惯性概念的相类比，称之为组织惯性。"② 在外力促使组织作出变化前，组织惯性保证了组织运行既有状态的稳定性。一般情况下，一个组织形成的时间越久，其固有秩序的延续性就越明显，就越容易出现组织惯性。我国高校二级学院的领导体制经历了"院长（系主任负责制）、党组织委员会领导下的基础委员会负责制、党组织领导下的院（系）务委员会负责制、党组织领导下的院长（系主任）分工负责制"的变迁，直到 1996 年中共中央印发的《中国共产党普通高等学校基层组织工作条例》（以下简称《条例》）中指出："系级单位党的总支部（直属党支

---

① ［美］杰弗里·菲佛、杰勒尔德·R. 萨兰基克：《组织的外部控制：对组织资源依赖的分析》，闫蕊译，东方出版社 2006 年版，第 285 页。

② 张江峰：《企业组织惯性的形成及其对绩效的作用机制研究》，硕士学位论文，西南财经大学，2010 年。

部）委员会的主要职责之一是参与讨论和决定本单位教学、科研、行政管理工作中的重要事项"①。这里虽没有明确提出"党政联席会"这一概念，但其作为二级学院管理的一个重要机构便形成了。2010 年 8 月 13 日中共中央新修订的《条例》中明确了"党政联席会议"这一制度。在整个变迁与沿袭的过程中，一直是围绕二级学院的领导体制进行设计的，对这一层级的组织体制如何实现从管理向治理思维的转变、如何进一步凸显二级学院的学术属性及其所对应主体的治理参与等方面并没有作出顶层设计。而且，如前所述，党政联席会掌握了二级学院内部资源分配的主导权，由此其他各治理主体在利益诉求或者产生利益矛盾时往往依赖党政联席会的权威。当组织惯性所孕育的组织文化成为一种稳定的心理价值判断时，这种组织文化主导下的二级学院治理容易形成党政联席会一家独大的局面，久而久之，其他治理主体的思维就被定格在从属或依附的位置。特别是二级学院这种组织结构在外界环境变化时仍能够进行有序组织知识生产时，组织惯性的作用更加明显。

二　党政联席会权力边界的认定

长期以来，二级学院层面的党政权力强势、学术权力式微、民主参与缺失的现状得不到彻底改变的一个很重要的原因，就是实践中对党政联席会的权力边界、各子系统运行机制存在模糊认知，系统功能失调导致顶层架构设计在基层学术组织的操作性不强。因此，在二级学院内部治理权力场域内应当明晰党政联席会在二级学院场域内的权力边界。

（一）党政联席会的有限理性决定了自身的权力边界

官僚制组织范式伴随着工业化进入社会化大生产阶段孕育而生，逐渐成为社会管理的工具。遍看所有的工具性组织，几乎都具有官僚

---

① 参见《中国共产党普通高等学校基层组织工作条例》（中共中央 1996 年 3 月 18 日印发）。

制组织范式的特征，只是"影子"呈现的轻重而已。官僚制理论主张用标准的规章制度和操作程序进行管理。传统理论推崇其对政治、价值和利益的中立，认为其能够确保组织具有绝对的理性进行公共事务管理。高校二级学院党政联席会的架构同样具有官僚制的痕迹，设计初衷应该是定义为完全理性组织，这源自于三个基本要件：一是通过层层选拔产生的党政联席会组成人员个体的情商与智商完全理性；二是党政联席会组织人员的价值观完全符合主流价值，不受非主流价值影响；三是党政联席会决策所依据的信息是完备的、决策程序是科学的。然而，事实证明，实践中所有官僚制组织的设计、架构及运行并不是完全理性的。试从以上三个基本要件分析，任何一个要件达到完美都是不可能的。第一，党政联席会的组成人员虽然经过层层选拔，但个体之间存在差异性，不是所有个体的知识水平、能力素质、心理状态都能满足科学决策的要求；第二，党政联席会成员个体能够保持任何时候的价值中立和不受情绪化影响的情况是几乎不存在的。第三，党政联席会决策依据的环境、信息并不一定是覆盖所有因素，而且居于权威地位的党政联席会决策时往往采用符合其自身需要的信息。因此，正是因为党政联席会自身的有限理性，才决定了其在二级学院场域内的权力边界。

有学者指出，权力边界分为"外边界和内边界"。[①] 二级学院党政联席会权力的外边界和内边界都是二级学院治理中无法回避的问题。党政联席会权力的内边界是指党政联会内部的权力分配，即围绕处理二级学院内部不同事务构建的权力结构。而外边界则是指其作为公权力遵循大学和学院章程的价值导向，在二级学院治理中促使各种任务完成并努力达到帕累托最优的最小值，简而言之，就是在构建现代大学制度、现代学院制度背景下党政联席会到底如何恰当行使权力，如何让这种公权力行使的成本降至最低而成效最大，这也是此处所阐述

---

① 吴翰、黄振辉：《从权力边界的确定探索中国行政改革》，《华南师范大学学报》（社会科学版）2004 年第 5 期。

的权力边界。

（二）廓清党政联席会在二级学院场域内的权力边界

如若保证党政联席会能够因地制宜、因时制宜、因事制宜地参与并主导二级学院内部治理，必须厘清其与二级学院内部其他治理主体的关系，这种关系清晰了，党政联席会在二级学院场域内的权力边界也就呈现了。

1. 凸显党组织政治功能是实现党政联席会与党委会（党总支）权力衔接的核心。在中国现行政治体制下，高校必须坚持党的领导。为了体现党的政治核心地位和作用，二级学院党委（党总支）书记、副书记是党政联席会的必要成员。2018 年 3 月，中共中央组织部、教育部党组印发的《高校党建工作重点任务》指出："涉及办学方向、教师队伍建设、师生员工切身利益等重大事项，应由党组织先研究再提交党政联席会议决定。"① 同时，在样本考察中发现，为了加强各子系统间信息沟通与相互支持，党委会（党总支）与党政联席会从不同的方面共同负责思想政治、师德师风及学风建设、人才、廉政建设、保密、安全稳定等工作。因此，二级学院领导体制虽不是沿用学校层面党委领导下的校长负责制，但党政联席会在制度设计上并未削弱党的领导，而是厘清了党政联席会与党委会（党总支）在二级学院治理中的行动秩序。

2. 回归二级学院的学术属性是协调党政联席会与学术委员会之间关系的根本。造成二级学院行政权力系统与学术权力系统冲突的主要原因是二者权力边界模糊、分工不明、职责不清。"党委领导、校长负责、教授治学、民主管理"是中国特色现代大学制度的基本架构。其中，"教授治学"是现代大学制度的核心和根基。基于此，处理党政联席会与学术委员会两个子系统之间的边界关系应首先明确，凡涉及学术范围的事项应交由学术委员会决策②，党政联席会不能越俎代

---

① 参见《中共中央组织部　中共教育部党组关于印发〈高校党建工作重点任务〉的通知》（2018 年 2 月 26 日印发）。

② 有的高校设二级学术委员会，下面设专业委员会，而有的高校则未设，由教授委员会行使二级学术委员会的职能。不管设置与否，二级学院都建立了行使学术权力的机构。

庖。二级学院学术委员会在教学科研、学科建设、学术评价、学术发展和学风建设等学术事务中履行审议、评定和咨询等职权。为了保证学术委员会权力依章依规行使，拥有行政主导权的党政联席会应出台相关制度保障学术委员会决定的执行。

3. 保障民主有序参与是党政联席会权力依法行使的基础。依法保障教职工有序、民主参与学校各项事务，并行使民主监督权力，是构建现代大学制度的重要内容。《高等教育法》第四十三条规定："高等学校通过以教师为主体的教职工代表大会等组织形式，依法保障教职工参与民主管理和监督，维护教职工合法权益。"[①]《学校教职工代表大会规定》第二章明确了教（工）代会的职权范围，包括三项主要权力：一是听取事关学校发展的各种报告，并提出意见和建议；二是讨论通过与教职工利益直接相关的事项和规定；三是监督学校章程、规章制度和决策的落实情况。据此，党政联席会与教（工）代会之间的权力划分应遵循以下三个原则：第一，党政联席会拟订与教职工利益直接相关事项办法，并必须交由教（工）代会讨论通过；第二，教（工）代会听取党政联席会作出的事关单位发展的报告，并提出意见和建议；第三，教（工）代会监督党政联席会依照学校、学院章程以及相关规章制度行使权力。

学生（研究生）会是在党组织的领导和团组织的指导下由学生代表组成的群众组织，《中华全国学生联合会章程》第十五条规定学生会、研究生会的基本任务之一是："沟通学校党政与广大同学的联系，通过学校各种正常渠道，反映同学的建议、意见和要求，参与涉及学生的学校事务的民主管理，维护同学的正当权益"[②]。因此，二级学院党政联席会与学生（研究生）会之间存在的基本权力边界包括以下两点：学生（研究生）会成员代表通过列席党政联席会反映学生群体诉

---

① 《中华人民共和国高等教育法》，2017 年 12 月，教育部网站（http://www.moe.edu.cn/s78/A02/zfs__left/s5911/moe_619/201512/t20151228_226196.html）。

② 《中华全国学生联合会章程》，2017 年 12 月，中华全国学生联合会网站（http://qgxl.youth.cn/xljj/xlzc/202008/t20200828_12470751.htm）。

求的意见和建议；党政联席会作为落实高校人才培养任务的重要机构，在决策过程中必须关照学生群体的切身利益，并将学生（研究生）会作为了解学生情况的重要渠道。

三　党政联席会的行动准则

从高等教育产生和发展的历史来看，高校是一个"底部沉重"的组织，在二级学院层面应该是以知识生产为中心、学术权力主导的场域，这也就表现出"逆权威"的现象。党政联席会主导的行政权力"权威"与学术权力"逆权威"形成两种张力的反向，因此，党政联席会运行应该遵循一定的行动准则，才能防止这种"外力"在二级学院治理中作用异化。

（一）学术本位准则

学术性是高等学校存在的合法性基础，大学是探赜精深学问的场所，追求真理的科学精神和关怀天下的人文精神是大学最明显的价值符号。我国的高等学校虽然具有中国社会主义的特色，但与西方国家高校相比，其基本任务、基本属性并没有变化，是以知识生产为根本任务的学术机构。作为高等学校的组成单位——二级学院学术性应该体现得更为明显，学术本位是二级学院内部治理的价值旨归。这就意味着，以党政联席会为代表的主体参与内部治理要以维护大学的基本精神作为价值追求。当下，西方国家高校内部治理改革过程中形成的"管理主义"趋势与我国高校内部治理体系中长期存在的"泛行政化"倾向，都是政治权力或行政权力等"外力"对学术本位权力的过度干预甚至是不当干预的典型表现。因此，党政联席会的运行应遵循维护学术本位的准则，这样才能有助于重塑二级学院内部治理体系。

（二）协同共治准则

协同学创始人赫尔曼·哈肯（Hermann Haken）提出了"自组织"概念，苗东升又在此基础上提出了"他组织"概念。系统的组织力来自内部，无须依靠外部指令而能自发组织和具备功能的，属于自组织范畴；而当其组织力来自外部，需要依靠外部指令才能组织起来产生功效的，则属于他组织范畴。从权力赋予和组织产生、成长的过程来看，党政联席会是学校章程所规定必须成立的一个决策机构，二级学院党委会（党总支）是根据党的组织制度建立的一级组织，这两者都属于他组织范畴；而二级学院内部的教授委员会、教（工）代会以及学生（研究生）会属于自组织范畴。二级学院内，自组织与他组织的权力场域相互渗透、相互交织，形成一个有机整体。任何一个组织采取单独行动实现目标都是不可能的。在二级学院系统内部，各子系统又有其权力的场域和实现目标的诉求，也就是说，各治理主体之间存在着权力区隔。系统的发展是自组织和他组织合作博弈与非合作博弈矛盾斗争的结果，各子系统的合作博弈是理想和最终实现目标的统一。因此，党政联席会与二级学院其他各治理主体间只有建立一种协同共治型的合作关系，才能避免零和博弈的结局。

（三）尊崇法治准则

由于长期以来，观念行政化拒斥现代大学和现代学院治理体系的建立，以及经验治理模式忽视高校内部治理的法治化，导致二级学院党政联席会的"政治权力"身份更加偏重于"权力垄断"的形象。在某些情况下，二级学院党政联席会也往往以这样一个所谓的合法性游离于法治规则之外。因此，必须通过法治思维和法治方式来推动学术权力与行政权力分野，保证学术属性的回归。一方面，在与外部关系的处理上，我们应依照法律和学校的规章制度采取行动；另一方面，在内部运行机制方面，应建立人员组成、决策流程、分歧协商、申诉表达、考核监督、责任追究等制度。只有这样，才能维护二级学院治理系统的稳定，保证内部各治理主体的行动有法可依、有法必依，从而保证高校与二级学院两级现代治理体系的同构。

（四）效率至上准则

任何行政决策都要以公共利益作为逻辑出发点和价值取向。在二级学院层面，各治理主体应以维护公共利益——大学学术本位功能的发挥作为其行动的原则。由于二级学院治理体系的建构是多个主体契约的联结，在外部环境和组织结构一定的情况下，组织效率的高低往往受到各治理主体目标耦合度的影响。而在实现和维护大学基本功能的前提下，二级学院各治理主体和各类群体的目标与利益诉求存在差异，各治理主体组织目标和愿景同时完全实现几乎是不可能的。党政联席会作为重要的决策机构，为了保证组织共同目标和愿景实现的最大化，要通过科学设计议事决策流程、调动各治理主体的积极性、运用现代管理工具，以及建立开放包容的组织文化等多个路径，建立效率至上的行动准则，从而避免理想化追求与科学逻辑之间的摩擦，保证决策的相对理性和效率。

综上所述，高校二级学院内部治理体系是为实现大学功能目标而建立的，是各治理主体参与决策、权力博弈的结构和过程，看似简单，实则复杂。随着高等教育改革的深入，在完善中国特色社会主义高校体制的进程中，我国一方面要继承原有的经验和优势，另一方面也要借鉴国外现代大学二级学院治理的先进理念，构建符合中国国情的高校二级学院治理结构，培育富有中国特色的治理模式，唯有这样才能不断推动我国高等教育的进一步发展。

第 六 章

大学组织绩效管理制度设计模型

如何设计大学组织绩效管理制度是本研究要解决的重要问题之一。本章在前文的基础上探讨绩效管理制度设计的逻辑遵循、激励导向和价值协商下的绩效管理制度设计理路；最后，尝试构建大学组织绩效管理制度设计模型，以期为大学组织设计绩效管理制度提供参考。

第一节　绩效管理制度设计的逻辑遵循

一　大学绩效管理制度的三种基本逻辑

制度逻辑指某一领域中稳定存在的制度安排和相应的行动机制，这些制度逻辑诱发和塑造了这一领域中相应的行为方式[①]，大学管理的制度逻辑为大学的稳定与发展提供了一系列的管理制度安排，规定了大学人的行动选择方向，也塑造了大学人的行为方式。目前国内关于现代大学管理制度的研究在理论基础和逻辑思路上大体可以归为三类：学术逻辑、政治逻辑和市场逻辑。[②]

（一）学术逻辑

无论过去、现在抑或将来，从事学术活动都是大学存在的前提，它是大学办学的初衷，也是大学行动合法性基础。大学在管理实践中

---

① 周雪光、艾云：《多重逻辑下的制度变迁：一个分析框架》，《中国社会科学》2010 年第 4 期。

② 彭江：《初论现代大学制度的本质及逻辑》，《复旦教育论坛》2006 年第 1 期。

要坚守这份"初心"，并在进行管理制度设计时把持住底线，学术性应当是大学管理最为核心的制度逻辑，也是制度设计依据。从本质上讲，大学是一种独特的学术组织，大学的制度也是在大学自治和学术自由的规律和逻辑基础之上构建起来的，大学组织的产生、发展乃至管理制度的建立均取决于大学自治和学术自由这一根本①，因此，大学须重视绩效管理制度设计的学术逻辑。

（二）政治逻辑

布鲁贝克指出，大学存在的哲学基础有两种，一种哲学主要以认识论为基础，另一种哲学则以政治论为基础②，认识论哲学趋向于把探究高深学问作为目的，遵循的是学术逻辑，而政治论哲学则认为大学存在的目的在于为国家服务，遵循的是政治逻辑。大学作为国家机器的核心部件，它同时还要满足国家对高等教育提出的希望与要求，努力服务于社会经济发展与国家战略需要，大学绩效管理制度须以国家的政治、经济、文化、科技为基础加以完善，因而政治性也是大学绩效管理制度设计的一种重要逻辑。政治逻辑强调大学绩效管理制度的国家观念，认为政府对大学的管理理所当然，也将大学绩效管理制度的设计与施行归入公共政策类之中，"在大学日益走向社会的中心和大学的职能日益多样化，其经济、社会作用日益重要的今天，大学制度的政治逻辑和政治论哲学日益取得了存在和流行的合法性"③。

（三）市场逻辑

大学所遭遇的种种危机，如政府对高等教育财政支出的限制、高等教育规模的继续扩大以及知识社会化所带来的知识多样化等危机，导致了"准市场化"机制的引入，使政府不得不对大学松绑，在政府

---

① 吴明华：《现代大学的治理逻辑及其在中国大学实现路径研究》，硕士学位论文，上海交通大学，2013年。

② ［美］约翰·S. 布鲁贝克：《高等教育哲学》，王承绪等译，浙江教育出版社2001年版，第13页。

③ 彭江：《初论现代大学制度的本质及逻辑》，《复旦教育论坛》2006年第1期。

资源供给的前提下，让大学在市场竞争中争取更多的办学资源。因而，"大学制度的构建不但要有市场参与，且还必须适应市场经济体制的环境"①，大学的管理制度也需要遵循市场逻辑。大学管理制度的市场逻辑强调大学的法人地位、自主办学权以及内部管理的自主决策权，大学之间展开市场竞争，通过市场配置机制使高等教育资源得到优化配置，从而产生高等教育收益的最大化。

（四）三种逻辑之间的关系

制度是关于权力与利益的规则体系，大学制度中的学术逻辑是学术权力与学术利益的制度安排，政治逻辑是政治权力与政治利益的制度安排，市场逻辑是市场权力与市场利益的制度安排。大学管理制度的三种逻辑之间存在着一定的冲突与矛盾，应该是一种相互制衡、相互补充的关系，这种制衡关系的维护是大学管理制度稳定的基础，任何一种逻辑的执拗发展都会使大学的管理制度失衡，影响大学的发展。而目前，我国大学的绩效管理实践更多倾向于其政治逻辑与市场逻辑，而大学的学术逻辑在大学管理制度设计活动中显示不充分。因此，本研究认为有必要在此对大学绩效管理制度的学术逻辑再作出相应解释与强调。

二　学术性是大学绩效管理制度设计的核心指向

当前的大学绩效管理实践中，一方面，大学教职员工疲于应对各种考核、过于追求职务职称，而忽略了自身实际能力的培养与发展；另一方面，大学为获取竞争资源，盲目追求高绩效，打破了教学与科研之间应有的平衡关系，不符合高等教育的发展规律。为什么绩效管理制度在商业组织管理中能显著改善员工的工作绩效，而在大学组织中，却会出现这样那样的问题？有学者认为，除参与市场交换的社会服务性绩效外，大学教师的其他绩效无法通过市场等价交换原则得到

---

① 吴明华：《现代大学的治理逻辑及其在中国大学实现路径研究》，硕士学位论文，上海交通大学，2013 年。

价值测量，只能在人类发展的漫长历史中逐渐被印证或淘汰①，这反映了大学绩效管理制度设计遵循学术逻辑的必要。

　　大学作为学术机构而存在是大学的本质特征，作为一种学术性组织，"在很大程度上，它的庞大而持久的学术系统矩阵结构不是人为规划的，而是自发形成的。学科和院校一起以一种特殊方式决定了这一学术组织"。在这种矩阵结构的学术组织中，学术自由、学术自治是其运行的内在逻辑，学术责任是其合法性存在的前提。因此，大学的管理，无论是当前采用的绩效管理方式还是将来可能出现的其他管理方式，都应当遵从大学的学术性组织特征，围绕学术逻辑开展管理活动，大学的绩效管理制度当然也需要围绕学术逻辑进行设计。

　　学术性组织中的学者以学术为志业，他们有学术活动的自由，这种自由不应受到过多外界的指令与压力，服从真理是学者之所以为学者的一个基本标准，绩效管理不能强求学者一味创造高绩效而导致其违背追求真理的标准。凡勃伦曾有经典论述："为了使得他们（学院人）有更高的效率，当然是指在这个活动领域所达到的效率，大学的行政官员必须站在辅助的立场上，服务于组成大学的学者和科学家的需要，适应他们的各种怪癖；如果允许相反的关系发生作用，其不可避免的结果便是浪费和失败。自由是学术和科学工作之首要的、永恒的要求。"②

　　首先，如果大学的绩效管理不以学术自由为基本的逻辑前提，那么大学的绩效管理就只剩下灌输制度规范，甚至以引导、威胁的方式来实现大学人的工作绩效，那么大学就没有自身的道德生活，只有规范性知识和技术的制度生活，大学也就失去了自我，逐渐步入面临存亡问题的危险境地。学术自由是学者坚守的基本准则，它要求学者进

① 赵书松、廖建桥：《绩效工资制下大学教师绩效非伦理风险及其规避策略》，《高等教育研究》2012年第2期。
② ［美］刘易斯·科塞：《理念人：一项社会学的考察》，郭方等译，中央编译出版社2001年版，第307页。

行自发性的自我管理，这种学者自我的要求对于提高学术生产力大有裨益。况且，学者的自由受到底线的约束，学术道德是学者学术自由的边界，学者的道德责任感使学者认识到应该做哪些事情，致力于公众利益导向的大学整体绩效的提升而非满足自身利益最大化的欲望是学者应该做的事情。

其次，大学是探究高深知识的场所："既然高深知识需要超出一般的、复杂的甚至是神秘的知识，那么，自然只有学者能够深刻地理解它的复杂性。因而，在知识问题上，应该让专家单独解决这一领域中的问题。他们应该是一个自治团体。"[①]　大学绩效管理偏好用量化方式来衡量学术成果，但学术生产是高度专业化的活动，需通过专家鉴定以评价学术成果的质量。然而，"如果我们超越具体社会背景或从统计意义上'控制'其他制度逻辑而孤立抽象地讨论某一制度逻辑的作用，常常会导致对其作用的片面认识甚至误读"[②]。因此，强调大学管理制度的学术逻辑并不意味着否定大学绩效管理制度的政治逻辑与市场逻辑的重要性。大学不断地被卷入市场和政治舞台所造成的"超然物外"学者特质的逐渐失落，使得并不是所有学者都能把握好自治的限度，学者们自由散漫、自行其是、保守偏执的弊端凸显大学绩效管理的必要性。在保证合理自治的基础上，绩效管理当以绩效理念纠正学者言行的散漫性、以绩效考核督促学者学术创造的时效性、以绩效制度制约学者对大学战略目标的排斥性。

最后，在传统知识生产时代，学术共同体内部的同行评议是学术产品质量控制的基本形式，学术共同体的认可是学术合法化的前提。在当前高等教育利益多元化的时代，学术的合法性依然备受关注，但其合法性更倾向于强调为社会服务的学术责任，大学绩效管理作为一种带有问责性特征的高等教育产品质量控制手段应时而起。绩效管理

---

　　① 　[美] 约翰·S. 布鲁贝克：《高等教育哲学》，王承绪等译，浙江教育出版社2001年版，第31页。

　　② 　周雪光、艾云：《多重逻辑下的制度变迁：一个分析框架》，《中国社会科学》2010年第4期。

强调学术研究在注重学术价值的同时，还要观照到它的有用性：关注学术的政治价值与市场经济价值。①

三　基于学术逻辑的大学绩效管理制度设计

这里试图基于大学管理制度的学术逻辑，参考绩效棱柱模型与绩效金字塔模型来设计大学的绩效管理制度体系。

大学组织绩效棱柱模型如图6—1所示，棱柱的每个面分别代表大学的一个绩效要素，棱柱的两个对面分别代表大学利益相关者的满意度与利益相关者的贡献，三个侧面分别代表了大学的战略、流程与能力。

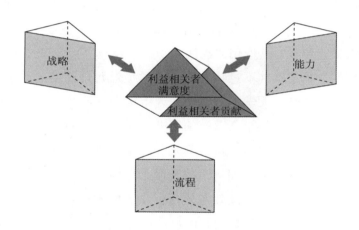

图6—1　大学组织绩效棱柱模型②

● 利益相关者满意度：谁是大学的关键利益相关者，他们的需求与期望是什么？

根据前文可知，教师、大学管理者、政府、学生、校友、捐赠者、

①　刘姗、胡仁东：《对我国高校绩效管理的反思》，《教育探索》2015年第10期。

②　Andy Neely, Chris Adams, Mike Kennerley, "The Performance Prism：The Scorecard for Measuring and Managing Business Success – Financial Times Prentice Hall", *Person Education Limited*, 2002, p. 181.

企业、社区、媒体以及社会公众等是大学组织的利益相关者。其中，教师、大学管理者以及政府是大学的关键利益相关者，教师具有物质需求与特殊的个人价值需求，他们期望通过在大学工作获得物质利益、实现人生价值；政府需要大学能够更好地为国家政治、经济的高速发展服务，期望用最小的教育资源支付获得大学的最高绩效；大学管理者则希望通过最低成本获得政府的最大利益补偿，使大学能够在高等教育场域中获得竞争的优势，并能够更好地发展。

●利益相关者贡献：大学的利益相关者能为大学的发展作出哪些贡献？

大学利益相关者的贡献与需求是相对的，即利益相关者不仅对大学存在一定的需求，他们肯定也或多或少地能够为大学作出一定贡献，需求与贡献是大学利益相关者的两种重要特征。大学利益相关者能为大学作出多种贡献，特别是关键利益相关者的贡献，关键利益相关者有两个重要的特征：第一，对实现组织的目标有持续的帮助；第二，如果失去该利益相关者，组织的目标就难以实现。[①] 大学教师对大学的贡献很难简单地概括出来，比如教学效果、科研成果乃至大学的声誉都要靠教师的努力来获得，但有一点是毋庸置疑的，即大学的生存与发展主要依靠大学教师为大学所作出的各种贡献，甚至大学教师实际上就构成了大学本身。1952 年，在哥伦比亚大学的新校长艾森豪威尔的欢迎会上，校长说对见到出席的"雇员"感到荣幸，一位资深物理学教授（后成为诺贝尔奖获得者）发言说："教授们并不是哥伦比亚大学的'雇员'，教授们就是哥伦比亚大学"[②]。梅贻琦先生也曾说，"大学非谓有大学之谓，乃谓有大师之谓也"，罗索夫斯基也在其《美国校园文化——学生·教授·管理》一书中，做过一段描述，他说："大学教师常常认为他们就是大学，教学和研究是高等教育最重要的使命，而这种使命就掌握在他们手中，没有教师，就不

---

① 程卓蕾：《高校绩效管理体系的研究与设计》，博士学位论文，中南大学，2011 年。

② 程星：《细读美国大学（增订本）》，商务印书馆 2006 年版，第 66 页。

能成其为大学"①。大学管理者对大学的贡献主要体现在其对大学的行政管理方面，而大学教师，即使是资深的教授，他们虽然是自己所属学科领域的专家，但也不一定拥有管理大学的才能。可以说，如果没有大学管理者，各学科之间可能各行其是、缺乏交流，大学也无法形成作为一个组织整体的大学文化，大学甚至可能陷入混乱的结局，或者至少是效率低下的。没有政府的支撑，大学也无法继续生存下去，因为大学无法像企业一样形成完全的利润机制，它须依赖政府资源的支撑才可得以为继。大学的学生作为消费者，也为大学作出了巨大贡献，如果没有学生，当然也就没有大学存在的必要性，企业、捐赠者、社区、媒体等利益相关者也为大学的发展提供了各种支撑。

● 战略：大学应该如何制定战略来满足利益相关者的需求与期望？

由于利益相关者是不断变化的，他们与大学之间的关系也是随着大学战略制定的变化而变化，因此，大学战略与利益相关者之间应该是动态的关系，是建立在行动基础上的关系。大学在制定战略时，应综合考虑外部组织评价特别是政府的绩效评估要求，考虑外部利益相关者的诉求，结合组织愿景与组织使命来最终制定，如图6—2所示。其一，大学在制定战略及绩效管理制度之前，需要了解政府对大学绩效评估的主要要求与评估方向，根据政府要求结合大学自身发展制定符合大学具体情况的战略发展目标，其中，结合大学的发展定位是一个关键要素，大学战略的制定绝不能直接"移植"政府的政策要求。其二，大学所采取的战略应以满足利益相关者需求与期望为前提，但无论大学制定怎样的战略都不可能满足所有利益相关者的诉求，大学应该尽量考虑关键利益相关者的需求，而对于其他利益相关者，只能尽量在众多利益诉求中寻求一个利益平衡的机制。其三，大学的使命表明大学是什么以及大学应该是什么，即大学存在的理由以及所追求的价值，"大学的使命宣言要明确大学首先是一个学术组织，探索真

---

① ［美］亨利·罗索夫斯基：《美国校园文化——学生·教授·管理》，谢宗仙、周灵芝、马宝兰译，山东人民出版社1996年版，第220页。

理和追求知识是大学的学术责任"①，大学的使命要内含大学的基本职
能并将其体现在大学的组织战略中。其四，与大学的使命一样，大学
的愿景也是大学战略定位的陈述，大学的愿景是大学组织全体员工共
同的意愿，反映了他们对大学未来发展的期盼，大学愿景的制定过程
是一个沟通、交流的过程，需要广大教职工共同的参与，这样的愿景
制定过程可以促进大学开放管理模式的形成，也更容易凝聚大学教职
工的共识。

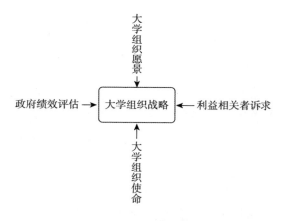

图6—2　大学组织战略形成路径

● 流程：大学需要设计哪些关键的绩效管理流程来执行并实现其
制定的战略？

大学要实现自身战略，必须确定一些关键的绩效管理流程，通过
各流程来逐步实施大学的战略。大学绩效管理的关键流程包括绩效计
划与指标体系的构建、绩效管理的过程控制、绩效考核与评价、绩效
反馈与面谈以及绩效考评结果的应用五个内容流程，它们共同形成一
个闭环的绩效管理系统（见图6—3）。

---

①　赵文华、周巧玲：《大学战略规划中使命与愿景的内涵与价值》，《教育发展研究》2006
年第13期。

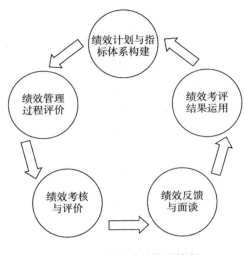

图6—3 大学绩效管理流程

● 能力：大学运作这些绩效管理流程需要达到什么样的能力？

大学需要有持续发展的能力才能够较好地运作绩效管理的系统流程，而各流程的良好运作又反过来保证大学能够拥有持续发展的能力，大学的能力主要体现在其人才培养、科学研究与社会服务三个方面，大学通过设定这三个方面的能力指标来实现大学的高绩效目标。基于大学绩效管理制度的学术逻辑，大学的绩效金字塔模型呈现出一定的特性，如图6—4所示。大学的绩效金字塔模型能够列出大学组织绩效的多个维度，显示绩效管理制度各要素之间的等级式逻辑结构，解释大学组织持续发展的能力，同时在各层级的绩效指标执行及效果间建立有效的反馈机制，在绩效动因与结果之间建立关联性。

首先，大学根据外部组织评价（主要是政府绩效评估要求）、外部利益相关者诉求、大学组织使命与愿景设定其战略目标，将目标进一步分解为人才培养、科学研究及社会服务三个能力指标。在目标分解过程中，大学需要明确学校想要培养什么样的人才、科学研究的预期到什么程度以及学校应该达到怎样的服务社会的能力，这三个问题的解答要依据大学的定位与特色，不宜设定不切实际或不利于大学发展的绩效指标。

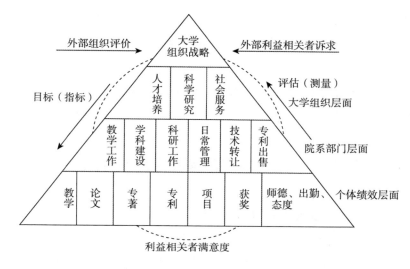

图6—4　大学组织绩效金字塔模型

其次，上层目标传递到具体的学院、部门转化成了具体的部门职责与任务，分解为更为细小的指标，如学院的教学工作、学生工作、学科建设、师资队伍建设、科研工作、成果转化以及学院、部门的日常管理等次级指标。

最后，个体层面是大学战略目标传递的最底层，目标被分解为更为细微的具体指标，如教学、论文、论著、专利、项目、获奖、社会兼职、师德、态度、技能以及行政人员对于上级分配的具体工作的完成情况等。

大学战略目标经过层层分解，最终渗透到大学教职工个体层面，从个体层面开始，每一层级绩效管理与评估的信息都要向上一层级进行反馈，上一级绩效单元对反馈来的信息进行分解、处理，对于一些可以处理的问题应及时处理，无法处理的重要问题及重要信息要继续向上一层级单元反馈，直至反馈到大学的最高管理层，最高管理层根据各层级反馈的绩效信息进行总结，并制定下一阶段的战略目标。在绩效层层分解与信息反馈的过程中，有两个关键问题需要作出特别强调：其一，整个绩效管理制度体系的设计特别是指标的构建及其权重的划分要遵循大学的学术逻辑。其二，整个绩效管理制度体系的设计都要围绕利益相关者满意度进行，而利益相关者的满意度最能够体现在绩效信息从下至上的反馈过程中，在整个制度体系的设计过程中，如何保证反馈渠道的畅通是制度设计成功的关键，需建立针对性的流程作保障。

第二节　激励导向的绩效管理制度设计

一　委托代理关系的两种协调机制

由于委托代理问题增加了大学管理的代理成本[①]，进而降低了大学组织的绩效。为提升大学组织及其内部职工的绩效，必须设法解决大学绩效管理中委托人与代理人之间的各种代理问题、缓和双方之间的矛盾、协调两者之间的关系。关于如何协调代理人与委托人关系的机制，理论界的探讨主要有两种方式，第一，用一种让代理人对其行为负责的方式来检测代理人的绩效；第二，运用规范并由代理人主动塑造自己的绩效功能。[②]

第一种方式试图用一种制度化的监督与问责方式来解决大学绩效管理主体之间的委托代理问题，考核和严格的问责制度在一些从事实体的生产制造的企业里会比较奏效，因为这些企业的生产活动具有特定性高的特点，能够建立系统的劳动分工，可以把生产划分为具有高度例行化的小而简单的任务。在大学这样一种提供教育服务和学术生产的公共部门中，单纯依靠监督各代理人的行为让其对自己的行为负责实属难事。"在私人企业中，监督和问责的问题虽然没有得到很好解决，但至少还可以用利润指标来考核检测代理人的绩效；而在许多公共部门中，这个问题是一个无解的问题。绩效倘若无法准确地考核，

---

① 所谓代理成本，即委托人为确保代理人忠诚地为其工作而必须支付的成本，包括监督代理人行为的成本、约束代理人的成本，以及当代理人损害组织利益时所带来的额外损失。

② 周光礼：《委托—代理视野中的学术职业管理——中国大学教师聘任制改革的理论依据与制度设计》，《现代大学教育》2009 年第 2 期。

最终便不可能建立制度的机制来保证公共部门的透明性和问责制。"①
大学作为一种特殊的公共部门组织，存在着学术工作的事务量大、特
定性低②的特点，这种学术职业的特殊性使大学绩效管理中各代理人
的绩效难以考核，学术活动不仅内容难以量化且考核成本高昂。况且，
在大学的劳动力市场上，许多工作是要靠团队的力量才得以完成的，
因而很多时候也无法就一项工作对单独一个教职员工的工作绩效进行
准确考核，加之只有员工自己才能够知道他到底是已经竭尽全力地进
行了工作，还是使用了某种方式偷懒却逃脱了应得的处罚。制度经济
学家长期以来一直在致力于解决"偷懒问题"，但在大学中，因为涉
及更多团队生产问题，搭便车的行为从来没消失过。鉴于大学学术生
产的特殊性，制度设计者通过构建一种正式的制度安排，使代理人
（教职员工）与委托人（大学管理者）之间的利益目标函数相一致的
设想难以实现，即使能够设计出理想的制度蓝图，在实际的实施过程
中也必然会遭遇诸多负面后果。

经济学家假定代理人会利用一切便利来最大化自己的利益，同时，
偷懒免遭处罚，但事实上，特别是在大学这种以自我实现为最高人生
目标的组织中，许多员工并不偏好偷懒，即使他们知道制度性的考核
几乎无法窥见他们的某些隐匿的偷懒行为，他们仍然不选择偷懒的行
动策略，他们的工作量甚至远远超过学校规定的最低工作量。那么，
为什么还是会发生这样的情况呢？美国学者弗朗西斯·福山（Francis
Fukuyama）认为，这是因为一系列非制度性的规范在起作用，这些规
范的存在使代理人愿意主动塑造自己的工作绩效。福山还认为这种非
正式制度在军队中较为典型，常规的经济激励与问责约束不可能把军
人动员起来使他们在战争中甘愿冒生命的危险，军事组织解决这个问

---

① ［美］弗朗西斯·福山：《国家建构：21 世纪的国家治理与世界秩序》，黄胜强、许铭原
译，中国社会科学出版社 2007 年版，第 52—55 页。

② 公共部门的服务可以分为两个维度：事务量与特定性。前者取决于需要组织作出决定的
次数，次数越多说明事务性越大，次数越少则说明事务性越小；后者指考核一项服务绩效的能
力，次数越多说明特定性越低，次数越少说明特定性越高。

题所使用的方式是通过群体认同感来取代个人认同感，并通过传统、仪式和群体历史这些具有凝聚战士精神的教育来进一步强化群体认同感。① 实然，大学不会要求教职员工为组织发展而付出生命或为群体作出更为特别的牺牲，但大学同样需要类似非正式制度来增加员工的群体认同感，而这种群体认同感能提升大学教职工创造高绩效的责任心与热情。

许多组织（包括大学）都无法仅通过一种制度化的监督与问责制度来解决委托代理问题，非正式制度固然可以用来协调大学绩效管理中的委托代理问题，促使代理人与委托人的利益趋向一致，但这种方法的使用对大学来说也是一把双刃剑，因为非正式制度只有在作为制度化的激励的补充而非替代时才能最大限度地发挥作用，因而大学也无法单纯依靠不成文的规范来解决这些委托代理关系中的棘手问题。本研究认为可以采用正式制度和非正式制度相结合的办法来提升大学组织管理绩效。

二　正式制度与非正式制度结合的有效激励

协调大学绩效管理中委托代理关系的重点在于设计有效的激励机制，而目前绩效管理制度对大学教职工所产生的激励效果并不理想，导致大学管理者与教师之间的代理关系难以协调。对大学教师实施激励，需要对其个性需求进行详细研究分析，挖掘出符合大学教师特点的、具有最大激励效用的激励因素，进而设计出最有效的激励机制，最终最大限度提升大学教师的各方面绩效。我国大学的整个绩效管理制度体系中关于教职员工激励机制的设计不尽合理，大学与教职工之间的激励合约所产生的效用低于员工作为代理人从其他渠道所获得的最大效用，如是进行制度设计所带来的后果便是代理人并不致力于本职工作，而把更多的精力投入到其他可以获得更多自己所期望收益的

---

① ［美］弗朗西斯·福山：《国家建构：21 世纪的国家治理与世界秩序》，黄胜强、许铭原译，中国社会科学出版社 2007 年版，第 63—64 页。

事务方面，委托代理问题由此产生。鉴于此，大学绩效管理制度中激励机制的设计也要建立在协调代理人与委托人之间关系的基础之上。固本研究也将委托代理关系的关键协调机制——正式制度与非正式规范的结合作为大学绩效管理有效激励机制的设计基础。

（一）正式制度的激励机制

正式制度的激励机制主要体现在大学内部规章制度明文规定的文本或内容之中，这在我国大学激励机制的设计中占主流地位，目前，绩效管理实践中所采用的制度化激励机制主要体现在职务评聘、竞争、声誉等方面。正式制度化的激励机制在大学绩效管理实践中发挥主导作用，但这并不意味着它发展的成熟度与之发挥作用的大小成正比，相反，我国大学绩效管理中的正式制度化激励机制还存在很多问题，甚至影响了整个管理系统运行的公平与效率。如大学组织对教师进行绩效考核，并将考核结果运用于教师职务晋升、工资调整的依据，理论上来看应该很有激励效果，但实际上，因为对象的分类问题没有根本解决，而造成激励效果不佳甚至产生负面效应。大学绩效管理中的正式制度化激励机制特别是在管理对象的分类方面还需要做很大程度的改进，主要可以通过以下方面着手进行：其一，鉴于学术职业具体分工的不同，要设计具有不同倾向的激励机制，如以教学为主的教师的激励应该着重针对其教学能力进行，以研究为主的教师的激励当以其研究成果与研究能力为重点。在此前提下，鼓励教师各归其位并各司其职。比如，为教学型教师设置一个科研最高分数上限，达到上限之外的研究成果便不再计入考核成绩，这样可以鼓励教学为主的教师全心投入教学，以避免现行制度漏洞所致的"轻教学重科研"怪象，如果确实存在教学型教师科研能力突出的情况，可通过制度规定并由教师自行选择。其二，对大学教师的激励应把握激励中的有效信息，即应该尽量选择那些能真正测量大学教师各方面绩效的信息。这类信息通常可以分为两类：一类是与个体是否努力无关且不能被个人所控制，但与个人绩效有关的信息 X；另一类是一系列标示个体各方面能力水平的信息 Y。[①] 在大学绩效管理中，第一类信息包括教师就职的学校类别、层次、学校的办学性质以及教师从属的学科专业、所授受的课程等，第二类信息包括科研项目和课题的数量经费、同行及学生的评价等。如果 X 与 Y 正相关——例如，在大学中某些优势学科团队中的教师可能申请到更多省级以上科研课题与项目，而其他弱势的学科申请省级以上科研课题或项目则非常困难——那么，在使用省级以上科研课题或项目这个信息 Y 来决定激励方案的时候，实际上应该减轻这个信息在某些弱势学院、学科中的分量；反之，如果 X 与 Y 呈负相关——例如一些弱势学科中的教师申请到了国家重点课题或项目，在使用 Y 信息决定激励方案的时候，应当增加这个信息的分量。[②] 这种根据两类信息之间的相关性来确定激励信息分量的措施也是一种增加大学教职工激励相对公平性的有效措施，在用"学生评价"来考核教师教学能力时，也同样适用。在处理学生评价问题时，应区分不同的课程性质，如基础性与应用性、决定课程趣味性的客观因素等，而不能只采信学生的评价，因为"虽则学生打分在某些方面是可行的，可还是有一些不幸的后果，学生倾向于赞赏那些善于表演的教授，这些教授有幽默感，对学生也不作太多的要求。那些对学生提出较高要求的严肃的教授可能在这样的打分制度中表现不佳，即使他或她可能比上面提到的教授们提供了更高质量的教学"[③]。

(二) 非正式制度的激励机制

非正式制度激励主要依托人的意识形态、行业传统、道德感、价值观以及职业特性等方面来实现。在大学组织中，非正式制度的激励可以从大学教师学术职业上的归属感、意识形态上的自由主义传统、道德伦理上的学术责任意识等方面进行构建。

---

① Paul Milgrom, John Roberts, "An Economic Approach to Influence Activities in Organizations", *American Journal of Sociology*, No. 94, 1988, pp. 154 – 179.

② 缪榕楠：《学术组织中的人——大学教师任用的新制度主义分析》，南京师范大学出版社 2008 年版，第 151—152 页。

③ ［美］乔治·里茨尔：《社会的麦当劳化——对变化中的当代社会生活特征的研究》，顾建光译，上海译文出版社 1999 年版，第 109 页。

谈到大学教师的归属性，伯顿·克拉克有一段经典描述，他认为："大学教师们被卷入各种各样的矩阵，多种成员资格决定他们的工作，号召他们的忠诚，分配他们的权力。各种矩阵的中心，是学术工作这一普遍的事实——学者们同时归属于一门学科、一个研究领域和一个事业单位，一所特定的大学或学院。"① 从克拉克的论述中可以看出，在大学中，学科是大学学术职业者的第一归属，学科内部人之间主要基于学科范式而联系，而大学的行政机构是为了回应多个不同学科之间相互联系的管理与服务而产生。专业人员在其学科内部存在着一系列不成文的、促进其成员合作行为的规范，这些规范形成了学科文化，可以塑造成员的群体认同感与团队归属感。虽然，"对于监督者来说，工作团队中成员的偷懒行为很难监督，但在团队成员之间却无法隐瞒，因为他们内部有一套羞辱或排挤偷懒者的机制"②，以激励教师或科研人员寻求从其特定性低的工作中创造出最佳绩效。

在大学里，我们经常可以听到"学术自由"一词，它意味着大学的松散结构与对学术劳动的最低程度的干涉："在学术努力的方向上，甚至是在进行学术活动的场所方面，不仅没有时间的限制，而且只有很少的规定。学术工作和其他行业的工作是如此不同，以至于我们创作出一对非正式的词汇来描述它们之间的差异，即称学术领域为象牙塔，而称其他一切别的领域为真实的世界。"③ 在进行大学绩效管理制度设计时，应留给学者充分自由、松散的学术空间，给予学者自由行事的权利，在不超越学科本身要求的情况下自由选择授课内容，不受常规、习俗对其思想的束缚，不惧怕权威与社会偏见而自由选择研究课题，另外还有自由发表论著的权利，只有这些自由的权利得以保证，才能够真正激发学者的学术热情，而学术热情是真正有价值的学术成

---

① ［美］伯顿·R. 克拉克：《高等教育新论——多学科的研究》，王承绪等译，浙江教育出版社 2001 年版，第 113 页。

② ［美］弗朗西斯·福山：《国家建构：21 世纪的国家治理与世界秩序》，黄胜强、许铭原译，中国社会科学出版社 2007 年版，第 63 页。

③ ［美］唐纳德·肯尼迪：《学术责任》，阎凤桥等译，新华出版社 2002 年版，第 4 页。

就产生的必要条件之一。可以说，学术自由是大学与学者之间的一种隐性契约，能够对学术职业者产生一种潜移默化的激励，让学术职业者以学术为志业，在自己所属的学科场域中获得学术人的成就感与职业内部的自我肯定，这种激励不应由于学科、学院或学校要达到某方面的绩效指标或目标而被抑制。

学术责任是与学术自由相对的。作为社会结构的轴心，大学承载了如此之多的诉求，也接受了来自政府和社会多方面的资助与支持，这意味着它必须承担起更多的义务。[①] 大学的教学与科研隐含着社会与政治的需要，学术职业者需要担负造福社会的责任，这份铭记于心的责任对大学教师而言也是一种隐形的激励，使他们意识到要努力培育下一代、做出真正有价值的研究来回馈政府希冀与社会的支持，这些义务的履行施于大学人以无形的压力，使他们不得不努力提升自身的工作绩效。

大学管理者在设计正式制度化激励机制的同时，也必须辅以非正式制度的激励措施。在某些情况下，这些非正式制度往往能发挥出更好的激励作用，因为无论是学术职业上的归属感、自由主义传统还是学术责任意识，往往都是从心底生发出来的一种情怀，这种情怀对提升大学教师的绩效而言，相较正式制度的规制，更容易使人心甘情愿，以产生更好的激励效果。

第三节　价值协商的绩效管理制度设计

一　制度设计是一个不断重复的合作博弈过程

制度的形成有两条路径，即演进与设计，其中，演进是一种渐进反馈与逐步调整的过程，而设计则是带有人类强加的意志和目的性的作用过程，即所谓人为设计的过程。尽管在表述方面并非完全一致，

---

① 崔延强、邓磊：《论大学的学术责任——现代大学学术研究的四重属性》，《教育研究》2014 年第 1 期。

但制度主义者在制度的形成包括演进与设计两条路径这一点上，几乎是不存在争议。正如英国学者马尔科姆·卢瑟福（Malcolm Rutherford）所说："新老制度主义都承认制度有可能被精心设计和实施，也有可能在未经筹划或'自发的'过程中演化。"[①] 他也认为人是有目的的行动者，制度是个人有目的行为的预期或未预期结果，制度可能通过个人或集体选择而被设计或修正，使之发挥或更好地发挥某种作用，与此同时，制度也可能以未经设计的方式产生和延续，成为有意行为的无意结果。[②] 柯武刚与史漫飞则这样描述制度的起源："制度是如何产生的？一种可能性是规则及整个规则体系靠人类的长期经验而形成。人们也许曾发现过某些能使他们更好地满足其欲望的安排。例如，向约见的人问好的习惯可能已被证明是有用的。有用的规则如果被足够多的人采用，从而形成了一定数量（临界点）以上的大众，该规则就会变成一种传统并被长期保持下去，结果它就会通行于整个共同体。当规则逐渐产生并被整个共同体所了解时，规则会被自发地执行并被模仿。不能满足人类欲望的安排将被抛弃和终止。因此，在我们日常生活中占有重要地位的规则多数是在社会中通过一种渐进式反馈和调整的演化过程而发展起来的。并且，多数制度的特有内容都将渐进地循着一条稳定的路径演变，少数制度因设计而产生。它们被清晰地制订在法规和条例之中，并要由一个诸如政府那样的、高居于社会之上的权威机构来正式执行。这样的规则是由一批代理人设计出来并强加给社会的"[③]。

制度自发演进与人为设计过程的区别可以作如下表述：

制度的自发演进过程表述为：（a）社会集体 C 面临的一组初始条件 IC，（b）至少有一个类似法律的声明 L，以及（c）从 L 和 IC 到 R

---

① ［英］马尔科姆·卢瑟福：《经济学中的制度：老制度经济学和新制度经济学》，陈建波、郁仲莉译，中国社会科学出版社 1999 年版，第 98 页。

② ［英］马尔科姆·卢瑟福：《经济学中的制度：老制度经济学和新制度经济学》，陈建波、郁仲莉译，中国社会科学出版社 1999 年版，第 98 页。

③ ［德］柯武刚、史漫飞：《制度经济学：社会秩序与公共政策》，韩朝华译，商务印书馆 2000 年版，第 35—36 页。

的派生关系，以至于通过加总社会集体 C 的代理人〔A¹···Aⁿ〕的某些独立行为〔X¹···Xⁿ〕，可以由 IC 产生出 R，而 C 的代理人〔A¹···Aⁿ〕并未有意让行为〔X¹···Xⁿ〕从 IC 中产生规则 R。

制度的人为设计过程表述为：规定 R 是一组〔X¹···Xⁿ〕（完全）有预期的结果当且仅当每个行为人〔A¹···Aⁿ〕有意使他的行为〔X¹···Xⁿ〕产生（或帮助产生）R，而一组行为〔X¹···Xⁿ〕的确（按每个行为人设计的方式）产生了 R。①

从以上表述可以看出，自发演进的制度是一种无意的、不在计划范围之内的结果，而人为设计的制度则是有意识的行为产生的预期结果。然而，鉴于制度的复杂性，现实的制度很难被严格判定为演进的结果或设计的结果，而多数是两种过程相互交织的结果，即"制度的生成是一个动态的无意识的自发演进和有意识的人为设计的双向演进统一过程"②，完全自发演进或完全人为设计的制度是不存在的。首先，从制度变迁的实际历史过程来讲，制度的自发演进过程受到很大限制，因为"社会合作所要求的基本规则可能并不总是自发地产生于个人的自利、总具有自我实施的性质或者总能随环境的变化而调整"③，它们可能不得不被审慎地设计出来，制度的人为设计能够加速制度的演进过程，也有利于纠正制度自发演进中的路径依赖现象。其次，人为设计的制度是为了将个人行为引向特定的目标，但实际上决定组织如何运行及达到什么样的结果的规则远超出精心设计的范围，因为人为设计包含过多设计者强加的意志，这些意志并非都能够促进组织的发展。

人们惯用博弈论来分析制度的自发演进过程，因为它促使人们更好地理解人类的自利行为能够导致社会协调及对社会有利结果的出现，同时，它还能够为理解制度自发演进的环境提供基础。对于一项包含

---

① 〔英〕马尔科姆·卢瑟福：《经济学中的制度：老制度经济学和新制度经济学》，陈建波、郁仲莉译，中国社会科学出版社 1999 年版，第 104 页。

② 李怀、赵万里：《制度设计应遵循的原则和基本要求》，《经济学家》2010 年第 4 期。

③ 袁庆明：《新制度经济学》，中国发展出版社 2005 年版，第 311 页。

正式规范的新制度而言，首先需要一个"人为设计"的前提，它也许只是一个制度雏形甚至简单到一个制度框架，但有了这个前提才能继续推进制度设计相关主体的博弈进程，最终形成一项成熟的制度。至此，博弈论的分析开始运用于制度设计的整个过程，制度设计被解释为一个不断重复的合作博弈过程，相关利益主体在这个过程中的冲突与合作、谈判与妥协等活动最终实现了合作的博弈结果，促成了制度设计的最终完成。在制度设计的博弈过程中，"不断重复"是有效制度设计的关键，如果博弈只进行一次，那么，局中人的任何行动和策略都不用支付代价或遭受惩罚，局中人就能用一切可能的方式赢得博弈。可见，一次性的囚徒困境博弈是不可能产生合作的，因为个体理性与集体理性之间是存在冲突的，其纳什均衡并不一定能够导致帕累托最优。另外，在一次性博弈中，信息与行动次序对博弈结果产生重要影响，无法保障依此设计出的制度的效率与公平等。而在不断重复的博弈过程中，局中人都清楚自己不好的行为会在下一个子博弈中受到对局的反击，遭受必然性惩罚，因而在作出策略时会考虑到其他局中人的利益目标，并试图作出利益协调与利益共享，致使博弈向着合作的方向发展。

大学绩效管理制度设计过程也是一个不断重复的合作博弈过程。在各利益主体的不断交易中，只要大家都真正关心自身的长期利益而非短期目标，那么就有彼此合作的可能与必要，并足以说服各利益主体作出帕累托最有的策略选择，最终使各方的合作行为代替其不合作行为，进而设计出让利益各方都能够满意的大学绩效管理制度。

二　绩效管理制度设计博弈模型的建立与分析

（一）绩效管理制度设计博弈关系

在我国大学绩效管理制度设计的博弈中，参与人即大学的利益相关者，前文已经分析过各利益相关者之间的代理问题、各利益相关者之间的利益与冲突，这些都是关于博弈的重要信息。本部分将价值协商的方法作为大学绩效管理制度设计的基础，建立基于价值协商的制度设计博弈模型。该模型的构建以利益各方的合作意愿及合作行动为基础，即各利益相关者秉持合作的态度与集体理性，致力于最终能够设计出一种使利益各方都较为满意的绩效管理制度。

　　大学绩效管理制度设计是一个动态博弈的过程，其博弈的参与人是大学绩效管理的各利益相关者，但其博弈过程并非是通过"圆桌会议"的形式展开的，因为并非所有利益相关者相互之间都存在博弈关系，博弈关系在某种意义上是依托于某些代理问题而产生的。大学绩效管理制度设计过程中的博弈关系较为复杂，在所有利益相关者组成的大的利益共同体之内，还存在着诸多小的利益共同体，如政府与大学管理者之间，大学管理者与大学教师之间，政府、大学管理者与教师之间等，这些"小共同体"的相关者之间也存在博弈关系（见图6—5）。总的来讲，大学绩效管理制度设计博弈由两个阶段构成：第一，政府作为制度的最初设计者与其他利益相关者之间展开博弈，第二是大学内部的博弈，在大学管理者与大学教师之间展开，这两个阶段的博弈过程又分别由诸多子博弈构成。

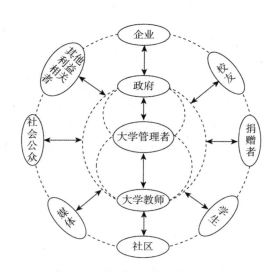

图6—5　大学绩效管理制度设计利益相关者间的博弈关系

行动次序是博弈的关键要素之一，对于大学绩效管理制度设计博弈来说，政府无疑是第一个出牌的主体，且是制定整个博弈规则的主体。政府设计出相关制度或要求并制定博弈规则，进而让其他利益相关者参与博弈，这是整个大学绩效管理制度设计博弈的开端。在该博弈中，尽管政府对制度有最终的决策权，但大学、企业、社会公众等利益相关者仍然有话语权、建议权以及维护自身利益的权利，政府在制定相关制度时有必要考虑其他利益相关者权益。假设在该博弈中，将政府作为博弈的一方（假设为参与主体 G），其他利益相关者合并为博弈的另一方（假设为参与主体 U，尽管各利益相关者之间也存在冲突，但在此博弈中，出于理性的考虑，各利益主体依存与合作的可能性大于冲突的可能性）。参与主体 G 与 U 之间形成的博弈是一个双向动态博弈，假设最后通过博弈均衡能够得出一个大学绩效管理制度（假设为制度 I_0），虽然各利益相关主体针对制度 I_0 所获得的收益并不完全相同，但由于该制度由博弈均衡计算得出，因而可以使利益各方都较为满意。[①]

（二）绩效管理制度设计博弈模型的建立

1. 参与主体策略及其收益函数

政府出台制度 I_0，各大学依据上述制度文件来设计自己大学内部具体的绩效管理制度，大学管理者与大学教师之间展开第二个子博弈。该博弈可表述为：

（1）参与主体大学管理者与大学教师分别以 M（Manager）和 T（Teacher）表示。

（2）双方的每一组策略选择都会产生一个博弈结果来表示各方在该策略下的收益，（该收益可能为正，表示有所得；也可能为负，表示有所失），收益用博弈结果的量化数值来表示。

（3）假设在该博弈中，双方所提出的制度方案（Institution

---

① 鉴于本研究主要将大学教师的绩效管理问题作为研究对象，因而本研究主要分析大学管理者与大学教师之间的博弈。此处所描述的博弈过程与大学管理者和大学教师博弈过程类似，为避免描述的重复性，此处省略对该子博弈过程的具体描述。

Scheme）用 I 表示，双方的收益率函数（Profit Function）用字母 P 表示，双方收益率函数分别为：大学管理者收益率函数 $P_M = P_M(S)$，大学教师收益率函数 $P_T = P_T(S)$。

2. 博弈模型的建立

政府出台根据第一个子博弈均衡得出的制度 I_0，大学在设计其内部绩效管理制度时需满足制度 I_0 的要求，假设该制度存在一个上限 H 与一个下限 L，则大学管理者与大学教师的策略（制度方案）的约束集为 $\{S \mid L \leqslant I \leqslant H\}$。大学管理者根据自身利益最大化设计出一个制度方案，如果大学教师接受该制度方案，博弈到此结束，大学管理者将该方案确定为最终制度。如果教师对该制度不满意，则在制度方案约束集内提出一个对自身更有利的制度方案，并将该方案交给大学管理者考虑。如大学管理者经过综合考虑后，接受大学教师的制度方案，博弈至此结束，该方案将被确认为最终方案。如大学管理者对该方案不满意，则需要在此前博弈的基础上进一步提出一个对自身更有利的方案，交给教师考虑，博弈进一步进行，以此类推，直至设计出一个能够使博弈双方都较为满意的大学绩效管理制度，博弈结束。该博弈的整个过程如图6—6所示。

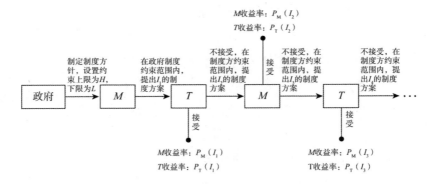

图6—6 大学内部绩效管理制度设计博弈模型

由图6—6可见，大学管理者依据政府制度约束设计出一个初步的制度方案,大学管理者与大学教师双方展开博弈,由于该博弈是合作博弈,致力于得出一个使双方都较为满意的制度方案,因此,在该博弈过程中,大学管理者在提出对自身更有利的制度方案时,需在一定程度上考虑大学教师的利益,将该"程度"假设为 δ($0 \leqslant \delta \leqslant 1$), δ 称为"照顾因子"。比如,在该博弈中,大学管理者在提出对自身更有利的制度方案 I_3 时,需在 δ 程度上照顾到大学教师的利益,可用公式表示为:

$$\begin{cases} P_T(I_1) \leqslant P_T(I_1) + \delta(P_T(I_2) - P_T(I_1)) \leqslant P_T(I_3) \leqslant P_T(I_2) \\ L \leqslant I_3 \leqslant H, 0 \leqslant \delta \leqslant 1 \end{cases} \quad (1)$$

$$P_M(I_2) \leqslant P_M(I_3) \quad (2)$$

公式(1)表示:大学管理者在 δ 程度上照顾了大学教师的利益,意味着对大学教师而言,制度 I_3 比制度 I_1 会使其获得更多收益, δ 值越大,大学教师所获得的收益就越大。

公式(2)表示:对大学管理者而言,制度 I_3 比制度 I_2 使其获得更多收益。

3. 博弈模型讨论分析与求解

下面分别讨论不同阶段的博弈情况,以求得均衡结果下的最佳制度方案。

情况一

在第一阶段,大学管理者会选择政府制度约束集中的最大值 I_1^*(对大学管理者最有利)拟定初步制度方案并将其交给教师讨论。第二阶段,如果大学教师的收益函数率 $P_2(I)$ 在约束区间 $\lceil L, H \rceil$ 中不存在比 I_1^* 更有利的值,用公式表示为 $P_T(I) \leqslant P_T(I^*)$, $\forall I \in \lceil L, H \rceil$,即此制度方案使大学教师收获最大收益,大学教师会接受该制度方案。至此,博弈结束,由该博弈均衡得出的制度方案为 $I = I_1^*$。此时得出结论1:

当 I_1^* 满足

$$P_M(I_1^*) = \max_{L \leqslant I \leqslant H} P_M(I), \quad (3)$$

且 $\begin{cases} P_T(I_2^*) = \max\limits_{L \leqslant I \leqslant H} P_T(I); \\ s.t. \quad P_T(I_1^*) < P_T(I_2^*), L \leqslant I_2^* < H \end{cases} = \varnothing$

时，该博弈的均衡制度方案为 I_1^*，博弈路径如图6—7所示。

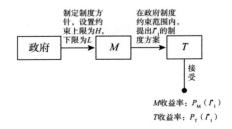

图6—7 大学内部绩效管理制度设计博弈模型（情况一）

情况二

如果在第二阶段，教师收益率函数 $P_2(I)$ 在约束区间 $\lceil L,H \rceil$ 中存在比 I_1^* 更有利的值 I_2^*，$P_T(I_1^*) < P_T(I_2^*) = \max\limits_{L \leqslant I \leqslant H} P_T(I)$，大学教师则不会接受大学管理者提出的制度方案 I_1^*，大学教师继续提出一个对自身更有利的制度方案 I_2^*。第三阶段，大学管理者针对大学教师提出的制度方案 I_2^*，作出 δ 程度的利益照顾以后，提出一个更有利于自身的制度方案 I_3^*。

如果另 $C = \left\{ I \,\middle|\, \begin{array}{l} L \leqslant I \leqslant H, P_M(I_2^*) \triangleleft P_M(I); \\ P_T(I_1^*) + \delta(P_T(I_2^*) - P_T(I_1^*)) \leqslant P_T(I) \end{array} \right\} = \varnothing$

$\hspace{11cm}$ （4）

无解，则大学管理者会接受大学教师的制度方案 I_2^*。至此，博弈结束，由该博弈均衡得出的制度方案为 $I = I_2^*$。由此得出结论2：

当 I_1^*，I_2^* 满足

$$P_M(I_1^*) = \max\limits_{L \leqslant I \leqslant H} P_M(I), \begin{cases} P_T(I_2^*) = \max\limits_{L \leqslant I \leqslant H} P_T(I); \\ s.t. \quad P_T(I_1^*) < P_T(I_2^*), L \leqslant I_2^* < H \end{cases} \quad (5)$$

$$\begin{cases} P_M(I_3^*) = \max_{I \in C} P_M(I), \\ C = \left\{ I \left| \begin{array}{l} L \leqslant I \leqslant H, P_M(I_2^*) < P_M(I); \\ P_T(I_1^*) + \delta(P_T(I_2^*) - P_T(I_1^*)) \leqslant P_T(I) \end{array} \right. \right\} = \varnothing \\ s.t. \quad 0 < \delta < 1, I_3^* \in C \end{cases}$$

时，该博弈的均衡制度方案为 I_2^*，博弈路径如图 6—8 所示。

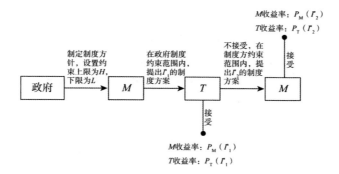

图6—8　大学内部绩效管理制度设计博弈模型（情况二）

情况三

类似于情况二，如果另 $C \neq \varnothing$，则可得出结论 3：

当 I_1^*，I_2^*，I_3^* 满足

$$P_M(I_1^*) = \max_{L \leqslant I \leqslant H} P_M(I), \begin{cases} P_T(I_2^*) = \max_{L \leqslant I \leqslant H} P_T(I); \\ s.t. \quad P_T(I_1^*) < P_T(I_2^*), L \leqslant I_2^* < H \end{cases} \tag{6}$$

$$\begin{cases} P_M(I_3^*) = \max_{I \in C} P_M(I), \\ C = \left\{ I \left| \begin{array}{l} L \leqslant I \leqslant H, P_M(I_2^*) < P_M(I); \\ P_T(I_1^*) + \delta(P_T(I_2^*) - P_T(I_1^*)) \leqslant P_T(I) \end{array} \right. \right\} \neq \varnothing \\ s.t. \quad 0 < \delta < 1, I_3^* \in C \end{cases}$$

时，该博弈的均衡制度方案为 I_3^*，博弈路径如图 6—9 所示。

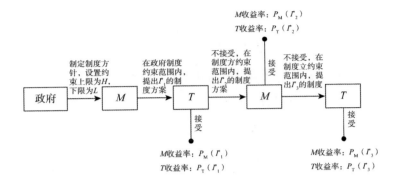

图6—9　大学内部绩效管理制度设计博弈模型（情况三）

该博弈过程进行至此并非一定结束了，如果大学教师不同意大学管理者提出的制度 I_3^*，将会进一步提出制度 I_4^*，博弈继续进行，直至设计出一个能够使双方都较为满意的制度 I_N^*。

三　构建基于价值协商的合作博弈关系

合作博弈强调集体理性、效率、公平以及公正等，是指当参与主体的行为发生相互作用时，他们能够通过谈判、协商来达成一个具有约束力的协议。因此，制度设计中的不断重复的合作博弈过程，实则就是一个在各利益主体之间展开的价值协商过程。价值协商机制的构建是我国大学绩效管理制度设计合作博弈的基础，利益主体之间能够从非合作博弈走向寻求合作博弈之路，关键在于建立一种价值协商机制。这种价值协商机制是指各利益相关者能够遵照合作博弈的规则，通过谈判、协商、沟通等各种形式对相互间的利益进行综合协调，旨在达成利益共识，以便各利益主体能够采取相应的行为措施来克服内在矛盾、化解纠纷与冲突，形成相互协作、共同发展、互利共赢的合作博弈格局。

大学绩效管理中的利益相关者之间，虽然存在诸多冲突，但不可否认的是，他们对于"教育收益"有着共同的追求，政府、企业、社会、大学以及大学中的人等是教育收益的获得者，他们都存在着教育收益最大化的需求，对于教育收益的共同追求成为这些利益相关者依存的基础与合作的纽带，使他们在大学绩效管理制度设计过程中能够形成一个大的"利益共同体"①。这个利益共同体应该通过价值协商活动来完成制度设计的整个过程，他们通过积极参与、话语表达、讨价还价的互动博弈过程，以促成最终相互合作、相互认同的完满结局。构建有效价值协商机制，建立大学绩效管理利益相关者之间的合作博弈关系，以下几个问题值得关注：

第一，平等。平等是实现价值协商的前提，平等的理念有助于淡化"政府—大学—教师"直线式的科层治理关系，摈弃政府本位与管理者本位的大学治理理念。平等作为一种价值和正义原则，重要的是作为一种制度规范在人们的政治经济文化生活中起着举足轻重的作用②；而权力通常被看作是平等与否的重要指标。制度主体权力的不平等是大学绩效管理制度设计过程中有效的价值协商无法实现的原因之一，因为权力不平等的一个重要表现即是信息的不对称与不充分，不完全信息会对制度设计博弈中的各参与主体的行动策略及其判断造成误导，导致收益向有利信息的参与主体倾斜，造成参与人收益的落差，从而引发各种利益冲突。因而，在大学绩效管理设计过程中，欲构建有效价值协商机制，必须实现利益主体间权力的平等性，从形式上及实质上赋予所有利益相关者倾听与表达的权力，各方也都有义务正确认识利益主体之间价值诉求差异的必然性以及其可能会带来的积极与消极影响，始终意识到大家都在同一条船上，是一个利益共同体，从而使各主体利益得到最大限度地实现，保障各利益相关者的利益，特别是"弱势群体"的利益不受到损害，让合作共赢成为各利益主体共同的博弈目标。

---

① 任何共同体，从本质上来讲都是利益共同体，这里的利益不仅是指经济上的利益，也可以是政治利益、文化利益、心理利益等。利益共同体是指双方或多方在理性估算的基础上以不同方式结成的类似利益联盟式的行动体，互利共存是这个行动体中利益不同的双方或多方联合在一起的动力所在。参见刘红宝《人力资源管理哲学化思考》，黄河水利出版社 2013 年版，第 167 页。

② 王立：《权力的张力：从平等的视角看》，《社会科学研究》2013 年第 2 期。

第二，沟通。信息不对称是协商中的棘手问题，虽然利益共同体之间为信息的交流提供了一定通道，但仍然无法保证某方为个体利益而故意隐瞒私有信息情况的存在，况且，这些隐瞒私有信息的行为在博弈中很难完全避免。而沟通不失为降低信息不对称的一种好的方式。由于工具理性与技术理性的凸显，价值理性受到挤压，人性被异化、扭曲，人甚至变成了"单向度的人"，大学组织治理活动也不可避免地沾染了这些世俗的色彩。在我国大学管理活动中，政府与大学之间以及大学管理者与大学教师之间往往都是管理主体与管理客体的角色关系，大学管理制度从设计到实施，所采用的都是一种理性主义的、自上而下的单向度、科层制模式。如罗纳德·巴尼特（Barnett R.）所言："正如我们所见，大学治理易于采取手段—结果式的目标理性模式，而不是交往对话模式。效率观念、绩效指标与自上而下的管理决策，这些在其'理性'看来似乎都是理所当然。但是，局限于所谓的理性未免矫揉造作。"① 况且，理性逻辑一旦超出必要的张力与限度，反而导致某些非理性结果的产生。因而，在进行大学各种管理制度设计时，必须立足于利益相关主体的利益目标和价值的持续对话，通过其主体间的互动、沟通来加以落实，在各利益主体之间建立对话关系，只有这样，才可能最大限度地降低博弈过程中的信息不对称性，减少不必要的博弈环节，从而降低制度设计中各主体的交易成本。

第三，利益整合。大学绩效管理有不同的利益相关者，他们拥有不同的利益诉求，况且，大学绩效管理由相互分离的人、事、活动、资源等要素共同构成，这些要素也牵涉各种不同的利益，利益整合是大学绩效管理制度设计过程中价值协商实现的保障。大学绩效管理制度设计不应该由政府和大学管理者做主采用一种理性主义的方法设计出看似很"科学合理"的制度，而是应该从存在于大学各利益相关者之间的现实利益格局出发，利用相关者的利益追求与利益博弈，将其

---

① ［英］罗纳德·巴尼特：《高等教育理念》，蓝劲松主译，北京大学出版社 2012 年版，第 156 页。

利益进行不断整合，形成一种合作的主体博弈局势，并将其合力的方向导向实现大学职能与提升高等教育收益的预定目标，最终实现各利益相关者都满意的均衡结果。

参考文献

一 中文参考文献

［德］卡尔·雅斯贝尔斯：《大学之理念》，邱立波译，上海人民出版社 2005 年版。

［德］柯武刚、史漫飞：《制度经济学：社会秩序与公共政策》，韩朝华译，商务印书馆 2000 年版。

［德］马克斯·韦伯：《经济与社会》（下），林荣远译，商务印书馆 1997 年版。

［德］尤塔·默沙伊恩：《大学治理与教师参与决策》，魏进平、马永良等译，知识产权出版社 2013 年版。

［法］孟德斯鸠：《论法的精神》（上册），孙立坚等译，陕西人民出版社 2001 年版。

［法］米歇尔·克罗齐耶、埃哈尔·费埃德伯格：《行动者与系统——集体行动的政治学》，张月等译，上海人民出版社 2007 年版。

［法］皮埃尔·布迪厄等：《实践与反思：反思社会学导引》，李猛、李康译，中央编译出版社 1998 年版。

［美］B. 盖伊·彼得斯：《政治科学中的制度理论："新制度主义"》，王向民、段红伟译，上海人民出版社 2011 年版。

［美］Clark Kerr：《大学的功用》，陈学飞译，江西教育出版社 1993 年版。

［美］W. 理查德·斯格特：《组织理论：理性、自然和开放系统》，黄洋等译，华夏出版社 2002 年版。

〔美〕W. 理查德·斯科特：《制度与组织——思想观念与物质利益》，姚伟、王黎芳译，中国人民大学出版社 2010 年版。

〔美〕W. 理查德·斯科特、杰拉尔德·F. 戴维斯：《组织理论——理性、自然与开放系统的视角》，高俊山译，中国人民大学出版社 2011 年版。

〔美〕爱德华·希尔斯：《学术的秩序》，李家永译，商务印书馆 2007 年版。

〔美〕伯顿·R. 克拉克：《高等教育系统——学术组织的跨国研究》，王承绪等译，杭州大学出版社 1999 年版。

〔美〕伯顿·R. 克拉克：《高等教育新论——多学科的研究》，王承绪等译，浙江教育出版社 2001 年。

〔美〕伯顿·R. 克拉克：《探究的场所——现代大学的科研和研究生教育》，王承绪译，浙江教育出版社 2001 年版。

〔美〕伯顿·R. 克拉克：《研究生教育的科学研究基础》，王承绪译，浙江教育出版社 2001 年版。

〔美〕戴维·L. 韦默：《制度设计》，费方域、朱宝钦译，上海财经大学出版社 2004 年版。

〔美〕戴维·斯沃茨：《文化与权力——布尔迪厄的社会学》，陶东风译，上海译文出版社 2006 年版。

〔美〕道格拉斯·C. 诺思：《经济史中的结构与变迁》，陈郁、罗华平等译，上海人民出版社 1994 年版。

〔美〕道格拉斯·C. 诺思：《经济史中的结构与变迁》，陈郁等译，上海三联书店 2002 年版。

〔美〕道格拉斯·C. 诺思：《制度、制度变迁与经济绩效》，杭行、韦森译，上海人民出版社 2009 年版。

〔美〕道格拉斯·C. 诺思：《制度、制度变迁与经济绩效》，刘守英译，上海三联书店 1994 年版。

〔美〕德里克·博克：《美国高等教育》，北京师范学院出版社 1991 年版。

［美］德里克·博克：《走出象牙塔——现代大学的社会责任》，徐小洲、陈军译，浙江教育出版社 2001 年版。

［美］凡勃伦：《有闲阶级论——关于制度的经济研究》，蔡受百译，商务印书馆 1964 年版。

［美］弗兰克·纽曼、莱拉·科特瑞亚、杰米·斯葛瑞：《高等教育的未来：浮言、现实与市场风险》，李沁译，北京大学出版社 2012 年版。

［美］弗朗西斯·福山：《国家建构：21 世纪的国家治理与世界秩序》，黄胜强、许铭原译，中国社会科学出版社 2007 年版。

［美］弗雷德里克·E. 博德斯顿，《管理今日大学——为了活力、变革与卓越之战略》，王春春、赵炬明译，广西师范大学出版社 2006 年版。

［美］盖瑞·J. 米勒：《管理困境——科层的政治经济学》，王勇等译，上海三联书店 2006 年版。

［美］亨利·罗索夫斯基：《美国校园文化——学生·教授·管理》，谢宗仙、周灵芝、马宝兰译，山东人民出版社 1996 年版。

［美］华勒斯坦等：《开放社会科学——重建社会科学报告书》，刘锋译，生活·读书·新知三联书店 1997 年版。

［美］华勒斯坦等：《学科·知识·权力》，刘健芝等编译，生活·读书·新知三联书店 1999 年版。

［美］杰弗里·菲佛、杰勒尔德·R. 萨兰基克：《组织的外部控制：对组织资源依赖的分析》，闫蕊译，东方出版社 2006 年版。

［美］杰克·奈特：《制度与社会冲突》，周伟林译，上海人民出版社 2010 年版。

［美］康芒斯：《制度经济学》（上册），余树生译，商务印书馆 1962 年版。

［美］科斯、阿尔钦、诺斯等：《财产权利与制度变迁——产权学派与新制度学派译文集》，刘守英等译，上海人民出版社 1994 年版。

［美］莱斯特·M. 萨拉蒙：《公共服务中的伙伴：现代福利国家中政

府与非营利组织的关系》，田凯译，商务印书馆2008年版。

［美］理查德·诺顿·史密斯：《哈佛世纪——锻造一所国家大学》，程方平译，贵州教育出版社2004年版。

［美］刘易斯·科塞：《理念人：一项社会学的考察》，郭方等译，中央编译出版社2001年版。

［美］罗伯特·G.欧文斯：《教育组织行为学——适应型领导与学校改革》，窦卫霖、温建平译，中国人民大学出版社2007年版。

［美］罗伯特·伯恩鲍姆：《大学运行模式——大学组织与领导的控制系统》，别敦荣主译，中国海洋大学出版社2003年版。

［美］罗纳德·G.埃伦伯格：《美国的大学治理》，沈文钦、张婷姝、杨晓芳译，北京大学出版社2010年版。

［美］乔恩·沃纳：《双面神绩效管理系统》，徐联仓等译，电子工业出版社2005年版。

［美］乔治·里茨尔（George Ritzer）：《社会的麦当劳化——对变化中的当代社会生活特征的研究》，顾建光译，上海译文出版社1999年版。

［美］塞缪尔·P.亨廷顿：《变化社会中的政治秩序》，王冠华、刘为等译，上海世纪出版集团2016年版。

［美］塞缪尔·亨廷顿：《变革社会中的政治秩序》，李盛平等译，华夏出版社1988年版。

［美］唐纳德·肯尼迪：《学术责任》，阎凤桥等译，新华出版社2002年版。

［美］唐纳德·吴尔夫、安·奥斯丁：《教授是怎样炼成的——未来大学教师培养的改进策略》，赵文译，北京大学出版社2011年版。

［美］亨利·埃兹科维茨：《麻省理工学院与创业科学的兴起》，王孙禺译，清华大学出版社2007年版。

［美］亚柏拉罕·弗莱克斯纳：《现代大学论——美英德大学研究》，徐辉、陈晓菲译，浙江教育出版社2001年版。

［美］约翰·S.布鲁贝克：《高等教育哲学》，王承绪等译，浙江教育

出版社 2001 年版。

[美] 詹姆斯·杜德斯达：《21 世纪的大学》，刘彤主译，北京大学出版社 2005 年版。

[美] 詹姆斯·马奇、马丁·舒尔茨、周雪光：《规则的动态演变——成文组织规则的变化》，童根兴译，上海人民出版社 2005 年版。

[美] 詹姆斯·汤普森：《行动中的组织——行政理论的社会科学基础》，敬乂嘉译，上海人民出版社 2007 年版。

[日] 青木昌彦：《比较制度分析》，周黎安译，上海远东出版社 2001 年版。

[英] 艾里克·阿什比：《科技发达时代的大学教育》，滕大春、滕大生译，人民教育出版社 1983 年版。

[英] 鲍勃·杰索普：《治理的兴起及其失败的风险：以经济发展为例的论述》，漆燕译，《国际社会科学杂志》（中文版）2019 年第 3 期。

[英] 罗纳德·巴尼特：《高等教育理念》，蓝劲松主译，北京大学出版社 2012 年版。

[英] 马尔科姆·卢瑟福：《经济学中的制度：老制度经济学和新制度经济学》，陈建波、郁仲莉译，中国社会科学出版社 1999 年版。

[英] 玛丽亨克尔、布瑞达里特：《国家、高等教育与市场》，谷贤林等译，教育科学出版社 2005 年版。

[英] 迈克尔·吉本斯等：《知识生产的新模式》，陈洪捷、沈文钦等译，北京大学出版社 2011 年版。

[英] 迈克尔·夏托克：《成功大学的管理之道》，范怡红等译，北京大学出版社 2006 年版。

[英] 托尼·比彻、保罗·特罗勒尔：《学术部落及其领地》，唐路勤等译，北京大学出版社 2008 年版。

[英] 托尼·布什：《当代西方教育管理模式》，强海燕译，南京师范大学出版社 1998 年版。

[英] 托尼·布瓦尔德、埃尔克·洛夫勒：《公共治理质量的评估：指

标、模型与方法论》，郝诗楠编译，《探索》2016 年第 1 期。

［英］约翰·亨利·纽曼：《大学的理想（节本）》，徐辉、顾建新、何曙荣译，浙江教育出版社 2001 年版。

［英］约翰·齐曼：《真科学：它是什么，它指什么》，曾国屏等译，上海科技教育出版社 2002 年版。

安哲锋、魏楠：《基于绩效技术的大学绩效管理平台设计研究》，《现代教育管理》2015 年第 1 期。

别敦荣：《我国大学章程应当或能够解决问题的理性透视》，《中国高教研究》2014 年第 3 期。

蔡茂华：《大众化教育下研究生与导师关系的调查与分析》，《教育与职业》2013 年第 14 期。

陈宝泉：《高校评价体系应突出育人功能》，《中国教育报》2009 年 5 月 30 日第 3 版。

陈桂生：《导师与研究生关系的事态述评》，《江苏大学学报》2004 年第 3 期。

陈宏辉、贾生华：《企业利益相关者的利益协调与公司治理的平衡原理》，《中国工业经济》2005 年第 8 期。

陈家铺：《伊利诺大学》，湖南教育出版社 1990 年版。

陈娟：《高校教师绩效管理的策略思考——基于科学与人文绩效管理观视角》，《昆明理工大学学报》2014 年第 2 期。

陈娟：《我国高校绩效管理研究现状、问题与发展趋势》，《西安电子科技大学学报》2010 年第 6 期。

陈理：《抓住内部设计核心推进大学章程建设》，《中国高等教育》2014 年第 1 期。

陈立鹏：《关于我国大学章程几个重要问题的探讨》，《中国高教研究》2008 年第 7 期。

陈立鹏、赵燕燕：《我国大学章程建设的环境阻力分析》，《高校教育管理》2014 年第 1 期。

陈伟：《学院制改革：大学内部结构重组与调适的途径》，《上海高教研究》1998 年第 7 期。

陈晓剑：《从学院模式识别到学院的创新与调整》，《中国高教研究》
　　1994 年第 5 期。

陈学飞：《美国、德国、法国、日本当代高等教育思想研究》，上海教
　　育出版社 1998 年版。

程星：《细读美国大学（增订本）》，商务印书馆 2006 年版。

程卓蕾：《高校绩效管理体系的研究与设计》，博士学位论文，中南大
　　学，2011 年。

崔延强、邓磊：《论大学的学术责任——现代大学学术研究的四重属
　　性》，《教育研究》2014 年第 1 期。

戴晓霞、莫家豪、谢安邦：《高等教育市场化》，北京大学出版社 2004
　　年版。

单正丰、王翌秋：《平衡计分卡在高校财务绩效管理中的应用》，《江
　　苏高教》2014 年第 6 期。

董雅华：《大学章程的精神建构》，《复旦教育论坛》2017 年第 1 期。

都光珍：《高校校院两级管理体制改革的对策思考》，《国家教育行政
　　学院学报》2011 年第 12 期。

段丽娟：《高等学校办学特色的生成机制研究》，硕士学位论文，福建
　　师范大学，2006 年。

符琼霖、陈立鹏：《论大学校长在我国大学章程建设中的角色》，《国
　　家教育行政学院学报》2015 年第 7 期。

付亚和、许玉林：《绩效考核与绩效管理》，电子工业出版社 2009
　　年版。

高飞、汪群龙：《高等教育排名：比较与趋势》，《高教探索》2012 年
　　第 5 期。

高杭：《大学章程的法律效力及其发挥》，《国家教育行政学院学报》
　　2014 年第 12 期。

葛晓琴：《论加强高校绩效管理的逻辑与思路》，《河北学刊》2010 年
　　第 6 期。

顾明远：《教育大辞典（增订合编本）》，上海教育出版社 1998 年版。

郭峰：《协调管理与制度设计》，科学出版社 2013 年版。

郭健：《哈佛大学发展史研究》，河北教育出版社 2000 年版。

郭毅等：《管理学的批判力》，中国人民大学出版社 2006 年版。

韩泽春：《规范执行高校党委领导下的校长负责制》，《理论视野》
  2017 年第 12 期。

贺祖斌：《高等教育大众化与质量保障：高等学校教学质量保障体系
  的建构与实践》，广西师范大学出版社 2004 年版。

洪名勇、钱龙：《多学科视角下的信任及信任机制研究》，《江西社会
  科学》2013 年第 1 期。

侯钧生：《西方社会学理论教程》，南开大学出版社 2001 年版。

胡建华等：《大学制度改革论》，南京师范大学出版社 2006 年版。

胡仁东：《大学定位研究述评》，《中国高教研究》2006 年第 8 期。

胡仁东：《人·关系·方法：大学组织内部治理的三个维度》，《大学
  教育科学》2015 年第 3 期。

黄宝印、林梦泉、任超等：《努力构建中国特色国际影响的学科评估
  体系》，《中国高等教育》2018 年第 1 期。

黄冰：《知识管理视角下 BS 学院教师绩效管理优化研究》，硕士学位
  论文，广西大学，2012 年。

黄丹凤、杨琼：《英国高校内部绩效管理模式探析》，《复旦教育论坛》
  2015 年第 2 期。

黄健荣：《公共政策执行应当承受之重》，《四川大学学报》（哲学社会
  科学版）2008 年第 6 期。

黄岚：《国内外大学评价体系的发展比较与演进方向探析——第三方
  评价的视角》，《南京理工大学学报》（社会科学版）2016 年第
  2 期。

黄少安：《产权经济学导论》，山东人民出版社 1995 年版。

黄亚婷：《新公共管理改革中的英国学术职业变革》，《高等教育研究》
  2013 年第 5 期。

黄悦华、黄首晶、唐波：《基于现代大学制度的试点学院改革探索——以 S 大学 D 学院为例》，《中国高教研究》2016 年第 4 期。

季玲燕等：《大学章程的历史生长逻辑与价值预期》，《教育学术月刊》2009 年第 7 期。

贾九洲：《高等学校绩效管理初探》，《四川大学学报》1983 年第 1 期。

江小华、程莹：《研究型大学实现跨越式发展的要素分析——以南洋理工大学为例》，《复旦教育论坛》2015 年第 2 期。

姜文闵：《哈佛大学》，湖南教育出版社 1988 年版。

蒋凯：《高等教育市场及其形成的基础》，《高等教育研究》2012 年第 3 期。

蒋云根：《公共管理与公共政策》，东华大学出版社 2005 年版。

解飞厚：《冷静看"特色"——关于高校办学特色的思考》，《江苏高教》2002 年第 6 期。

靳希斌：《教育经济学》，人民教育出版社 2005 年版。

柯武刚等：《制度经济学》，商务印书馆 2002 年版。

劳凯声：《创新治理机制、尊重学术自由与高等学校改革》，《教育研究》2015 年第 10 期。

李佃来：《马克思主义政治哲学研究中的三个理论问题》，《光明日报》2016 年 8 月 3 日第 14 版。

李芳、袁连生：《高校问责制的国际比较及对我国高校评价模式改革的启示》，《湖南师范大学教育科学学报》2013 年第 4 期。

李凤威、罗嘉司、赵乐发等：《基于关键绩效指标的高校辅导员绩效评价方法》，《现代教育管理》2012 年第 7 期。

李福华：《大学治理与大学管理》，人民出版社 2012 年版。

李高芬：《引入心理契约理念创新大学教师绩效管理》，《吉首大学学报》（社会科学版）2011 年第 5 期。

李洪山、叶莹：《基于组织变革理论的高校绩效管理研究》，《黑龙江高教研究》2012 年第 6 期。

李怀、赵万里：《从经济人到制度人——基于人类行为与社会治理模式多样性的思考》，《学术界》2015 年第 1 期。

李怀、赵万里：《制度设计应遵循的原则和基本要求》，《经济学家》
2010 年第 4 期。

李峻、尤伟：《从〈贾纳特报告〉到〈迪尔英报告〉和〈兰伯特回
顾〉：1980 年以来英国大学市场化治理的历程与启示》，《高教探
索》2009 年第 3 期。

李立国、张翼：《美国研究型大学学院治理模式探析》，《清华大学教
育研究》2016 年第 6 期。

李威、熊庆年：《大学章程实施中的权力惯性》，《复旦教育论坛》
2016 年第 6 期。

李泽彧，曹迎霞：《试论我国大学学院制的科学内涵和实行学院制必
须解决的几个问题》，《吉林教育科学·高教研究》1999 年第 2 期。

李志峰、高慧：《后学院科学时代大学科学研究的政策选择》，《中国
高教研究》2014 年第 8 期。

梁林梅：《绩效技术的起源与发展》，《现代教育技术》2003 年第 2 期。

廖建桥：《中国式绩效管理：特点、问题及发展方向》，《管理学报》
2011 年第 6 期。

廖敏、黄仕军：《国内外大学评价的文化个性比较》，《评价与管理》
2010 年第 4 期。

林健：《〈劳动合同法〉对高校绩效管理影响的探讨》，《中国高等教
育》2009 年第 6 期。

林荣日：《制度变迁中的权力博弈——以转型期中国高等教育制度为
研究重点》，复旦大学出版社 2007 年版。

林伟连、吴克象：《研究生教育中师生关系建设要突出"导学关系"》，
《学位与研究生教育》2003 年第 5 期。

刘红宝：《人力资源管理哲学化思考》，黄河水利出版社 2013 年版。

刘宏、贾丽华、范昕：《新加坡高校人才战略的理念建构和实践运
作——以南洋理工大学为例》，《公共管理与政策评论》2017 年第
4 期。

刘强、王洪才：《程序正义在大学章程建设中的缺失与建构》，《山东高等教育》2016 年第 5 期。

刘庆东、毕宪顺：《不断完善党委领导下的校长负责制——基于部分省（区）和高校的比较与分析》，《黑龙江高教研究》2010 年第 2 期。

刘姗、胡仁东：《博弈论视角下的导师与研究生关系探析》，《学位与研究生教育》2015 年第 5 期。

刘姗、胡仁东：《对我国高校绩效管理的反思》，《教育探索》2015 年第 10 期。

刘旭涛：《绩效管理：高校考核评价制度的改革方向》，《中国教育报》2014 年 5 月 26 日第 13 版。

刘洋洋：《高校办学特色形成研究》，硕士学位论文，华东师范大学，2007 年。

刘尧：《大学内部治理亟待突破的八大困境》，《高等教育管理》2017 年第 1 期。

刘益东、周作宇、张建锋：《论“大学章程现象”》，《中国高教研究》2017 年第 3 期。

刘远、陈万明：《大学章程视域下大学治理问题的若干思考》，《南京社会科学》2016 年第 11 期。

刘智运：《和而不同特色取胜》，《中国高教研究》2002 年第 6 期。

卢晓中：《“双一流”建设亟需探讨的若干问题》，《中国高等教育》2017 年第 21 期。

鲁克俭：《西方制度创新理论中的制度设计理论》，《马克思主义与现实》2001 年第 1 期。

陆俊杰：《论大学章程的形式合法性》，《现代教育管理》2009 年第 9 期。

吕玉辉：《高校自主化之路：新加坡的经验与启示》，《职业技术教育》2016 年第 15 期。

罗燕：《中国高校评价的制度分析——兼论“双一流”建设高校评

价》，《清华大学教育研究》2017 年第 6 期。

马洪正：《我国近代大学章程的历史存在及其价值目标》，《江苏高教》
2017 年第 11 期。

马陆亭、范文曜：《大学章程要素的国际比较》，教育科学出版社 2010
年版。

马元方、谢峰：《办出自身特色，推进科学发展》，《中国高等教育》
2007 年第 22 期。

马早明、陈晓菲：《东南亚国家科技大学通识课程模式探析——以南
洋理工大学为例》，《比较教育研究》2014 年第 11 期。

毛金德：《大学立宪：问题与出路》，《高教探索》2013 年第 2 期。

毛玉兰：《大学学院制模式管理模式及运行机制探讨》，《学校党建及
思想教育》2009 年第 8 期。

米俊魁：《大学章程价值研究》，中国海洋大学出版社 2006 年版。

缪榕楠：《学术组织中的人——大学教师任用的新制度主义分析》，南
京师范大学出版社 2008 年版。

潘建军：《动力还是重担：绩效管理在美国大学中的实践与反思——
以耶鲁大学为例》，《复旦教育论坛》2014 年第 4 期。

潘静：《软法视角下我国大学章程实施的困境与完善》，《江苏高教》
2015 年第 5 期。

潘艺林、林惠莲：《大学章程：构建和谐高校的制度保障》，《大学教
育科学》2010 年第 1 期。

彭江：《初论现代大学制度的本质及逻辑》，《复旦教育论坛》2006 年
第 1 期。

彭宇飞：《基于公平与效率的高校教师绩效管理人本选择研究》，《苏
州大学学报》2015 年第 6 期。

戚业国：《论大学学院制度的形成、发展与改革》，《高等教育研究》
1996 年第 5 期。

齐超：《制度含义及其本质之我见》，《税务与经济》2009 年第 3 期。

祁占勇：《高校绩效管理的本质特征及其价值取向》，《教育研究》

2013 年第 2 期。

强连庆：《中美日三国高等教育比较研究》，复旦大学出版社 1995
　　年版。

邱均平、赵蓉英、殷之明：《"大学诊断"的理论与实践》，《评价与管
　　理》2005 年第 1 期。

邱锡光、林銮珠：《新加坡南洋理工大学国际化办学经验与启示》，
　　《中国农业教育》2015 年第 1 期。

任初明：《学院功能的历史嬗变》，《高教探索》2011 年第 4 期。

任增元：《量化评价、知识生产与理性大学的追寻——兼评〈大学理
　　性研究〉》，《清华大学教育研究》2014 年第 4 期。

商筱辉、朱宁洁：《高校二级学院决策运行机制建设》，《首都经济贸
　　易大学学报》2015 年第 5 期。

沈红：《论学术职业的独特性》，《北京大学教育评论》2011 年第 3 期。

沈玉顺：《高等教育评价方法技术的误用、滥用及其矫正》，《复旦教
　　育论坛》2010 年第 5 期。

沈自友、张欣：《大学绩效管理沟通存在的问题及对策研究》，《国家
　　教育行政学院学报》2014 年第 1 期。

石连海：《国外大学章程执行力的模式、运行机制与启示》，《教育研
　　究》2014 年第 1 期。

史静寰：《"形"与"神"：兼谈中国特色世界一流大学建设之路》，
　　《中国高教研究》2018 年第 3 期。

史璞、孟澂：《我国大学绩效管理的制度基础探究——基于新制度主
　　义社会学的视角》，《华东师范大学学报》（教育科学版）2012 年第
　　3 期。

史秋衡、李玲玲：《大学章程的使命在于提高内生发展质量》，《教育
　　研究》2014 年第 7 期。

宋增伟：《制度公正与人性假设》，《社会科学》2005 年第 8 期。

苏昕、侯鹏生：《高等教育评价体系的结构多元化和价值冲突》，《教
　　育研究》2009 年第 10 期。

孙霄兵：《推进高校章程建设 完善中国特色现代大学制度》，《中国高等教育》2012 年第 5 期。

谭希培、邱建明：《论制度设计中的人性假设基础》，《现代大学教育》2004 年第 4 期。

唐景莉：《对话六所大学校长：大学章程，究竟意味着什么》，《中国教育报》2014 年 3 月 17 日第 9 版。

陶光胜、付卫东：《我国大学章程执行"肠梗阻"的病理解剖——基于 64 所高校的数据分析》，《理论月刊》2017 年第 10 期。

滕大春：《今日美国教育》，人民教育出版社 1980 年版。

万冬根：《当前高校评价体系分析与研究》，《高等教育研究学报》2006 年第 4 期。

汪仲启：《通往制度成熟和制度定型的路径选择》，《社会科学报》2017 年 3 月 2 日第 3 版。

王保星：《美国现代高等教育制度的确立》，河北教育出版社 2005 年版。

王道红：《高校党委领导下的校负责制：内涵、关系及完善》，《思想理论教育》2015 年第 1 期。

王定华：《走进美国教育》，人民教育出版社 2004 年版。

王国银：《知识政治学视域中权力的形相分析——从曼海娰、布迪厄到后现代》，《湖北社会科学》2010 年第 3 期。

王海龙、杨秋波、曾周末：《高校二级学院综合改革的实施路径》，《中国高等教育》2014 年第 15、16 期。

王海莹：《以章程为载体的现代大学治理》，《江苏高教》2016 年第 5 期。

王家云、徐金海：《制度伦理视域下的现代学校制度设计》，《教育发展研究》2013 年第 10 期。

王建华：《学院的性质及其治理》，《中国高教研究》2017 年第 1 期。

王建华：《重思大学的治理》，《高等教育研究》2015 年第 10 期。

王立：《权力的张力：从平等的视角看》，《社会科学研究》2013 年第

2 期。

王丽坤：《大学章程建设中的权力关系研究》，《高教探索》2012 年第 3 期。

王屯、闫广芬：《符号资本在大学社会评价中的作用》，《理工高教研究》2010 年第 2 期。

王喜娟：《新加坡现代大学制度建设的政策探析》，《高教发展与评估》2013 年第 7 期。

王彦斌：《权力的逻辑——大学组织运行的社会学管窥》，博士学位论文，华中师范大学，2008 年。

王英杰：《美国高等教育的发展与改革》，人民教育出版社 2002 年版。

王则柯：《人人博弈论》，中信出版社 2007 年版。

王振、李昱：《软法之治：现代大学制度构建之路径》，《教育学术月刊》2012 年第 5 期。

王宗敏：《对办学特色几个基本问题的理论思考》，《中国教育学刊》1995 年第 1 期。

文新华：《党委领导下的校长负责制应成为我国高校发展的体制优势》，《思想理论教育》2014 年第 3 期。

吴翰、黄振辉：《从权力边界的确定探索中国行政改革》，《华南师范大学学报》（社会科学版）2004 年第 5 期。

吴露：《大众化教育背景下导师与研究生关系研究》，硕士学位论文，中南民族大学，2012 年。

吴敏：《南洋理工大学"弯道超车"发展分析》，《大学》（研究版）2014 年第 12 期。

吴明华：《现代大学的治理逻辑及其在中国大学实现路径研究》，硕士学位论文，上海交通大学，2013 年。

武书连：《再探大学分类》，《中国高等教育评估》2002 年第 4 期。

肖其森：《基于人本原理的大学绩效管理》，《中南林业科技大学学报》2008 年第 2 期。

谢识予：《经济博弈论》，复旦大学出版社 2002 年版。

徐木兴：《基于心理契约的高校绩效管理策略》，《浙江理工大学学报》2008 年第 6 期。

许长青：《制度文明、大学善治与现代大学制度创新》，《现代教育管理》2015 年第 7 期。

许克毅、叶城：《当代研究生透视》，陕西人民出版社 2002 年版。

许迈进、郑英蓓：《三重反思：重构研究生培养中的师生导学关系》，《教育发展研究》2007 年第 4 期。

许一：《目标管理理论述评》，《外国经济与管理》2006 年第 9 期。

宣勇：《论大学的校院关系与二级学院治理》，《现代教育管理》2016 年第 7 期。

宣勇：《治理视野中的我国大学校长管理专业化》，《中国高教研究》2015 年第 1 期。

薛传会：《论大学章程从文本到实践的理念和路径探析》，《高等理科教育》2015 年第 6 期。

阎光才：《"双一流"建设愿景与突破》，《探索与争鸣》2018 年第 2 期。

阎光才：《识读大学——组织文化的视角》，教育科学出版社 2002 年版。

颜世富：《绩效管理》，机械工业出版社 2014 年版。

燕凌、洪成文：《新加坡南洋理工大学的成功崛起——"创业型大学"战略的实施》，《高等教育研究》2007 年第 2 期。

杨汉清等：《比较高等教育概论》，人民教育出版社 1997 年版。

杨林、刘应兰、卢朝佑：《基于执行力的高校绩效管理探析》，《教育与职业》2009 年第 36 期。

杨路：《关于高校办学特色问题的思考》，《辽宁教育研究》2005 年第 11 期。

杨晓慧：《党委领导下的校长负责制：重大意义、基本要求与实践创新》，《思想理论教育导刊》2015 年第 4 期。

姚计海：《反思研究生培养：学术取向与就业取向》，《国家教育行政学院学报》2013 年第 10 期。

尹建锋、吕晓燕：《变迁中的大学知识范式和权力：西方大学章程的历史演变及其启示》，《高等教育研究》2016 年第 8 期。

尹虔顾、陈菲、黎红中等：《我国高校行政管理队伍建设机制构建——以新加坡南洋理工大学为例》，《江淮论坛》2017 年第 6 期。

于忠海：《合法性与再生产：大学学术权力与行政权力博弈反思——布迪厄场域的视角》，《现代大学教育》2009 年第 5 期。

俞可平：《法治与善治》，《西南政法大学学报》2016 年第 1 期。

俞晓波：《探寻公共治理中的价值旨归》，《社会科学报》2017 年 8 月 10 日第 3 版。

袁庆明：《技术创新的制度结构分析》，经济管理出版社 2003 年版。

袁庆明：《新制度经济学》，中国发展出版社 2005 年版。

袁庆明：《新制度经济学教程》，中国发展出版社 2011 年版。

湛中乐、高俊杰：《大学章程：现代大学法人治理的制度保障》，《国家教育行政学院学报》2011 年第 11 期。

张德祥、李洋帆：《二级学院治理：大学治理的重要课题》，《中国高教研究》2017 年第 3 期。

张国兵、胡备：《中美高校绩效管理比较及其启示》，《国家教育行政学院学报》2013 年第 12 期。

张国有：《大学章程》（第 1 卷），北京大学出版社 2011 年版。

张红伟、章建石：《透视高等教育评估"热"》，《大学·研究与评价》2007 年第 6 期。

张继明：《论中世纪大学章程的源起与生发逻辑》，《高校教育管理》2014 年第 3 期。

张江峰：《企业组织惯性的形成及其对绩效的作用机制研究》，硕士学位论文，西南财经大学，2010 年。

张军、朱方明、陈健生：《从"经济人"到"知识人"：解读人性假设的历史变迁与经济学研究范式的重构》，《经济评论》2004 年第 4 期。

张康之：《论合作治理中的制度设计和制度安排》，《齐鲁学刊》2004年第1期。

张兰兰：《从象牙塔到服务站——基于大学社会服务性历史演变的思考》，《当代教育科学》2010年第23期。

张磊、周湘林：《问责：大学章程制定实施的制度保障》，《河南社会科学》2013年第6期。

张维迎：《博弈与社会》，北京大学出版社2013年版。

张维迎：《大学的逻辑》，北京大学出版社2012年版。

张文晋、张彦通：《高校评价体系对行业特色型大学发展的影响及对策》，《江苏高教》2010年第6期。

章兢：《人才特色是高校办学特色的集中体现》，《中国高教研究》2005年第10期。

赵建国：《中国式关系批判》，新华出版社2013年版。

赵敏：《大学管理文化的反思与创新》，《教育研究》2004年第7期。

赵书松、廖建桥：《绩效工资制下大学教师绩效非伦理风险及其规避策略》，《高等教育研究》2012年第2期。

赵文华、周巧玲：《大学战略规划中使命与愿景的内涵与价值》，《教育发展研究》2006年第13期。

中共中央马克思恩格斯列宁斯大林著作编译局编译：《马克思恩格斯选集》（第3卷），人民出版社2012年版。

中国社会科学院语言研究所词典编辑室：《现代汉语词典》（2002年增补本），商务印书馆2002年版。

周川：《"现代大学制度"及其改革路径问题》，《江苏高教》2014年第6期。

周达军：《地方高校办学特色的若干思考——浙江海洋学院特色办学的实践》，《中国高教研究》2007年第7期。

周辅成：《西方伦理学名著选辑》（下），商务印书馆1964年版。

周光礼：《委托—代理视野中的学术职业管理——中国大学教师聘任制改革的理论依据与制度设计》，《现代大学教育》2009年第2期。

周光礼等:《大学章程的法律透视》,《高教探索》2004 年第 3 期。

周廷勇、李庆丰:《高等教育评价的价值问题探究》,《国家教育行政学院学报》2011 年第 2 期。

周雪光、艾云:《多重逻辑下的制度变迁:一个分析框架》,《中国社会科学》2010 年第 4 期。

周颖:《公共政策执行中的"中梗阻"难题及破解对策》,《领导科学》2015 年 1 月下。

朱国芳、彭术连:《治理视阈下高校二级学院分权治理研究》,《江苏高教》2017 年第 2 期。

朱家德:《大学章程实施比制定更重要》,《中国高教研究》2016 年第 6 期。

左和平、李雨青:《模糊层次分析法在高校绩效评价中的应用研究》,《教育学术月刊》2012 年第 8 期。

二 外文文献

Andy Neely, Chris Adams, Mike Kennerley, *The Performance Prism: The Scorecard for Measuring and Managing Business Success – Financial Times Prentice Hall*, Person Education Limited, 2002.

Armstrong, M. & Baron, A., Performance Management the New Realities, State Mutual Book & Periodical Service, 1998.

Beer Michael, Ruh Robert A., "Employee Growth Through Performance Management", *Harvard BusinessReview*, No. 4, 1976.

Chambers, J., Huxley, L., Sullivan, P., et al., "*Enhancing Organizational Development in English Universities*", London: HEFCE, 2007.

Commission on Global Governance, *Our Global Neighborhood: The Report of the Commission on Global Governance*, Oxford University Press, 1995, p. 2.

E. R. Alexander, *Institution Transformation And Planning: From Institutionalization Theory To Institutional Design*, Planning Theory, 2005.

Fattah Nazem, "A Structural Equation Model for Performance in Universities Based on Knowledge Management", *Proceedings of the European Conference on Knowledge Management*, No. 2, 2012.

Feng, Y. J., "An AHP/DEA Method for Measurement of the Efficiency of R&D Management Activities in Universities", *International Transactions in Operational Research*, Vol. 11, No. 2, 2004.

Fletcher, Clive, "Appraisal: an idea Whose time has Gone?", *Personnel Management*, No. 9, 1993.

Franco – Santos M. & Rivera P. & Bourne M., "Performance Management in UK Higher Education Institutions: The Need for a Hybrid Approach", *Leadership Foundation for Higher Education*, 2014.

Frederick Rudolf, *The American College and University: A History*, Athens, GA: University of Georgia Press, 1990.

Geoffrey Brennan, "Selection and the Currency of Reward", *The Theory of Institutional Design*, Cambridge University Press, 1996.

Harless. J., "Performance Technology Skills in Business: Implications for Preparation", *Performance Improvement Quarterly*, Vol. 8, No. 4, 1995.

Harry Levinson, "Management by whose Objective?", *Harvard Business Review*, No. 4, 1970.

James W. Smither, *Manuel London. Performance management: Putting Research into Action*, Jossey – Bass, 2009.

John Taylor: "Claire Baines. Performance management in UK universities: implementing the Balanced Scorecard", *Journal of Higher Education Policy and Management*, Vol. 34, No. 2, 2012.

J. S. Brubacher and Willis Rudy, *Higher Education in Transition*, Harper & Row, Publishers, 1976.

Kippenberger T., "The Performance Pyramid", *The Antidote*, No. 1, 1996.

Kooiman J., "Socital Governance: Level, Models, and Orders of Social

Political Interaction", In J. Pierre (ed.), *Debating Governance*: *Authority*, *Steering and Democracy*, Oxford, UK.: Oxford University Press, 2000.

Lebas, M. J. , "Performance Measurement and Performance Management", *International Journal of Production Economics*, No. 41, 1995.

Mahsood Shah, Chenicheri Sid Nair, "The Changing Nature of Teaching and Unit Evaluations in Australian Universities", *Quality Assurance in Education*, No. 3, 2012.

McGregor, Douglas, "An Uneasy Look at Performance Appraisal", *Harvard Business Review*, No. 3, 1957.

Michael Armstrong, *Armstrong's Handbook of Performance Management*: *An Evidence—based Guide to Delivering High Performance*, Kogan Page Limited, 2009.

Michael Armstrong, *Performance Management*, The Cromwell Press, 1998.

Pam Jones, *The Performance Management Pocketbook*, Management Pocketbooks Ltd. , 1999.

Paul Milgrom, John Roberts, "An Economic Approach to Influence Activities in Organizations", *American Journal of Sociology*, No. 94, 1988.

Peter F. Drucker, *The Practice of Management*, Harper Press, 1954.

Pollitt, C. , *Integrating Financial Management and Performance Management*, OECD, Paris, 1999.

Robert E. Goodin, "Institutions and Their Design", *The Theory of Institutional Design*, Cambridge University Press, 1996.

Russell Hardin, "Institutional Morality", *The Theory of Institutional Design*, Cambridge University Press, 1996.

Shattock, M. , *Managing Good Governance in Higher Education*, Maidenhead, Berkshire: Open University Press, 2006.

Sousa, C. A. & Nijs, W. R. & Hendriks, R. H. , "Secrets of the Beehive:

Performance Management in University Research Organizations", *Human Relations*, *No.* 9, 2010.

Weimer, David L., "Claiming races, Broiler Contracts, Heresthetics, and habits: ten Concepts for Policy Design", *Policy Sciences*, No. 2, 1992.

三 电子文献

《清华大学章程》, 2018 年 8 月, 教育部网站 (http://www.moe.gov.cn/srcsite/A02/zfs_gdxxzc/201409/t20140905_182102.html)。

《上海海关学院章程》, 2018 年 8 月, 教育部网站 (http://www.moe.gov.cn/srcsite/A02/zfs_gdxxzc/201702/t20170207_295850.html)。

《上海外国语大学章程》, 2018 年 8 月, 教育部网站 (http://www.moe.edu.cn/srcsite/A02/zfs_gdxxzc/201311/t20131128_182123.html)。

《中华全国学生联合会章程》, 2017 年 12 月, 中华全国学生联合会网站 (http://qgxl.youth.cn/xljj/xlzc/202008/t20200828_12470751.htm)。

《中华人民共和国高等教育法》, 2017 年 12 月, 教育部网站 (http://www.moe.edu.cn/s78/A02/zfs__left/s5911/moe_619/201512/t20151228_226196.html)。

《国家中长期教育改革和发展规划纲要 (2010—2020 年)》, 2010 年 3 月, 教育部网站 (http://www.moe.gov.cn/srcsite/A01/s7048/201007/t20100729_171904.html)。

《关于印发〈依法治教实施纲要 (2016—2020 年)〉的通知》, 2018 年 4 月, 教育部网站 (http://www.moe.edu.cn/srcsite/A02/s5913/s5933/201605/t20160510_242813.html)。

《全部 "211 工程" 高校章程全部核准发布》, 2018 年 4 月, 教育部网站 (http://www.moe.edu.cn/jyb_xwfb/gzdt_gzdt/s5987/201506/t20150630_191785.html)。

《关于加快推进高等学校章程制定、核准与实施工作的通知》, 2018 年 4

月，教育部网站（http：//www. moe. gov. cn/srcsite/A02/s5911/moe_621/201405/t20140529_170122. html）。

孙霄兵：《在建设现代大学制度研讨会上的讲话》，2018 年 9 月，教育部网站（http：//www. moe. gov. cn/s78/A02/s5917/201201/t20120130_129735. html/2012 −01 =30）。

McNamara，C. ，"Organizational Performance Management"，2008 − 12 − 15，（http：//managementhelp. org_perf/org_perf. htm）.